사장님의
절세법

김성은 © 2017, Printed in Seoul, Korea.
First Published in Korea by The Angle Books Co., Ltd.

사장님의 절세법

김성은 지음

창업과 사업에 필요한 것만 쏙쏙 골라 넣은
'군더더기 제로'의 술술 읽히는 **알짜 절세 Q&A**

Angle Books

들어가면서

여러분이 가장 궁금해하는 것들

　세무회계사무소를 운영하는 직업의 특성상 수많은 사장님들을 만납니다. 그분들과 대화하는 것은 재미있습니다. 비즈니스 스토리는 항상 흥미진진하고요. 제가 경험하지 못했고, 하지 못하는 일들을 해내시는 분을 만날 때면 존경스러움을 느끼기도 합니다. 식당을 운영하는 분, 물건을 파는 분, 전자제품, 의류, 의료기 같은 물건을 만드는 분, 건설 회사를 운영하는 분, 무역을 하는 분까지…. 다양한 업종에서 사업하는 분들과 대화를 하면서 저도 많은 것을 배웁니다.

　물론 그분들이 저에게 궁금해하는 것도 많습니다. 저를 만날 때마다 부가가치세, 소득세, 법인세, 원천세 등 세금에 관한 다양한 질문을 쏟아내는데, 처음에는 그 질문에 대답하기 곤란한 경우가 많이 있었습니다. 하지만 시간이 지남에 따라 저에게 물어보는

70~80%의 질문들이 대동소이하다는 것을 느꼈습니다.

'이 분들이 궁금해하는 질문을 정리하여 책을 만들면 사업을 하는 분들에게 도움이 되지 않을까?'

《사장님의 절세법》은 여기서 영감을 받아 시작되었습니다.

물론 사업에서 가장 중요한 부분은 역시 장사가 잘되는 거죠. 세금이 어쩌고저쩌고 하는 것은 사실 부차적인 문제입니다. 장사가 잘돼서 매출액이 점점 커지고, 이익도 많아지고, 돈도 쌓여간다면 세금을 납부하는 문제는 크게 다가오지 않을 수 있습니다.

하지만 장사가 잘돼서 돈이 쌓인다는 것은 쉬운 일이 아닙니다. 자금을 여기저기에서 끌어와 상품을 매입해 창고에 쌓아 두셨을 수도 있고, 이 재고가 팔려야 돈이 되는데 생각보다 빨리 소진되지 않을 수도 있습니다. 재고는 나갔는데 아직 미수금이 회수가 안 될 수도 있습니다. 혹은 재고가 팔려서 이익은 났는데, 자금이 재고에 묶여 있고 미수에 깔려 있을 수도 있죠. 그런데 이익이 났으니 세금을 내라고 합니다. 세금을 내야 한다는 것을 미처 생각 못했거나 재원을 마련하지 못하고 있다가 갑자기 내야 한다면 아마 세금에 뒤통수를 맞은 느낌이 들 겁니다.

부차적인 문제입니다만 그래도 여전히 중요한 문제인 세금. 어떻게 하면 잘 관리해서 세금으로 인한 어려움을 겪지 않고 소위 '절세'라는 목표를 달성할 수 있을까요? 이를 달성하기 위해서 사장님들이 직접 세법을 전문적으로 공부할 필요는 없다고 생각합니다.

외식업, 도소매업, 제조업 등 다양한 사업을 하시는 분들이 자신의 사업 과정에서 발생한 여러 거래 활동에 대해 담당 세무대리인과 대화할 수 있는 정도의 수준만 되면 됩니다. 세무대리인은 비즈니스에서 발생하는 구체적인 거래 활동에 대해서 사업주가 말해주지 않으면 알지 못합니다. 따라서 자신의 거래 활동에 대해 세무대리인과 협의할 수 있을 정도의 세법 지식을 갖추는 것이 '절세'라는 목표를 달성하는 '첫 단추'가 됩니다.

이 책은 사장님들이 가장 궁금해하는 사항을 위주로 내용을 추려 제가 답변해드리는 형식으로 작성되었습니다. 물론 여기에 담긴 내용이 궁금증을 100% 해소해줄 수는 없겠지만 실무적인 궁금증의 70~80%는 해결해드릴 것이라고 자신합니다.

최대한 제가 평소에 대화할 때 사용하는 언어로 책을 쓰려고 했습니다. 하지만 확실히 구어체와 문어체가 다름을 절감했습니다. 차라리 실무자들을 대상으로 세법개론서를 '짜깁기'하는 편이 쉬울 수 있겠다는 생각이 들 정도였으니까요. 그러나 가능한 일반인이 쉽게 소화할 수 있도록 논리를 전개하는 데 중점을 두었습니다.

또 이런 때 세금이 얼마 나오고 저런 때는 얼마 나온다는 식의 시뮬레이션은 배제했습니다. 사실 그러한 시뮬레이션에 대한 책은 저도 읽지 않습니다. 결과치가 어떻게 된다는 정량적 수치는 보여줄 수 있지만, 실제로 숫자를 다루는 저도 시뮬레이션 숫자를 하나씩 따라가기는 쉽지 않습니다.

다만 글로만 설명하는 것보다는 그림으로 설명하는 편이 더 쉽게 이해가 될 때가 있습니다. 내용의 전부를 도식화할 수는 없지만 이해를 돕기 위해서 필요한 부분이라고 판단된 곳은 최대한 도식화를 하도록 노력했습니다.

이 책의 목표는 직접 세무신고서를 만들 수 있게 하는 것이 아닙니다. 세무신고서를 만들기 위해서 트레이닝을 하는 책은 세무 관련 실무를 하는 사람들을 위한 것입니다.

창업이나 사업을 하는 분들이라면 《사장님의 절세법》을 통해 방대하기만 한 세법을 쉽게 이해하고 각자의 비즈니스에 맞는 절세 전략을 찾을 수 있으리라 확신합니다. 다만 수시로 바뀌는 세법의 개정으로 인하여 세부 내용이 달라질 수 있습니다. 이 책을 쓰는 시점과 여러분이 읽는 시점의 사이에도 세법의 변동이 있을 수 있으니까요. 따라서 항상 담당 세무대리인 등 전문가와 상의하여 실무에 적용하실 것을 권해드립니다.

이 책이 답답했던 궁금증들을 풀어드리고, 사업에 작게나마 도움이 되길 바랍니다.

알고 있으면 도움이 되는 Tip

머릿속에 그려야 할 세금의 지도

참 많은 세금이 있습니다. 우리나라에 있는 세금을 전부 말해보라고 하면 저도 책을 찾아봐야 할 정도입니다. 주로 많이 들어본 세금은 법인세, 소득세, 부가가치세, 상속세, 취득세, 관세, 교육

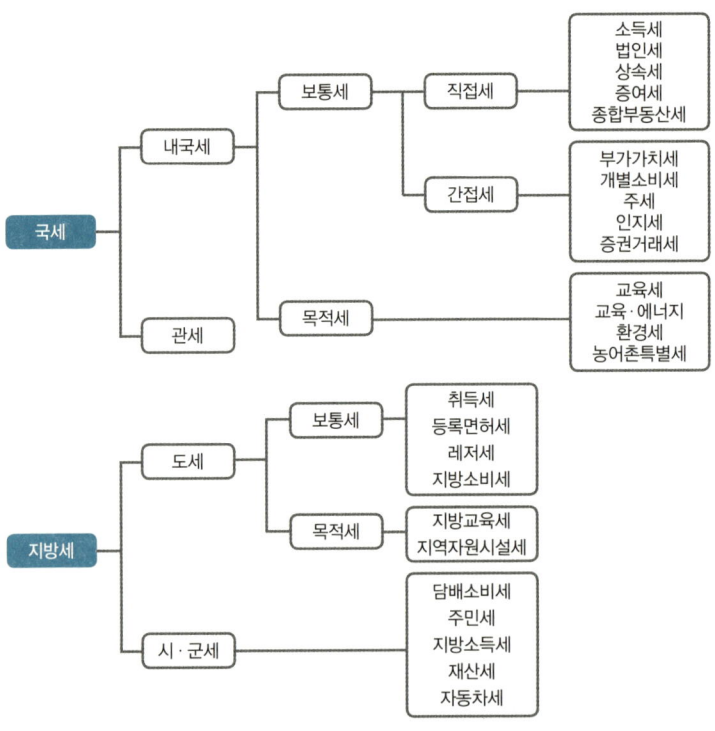

세, 담배소비세, 자동차세 등입니다. 그 외에도 잘 들어보지 못한 레저세, 지역자원시설세 같은 것도 있습니다.

일반적으로 대부분의 책에서 세금의 종류에 대해 설명할 때 국세와 지방세로 분류합니다. 중앙정부가 받는 세금이냐, 지방자치단체가 받는 세금이냐로 나누는 것이죠. 그리고 국세를 내국세, 관세로 구분하고, 내국세는 보통세, 목적세 등으로 구분합니다. 또 지방세를 도세와 시·군세로 구분합니다.

저는 다른 방식으로 세금을 구분해보려고 합니다. 첫 번째 기준은 납세자가 스스로 계산해서 신고하고 자신이 신고한 내용대로 납부하는 세금이냐, 아니면 세금을 걷는 곳(중앙정부 또는 지방자치단체)에서 알아서 부과하는 세금이냐의 차이입니다. 두 번째는 세금별로 궁금한 게 생겼을 때 누구한테 물어봐야 하는지로 구분하려고 합니다.

첫 번째로 납세자가 스스로 계산해서 신고하는 세금이냐 아니냐에 따른 분류입니다. 이는 매우 중요한 의미가 있습니다. 대부분의 사람들은 세금은 국가가 거두어가는 것으로 알고 있기 때문에 납세자는 세금에 대하여 결정권이 없다고 생각할 수 있습니다. 하지만 우리가 아는 많은 세금들이 사실은 우리가 '세법의 테두리 안에서' 스스로 계산해서 신고서를 작성하고, 신고서대로 납부를 하고 있습니다. 알아서 부과되는 세금이야 고지서를 받고 그대로 납부를 하면 됩니다. 소위 절세를 할 수 있는 세금은 바로 우리가 스스로 계산하여 납부하는 세금들입니다. 이러한 세금들은 어떤 것들이 있을까요?

 대부분의 국세가 여기에 속합니다. 즉 절세를 위해서 우리가 알아야 할 세금들입니다. 법인세, 소득세, 부가가치세, 상속세, 증여세 등이 이에 속합니다. 사업을 하면서 알아야 할 세금은 법인세(법인사업자인 경우), 소득세(개인사업자인 경우), 부가가치세 정도입니다. 추가적으로 매달 급여를 지급할 때 급여에서 공제하는 원천세가 있는데, 이는 크게 소득세에 속합니다.

 여러분이 알고 계시는 근로소득세, 사업소득세, 퇴직소득세, 양도소득세 모두 소득세의 범주 안에 있습니다. 다음 그림에서 보듯이 종합소득세는 매년 발생하는 소득에 대해서 이자·배당·근로·사업·연금·기타소득을 합산해서 계산하는 반면, 퇴직소득과 양도

▎소득세의 구조

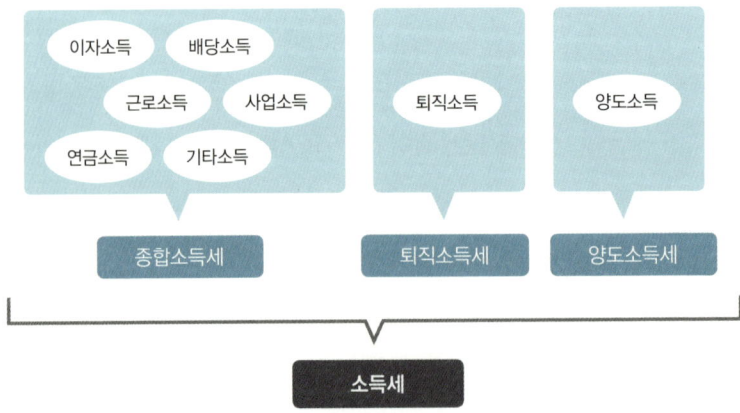

소득은 장기간에 걸쳐서 발생된 소득에 대해서 일시적으로 과세하기 때문에 타 소득과 합산하지 않고, 별도의 계산체계를 가지고 있습니다. 소득세의 범주 안에 있다는 말은 전부 다 하나의 소득세율을 사용하고 있다는 뜻입니다. 그런데 양도소득세는 세율이 좀 다른 것 같았죠? 원래 양도소득세도 기본세율은 소득세율을 사용합니다. 다만 양도소득세는 투기 방지의 목적도 가지고 있기 때문에 단기적인 시세차익을 위한 양도나 비사업용 토지 양도 등에 고율의 세율을 부과하는 제도가 운영되고 있습니다.

다른 세금들은 과세관청이 때가 되면 알아서 전산 프로그램을 돌려서 고지서를 발송하는 세금들입니다. 국세의 일부와 대부분의 지방세가 이에 속합니다. 이러한 세금들은 기계적인 공식에 의해서 금액이 산출되는 세금들이라 일반적으로 절세를 할 수 있는 방법이 따로 없어서 책에서 다루지 않습니다. 종합부동산세, 취득세, 등록면허세, 재산세 등이 이러한 세금들입니다.

자, 그러면 세법에 대해서 궁금한 것이 생겼을 때 누구에게 물어볼까요?

먼저 공무원에게 물어보고 싶은 경우에, 국세는 기본적으로 국세청에 물어보면 됩니다. 국세청 앞에 '국세'가 붙어 있죠? 국세를 다루기 때문에 국세청입니다. 각 지역의 세무서는 국세청 소속이기 때문에 세무서에 가서 물어보셔도 됩니다. 다만 국세 중에서 관세는 별도로 관세청에 물어보셔야 합니다. 관세를 세무서에 가서 물어보셔도 소용이 없습니다. 세무서는 국세 중에서 관세를 제외한 세금을 다루고 있습니다.

또 지방세를 세무서에 가서 물어보셔도 소용이 없습니다. 지방세는 지방자치단체, 즉 시청 또는 구청의 세정과 또는 세무과에 물어보셔야 합니다(지방자치단체마다 관할부서 이름이 다를 수 있습니다). '지방'이라는 글자가 붙은 세금과(예를 들어 지방소비세, 지방교육세, 지방소득세 등) 취득세, 주민세, 재산세, 자동차세 등은 지방자치단체에 물어보셔야 합니다.

공무원에게 물어보기 싫으면 전문가를 찾아가야 합니다. 소위 세무대리인이라고 말하는 회계사나 세무사가 일반적으로 세금의 전문가라고 합니다만, 그렇다고 이들이 모든 세금을 다루지는 않습니다. 회계사와 세무사는 국세청에서 세무대리인 관리번호로 관리를 받고 있으며, 주로 국세를 다룹니다. 이 중에서 납세자가 스스로 신고하고 납부하는 세금(소득세, 법인세, 부가가치세, 상속세, 증여세 등)에 대해서 주로 다루고 있습니다.

관세는 당연히 관세사가 다루고, 법인의 설립등기와 관련된 등록면허세, 부동산을 취득하여 등기를 할 때 발생하는 취득세 등은 등기와 관련된 업무이기 때문에 법무사가 다루고 있습니다. 나머지 세금들은 주로 과세관청에서 부과하여 납부하는 세금들이므로 외부 전문가들이 일반적으로 다루지는 않습니다.

마지막으로 많은 분들이 전기요금, 수도요금을 전기세, 수도세라고 부릅니다. 대부분의 국민이 뭔가 권위 있는 기관에 납부를 하기 때문에 왠지 세금같이 느껴질 수 있습니다. 하지만 이는 필요에 의해서 대가를 지불하고 전기나 수도를 사용하고 내는 요금입니다. 그래서 이들은 세금의 범주에 들어가지는 않습니다.

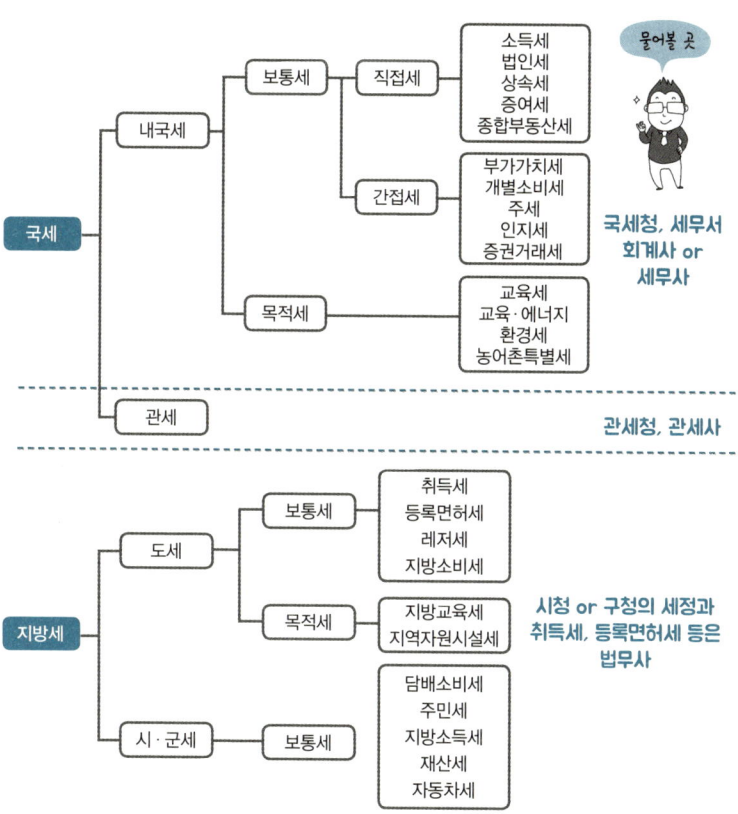

contents

들어가면서 여러분이 가장 궁금해하는 것들 … 006
알고 있으면 도움이 되는 Tip … 010

1부 사업하기 전에 이것부터 알고 하자

Chapter 1 사업 시작 전 준비 운동

❶ 개인사업자로 할까요? 법인사업자로 할까요? … 027
❷ 간이과세자가 좋아요? 일반과세자가 좋아요? … 033
❸ 면세사업자가 뭐예요? … 039
❹ 저도 기장을 해야 할까요? … 045
❺ 기장하면 뭐가 좋아요? … 051
❻ 증빙, 증빙하는데… 증빙이 뭐예요? … 056
❼ 다른 사람이 하던 사업을 인수하는데, 권리금도 비용처리 되나요? … 062

쉬어가는 페이지 ▌사업을 시작할 때 고민하는 문제들 … 068

Chapter 2 세금에 대한 기초 지식

❶ 세금, 종류가 이렇게 많은데… 언제 내요? … 079
❷ 세금이 대략 얼마나 나올까요? … 085
❸ 세금계산서를 꼭 받아야 해요? … 092
❹ 부가가치세를 냈는데 소득세를 왜 또 내요? … 099
❺ 사업 초기에 인테리어 비용이 많이 들어갔는데,
   부가세를 조기환급 받을 수 있다고요? … 104
❻ 승용차를 구입한 경우 매입세액공제가 되나요? … 109

쉬어가는 페이지 ▌세금을 줄이는 방법 … 114

2부 사업하다보면 궁금해지는 질문들

Chapter 3 인건비 지급할 땐 조심조심

❶ 4대보험에 꼭 가입해야 해요? … 123
❷ 4대보험은 뭐고, 얼마나 내야 하는데요? … 128
❸ 4대보험, 줄일 순 없을까요? … 133
❹ 법인 대표자인데, 월급을 내 맘대로 올려도 돼요? … 137
❺ 사장인데, 나도 퇴직금을 받을 수 있나요? … 143

쉬어가는 페이지 ▥ 망하지 않고 사업을 이어가는 법Ⅰ … 150

Chapter 4 절세의 기본! 지출 컨트롤

❶ 애들 학원비는 경비처리 안 되나요? … 157
❷ 물건을 사고 개인카드로 결재하면 어떻게 되나요? … 162
❸ 증빙없이 회계장부에 넣은 비용을 세무서가 알까요? … 167
❹ 배우자 명의의 차를 쓰는데, 비용처리 되나요? … 172
❺ 업무용 차량의 운행일지를 써야 할까요? … 177
❻ 리스하면 비용처리 된다던데, 리스가 좋아요? 렌트가 좋아요? … 183

쉬어가는 페이지 ▥ 상권 분석 노하우 … 188

Chapter 5 절세가 보이는 사업 체질 개선

- ❶ CEO플랜이 뭐예요? … 197
- ❷ 자료상이 뭐예요? … 204
- ❸ 사업용 신용카드는 어떻게 등록하나요? … 209
- ❹ 연구 활동으로 세금을 줄일 수 있다는대요? … 214
- ❺ 세무조사 나오면 어떻게 하나요? … 218
- ❻ 저희는 현금거래만 해요. 문제 있을까요? … 223

쉬어가는 페이지 ▥ 눈에 보이지 않는 자산 … 228

3부 꼭 알아두어야 할 절세 기술

Chapter 6 아는 만큼 줄어드는 기본 절세 테크닉

- ❶ 사업자등록 하기 전의 매입세액도 공제되나요? … 239
- ❷ 세금계산서는 언제 받아야 하나요? … 242
- ❸ 음식점을 경영하는 경우, 면세물품 구입도
  부가가치세를 공제받을 수 있나요? … 246
- ❹ 부가가치세 매입세액을 공제받지 못하는 경우도 있을까요? … 252
- ❺ 신고를 안하면 무슨 일이 생기죠? … 256
- ❻ 아는 사람하고 거래하는 데 꼭 시가대로 해야 하나요? … 261
- ❼ 소득공제와 세액공제는 어떻게 활용하나요? … 267
- ❽ 대금지급은 왜 금융회사를 통해서 해야 하죠? … 272

쉬어가는 페이지 ▥ 노무리스크 관리 방법 … 276

Chapter 7 기초를 넘어선 절세 포인트

❶ M&A도 부가가치세가 과세되나요? … 281
❷ 거래처가 의심스러울 때는 어떻게 하나요? … 285
❸ 부동산을 임대하는 경우, 기장을 할까요? 추계신고를 할까요? … 288
❹ 주택임대소득 과세 규정이 어떻게 되죠? … 292
❺ 부부 중에 임대업은 누가 하는 게 좋아요? … 297
❻ 중간에 퇴직해서 연말정산공제를 제대로 못 받았어요 … 302
❼ 직원도 아니고, 그렇다고 사업자도 아닌데… … 306
❽ 중소기업 세제혜택에는 뭐가 있죠? … 311

쉬어가는 페이지 ⅠⅠⅠⅠ 망하지 않고 사업을 이어가는 법 Ⅱ … 316

나가면서 여러분의 그 다음을 응원합니다 … 318
키워드 정리 … 320
인덱스 … 328

1부

사업하기 전에 이것부터 알고 하자

Chapter 1
사업 시작 전 준비 운동

❶ 개인사업자로 할까요? 법인사업자로 할까요?
❷ 간이과세자가 좋아요? 일반과세자가 좋아요?
❸ 면세사업자가 뭐예요?
❹ 저도 기장을 해야 할까요?
❺ 기장하면 뭐가 좋아요?
❻ 증빙, 증빙하는데… 증빙이 뭐예요?
❼ 다른 사람이 하던 사업을 인수하는데, 권리금도 비용처리 되나요?

! 개인사업자와 법인사업자는 각각의 장단점이 있습니다. 매출이 적어도 영업을 위해 법인사업자로 하시는 분들도 있고, 매출이 커도 편하게 자금을 융통하기 위해서 개인사업자로 하시는 분들도 있습니다. 내가 거래하고 있는 사업의 유형이 어떤지, 자금의 흐름을 어떻게 관리할 것인지, 예상 매출액 및 소득금액은 어떤지를 잘 따져서 개인사업자로 할지, 법인사업자로 할지 잘 판단해보시길 바랍니다.

1. 개인사업자로 할까요? 법인사업자로 할까요?

　　　　　　　　　세무회계사무소를 운영하면서 많이 받는 질문 중의 하나입니다. 실제로 이 질문은 사업을 시작하시는 분들보다는, 개인사업자로 사업을 하고 계신 분들이 계속 개인사업자로 남을지 법인으로 전환할지에 대한 궁금증으로 질문을 하는 경우가 더 많습니다. 매출은 점점 커지는데, 개인사업자를 계속 유지하자니 종합소득세가 부담이 되고, 법인사업자로 바꾸자니 여러 가지 제약이 많아질 것 같아서 하시는 질문으로 판단됩니다.

　개인사업자와 법인사업자는 각각 장단점이 있습니다. 일률적으로 '개인사업자가 더 좋다.' 또는 '법인사업자가 더 좋다.'라고 말씀을 드릴 수가 없습니다. 개인사업자와 법인사업자는 세금을 계산하는 방식에도 차이가 있지만, 그 외 돈으로 계산할 수 없는 차이점도 있습니다. 개인사업자와 법인사업자의 장단점을 미리 알고 계시면 사업을 구상하는 데 큰 도움이 될 수 있으며, 각 사업주의 상황에 맞게 개인사업자를 할지 법인사업자를 할지 결정할 수 있습니다.

첫 번째로 세금을 계산하는 방식 차이입니다. 일반적으로 "개인은 세금이 많고, 법인은 세금이 적다."라고 말씀하시는데 항상 맞는 말은 아닙니다. 소득세율보다 법인세율이 낮은 것은 사실입니다. 하지만 법인사업자는 세금을 계산하는 방법이 조금 더 복잡합니다. 법인사업자는 법인이 벌어들이는 소득을 신고하는 부분이 있고, 이를 다시 개인에게 급여나 배당으로 지급하여 개인의 소득에 대해서 신고하는 부분이 따로 있습니다.

즉, 개인사업자는 종합소득세로 한 번 계산하고 신고함으로서 끝나는 반면에, 법인은 법인세 신고 및 개인의 소득세신고가 추가

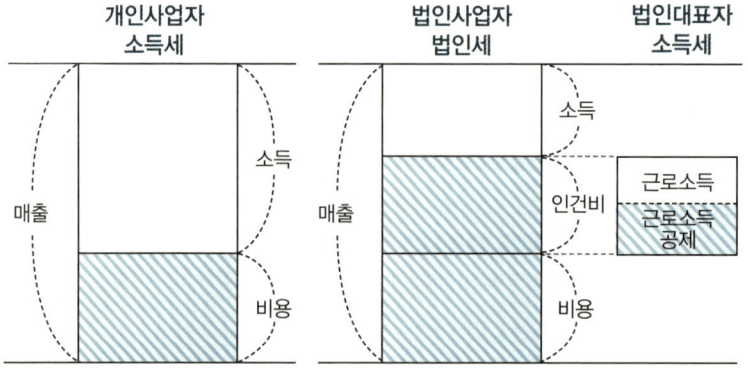

되므로 할 일이 조금 더 많아지게 됩니다. 그럼 여기서 궁금증이 하나 생깁니다. 개인사업자는 대표자의 종합소득세 신고 한 번으로 끝나고, 법인사업자는 법인세와 더불어 대표자가 신고하는 종합소득세, 이렇게 2개가 생기는데 그럼 매출과 매입이 동일하다면 어느 경우가 세금을 더 적게 낼까요? 이건 '케이스 바이 케이스'입니다. 매출과 매입 규모가 어떻게 되느냐, 급여 또는 배당을 얼마나 가져가느냐에 따라 달라지므로 계산을 해봐야 합니다. 그래도 보통의 경우에는 귀찮기는 해도 역시 법인사업자가 세금을 더 적게 내는 경우가 많긴 합니다. 그러나 이것도 절대적인 것은 아닙니다. 옆의 표를 참고하시면 매출 규모별로 어떤 차이가 있는지 이해하실 수 있을 겁니다.

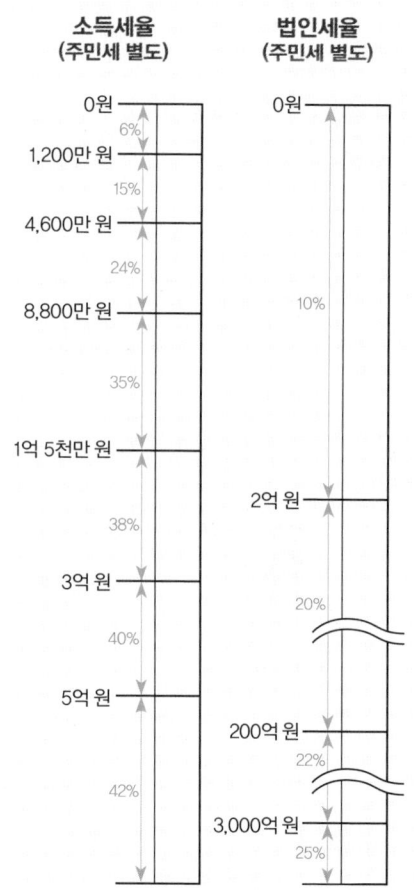

▌연간 소득(매출-각종 비용) 기준

두 번째로 각종 규제의 차이입니다. 개인사업자는 해당 사업에 대해서 무한한 책임을 가지고 있습니다. 즉 모든 매출과 매입, 채권과 채무가 개인에게 귀속이 됩니다. 책임이 크다고 말을 할 수도 있지만, 그만큼 편한 것도 사실입니다. 채권과 채무가 개인에게 귀속된다는 말은 곧 "다 내꺼다!"라는 말입니다. 쉽게 말해서 통장의 돈이 다 개인사업자 본인의 돈이라는 뜻입니다. 통장의 돈을 개인적으로 쓰든지 업무와 관련해서 쓰든지 상관이 없습니다.

하지만 법인은 상황이 좀 다릅니다. 법인은 주주가 자본금을 납입해서 설립합니다. 그리고 그 법인을 대표이사가 관리합니다. "아니, 내가 주주고 내가 대표이사인데 무슨 상관이냐?"라고 말씀하실 수도 있겠지만, 둘은 엄연히 법적인 지위가 다릅니다. 1인 주주이고 그 분이 대표이사라 할지라도 주주로서의 책임과 대표이사로

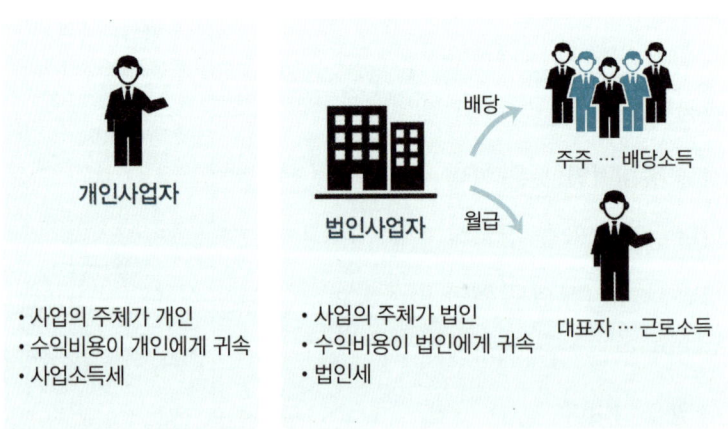

서의 책임이 분리된다는 것입니다. 법인 통장의 돈은 법인의 돈입니다. 개인의 돈이 아닙니다. 따라서 "이거 내 회사야!"라고 생각하시고 법인의 돈을 유용한다면, 이는 주주가 설립한 법인의 돈을 대표이사가 대여한 걸로 봅니다. 이를 세법에서는 '가지급금'이라고 말하고 있으며, 이 돈은 관리 책임이 있는 대표이사가 '세법에서 정한 이자까지 계산해서' 갚아야 합니다. 그럼 법인 통장에 쌓여 있는 돈은 어떻게 가져갈 수 있을까요? 법인의 돈은 대표이사의 자격으로 급여를 책정해서 가져가거나 주주의 자격으로 배당을 통해서 가져갈 수 있습니다.

세 번째로 대외적인 신뢰도 측면에서 보면, 아무래도 법인사업자가 개인사업자보다 신뢰도가 높습니다. 즉 거래처 입장에서 주식회사와 개인사업자가 중 사업 파트너를 선택할 수 있다면 아무래도 주식회사를 더 선호하게 된다는 것입니다. 반면 거래처가 일반 소비자라면 개인사업자든 법인사업자든 크게 상관이 없습니다. 예를 들어 음식점에 음식을 먹으러 온 손님이 해당 음식점이 법인사업자인지 개인사업자인지를 따지고 들어오지는 않습니다. 음식의 맛이 중요하지 사업자 유형은 중요하지 않기 때문입니다.

기타 차이점으로, 법인사업자는 대표이사가 바뀌는 경우에도 법인은 그대로 존속하므로 기업의 계속성이 보장됩니다. 또한 법인의 주식을 다른 사람에게 다 팔아버리고 주주에서 빠진다 하더라도 주주에 변동이 있을 뿐 법인의 실체가 바뀌지는 않습니다. 하지만 개인사업자는 한명의 개인이 사업체의 실체입니다. 따라서 개인사업자 대표이사의 변경은 폐업 후 개업을 뜻합니다. 즉 개인사업자로 식당을 하다가 권리금을 받고 식당을 다른 사람에게 넘기면 기존의 사업자는 폐업을 해야 하고, 새로운 사업자등록증을 발급받아야 합니다.

요즈음은 개인사업자와 법인사업자의 차이점 때문이 아니더라도 개인사업자의 매출액이 일정 금액 이상(도소매 15억, 제조·음식업 7.5억, 부동산 임대·서비스 5억)으로 커지게 되면 세무 당국으로부터 '성실신고확인대상자'로 지정받아서 소득세를 신고해야 합니다. 쉽게 말하면 '내가 세금을 성실하게 신고하고 있습니다!'라고 세무 대리인에게 확인을 받고 종합소득세를 신고해야 하는 한다는 것입니다. 듣기만 해도 귀찮을 것 같지 않습니까? 그래서 매출액이 커지면 '성실신고확인대상자'에서 벗어나기 위해 법인사업자로 전환하기도 합니다.

이렇듯 개인사업자와 법인사업자는 각각의 장단점이 있습니다. 매출이 적어도 영업을 위해 법인사업자로 하시는 분들도 있고, 매출이 커도 편하게 자금을 융통하기 위해서 개인사업자로 하시는 분들도 있습니다. 내가 거래하고 있는 사업의 유형이 어떤지, 자금의 흐름을 어떻게 관리할 것인지, 예상 매출액 및 소득금액은 어떤지를 잘 따져서 개인사업자로 할지, 법인사업자로 할지 잘 판단해보시기 바랍니다.

2 간이과세자가 좋아요? 일반과세자가 좋아요?

간이과세자가 좋은지, 일반과세자가 좋은지에 대한 질문에도 역시 둘 다 장단점이 있다고 밖에 말할 수 없습니다. 사업을 처음 시작하는 사업주들은 주변에서 "간이과세자가 좋아! 일단 간이로 시작해!"라는 말을 많이 들었을 것입니다. 저도 일정 부분은 동의합니다. 그래서 사업자등록을 아직 안한 경우에 이 질문을 하시면 "일단 간이로 시작하세요."라고 말하곤 합니다. 하지만 이것이 언제나 맞는 말은 아닙니다. 간이과세자가 꼭 절세에 유리한 것은 아니기 때문입니다. 상황에 맞게 간이과세자로 할지 일반과세자로 할지 잘 판단해볼 필요는 있습니다.

일단 간이과세자와 일반과세자가 무엇인지부터 알아봅시다. 이것은 부가가치세법에 따른 유형 분류입니다. 즉 부가가치세를 어떻게 계산할 것인가에 차이가 있는 것입니다. 따라서 세금에서는 부가가치세만 차이가 납니다. 소득세는 소득세법에 따라서 계산하므로 간이과세자든 일반과세자든 차이가 없습니다.

　기본적으로 부가가치세법은 일반과세자가 기준입니다. 일반과세자는 말 그대로 일반적인 사업자입니다. 세금계산서를 발급할 수 있고, 발급한 세금계산서 공급가액의 10%를 매출세액으로 납부하고, 수취한 세금계산서 공급가액의 10%를 매입세액으로 공제받을 수 있는 일반적인 사업자입니다. 하지만 간이과세자는 조금 다릅니다. 간이과세자는 세법이 생각하기에 '영세한 사업자'입니다. 여기서 '영세하다'는 기준은 연매출 4,800만 원 미만을 말합니다. 세법에는 연매출 8,000만 원 미만(둘 이상의 사업장이면 매출액 합산, 과세유흥장소 및 부동산임대업은 4,800만원)의 사업자에게 아직 매출도 적고 영세하니 부가가치세 계산을 좀 쉽게 '매출액×부가율×

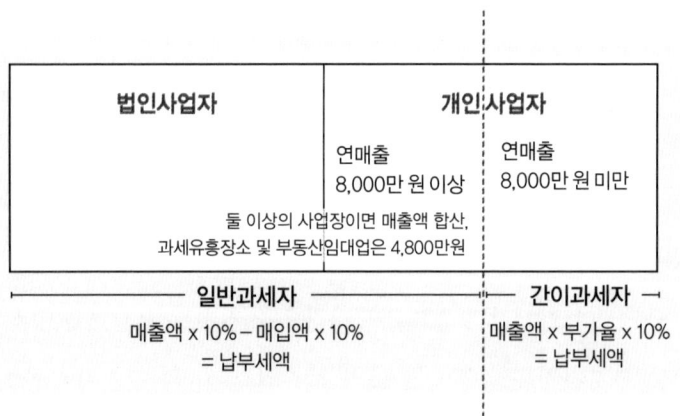

10%'로 하라고 되어 있습니다. 이 식에서 '부가율'은 5~30%까지 업종별로 다르게 정해져 있습니다. 예를 들어 부가율이 30%이면 매출액×부가율(30%)×10%이므로, 매출액의 3%가 납부세액이 되는 것입니다.

세법에서 정한 간이과세자의 특징은 다음과 같습니다.

첫째, 법인사업자는 간이과세자를 선택할 수 없습니다. 세법은 법인을 조직으로 봅니다. 그리고 조직은 개인보다 우수하다고 봅니다. 따라서 법인사업자는 간이과세자가 될 수 없고, 무조건 일반과세자를 선택해야 합니다.

둘째, 간이과세자는 부가가치세 신고를 1년에 1번만 합니다. 1월 1일부터 12월 31일까지의 부가가치세를 1월 25일까지 1번만 신고하고 납부하면 됩니다. 일반과세자 중에서 개인사업자는 부가가치세 신고를 1년에 2번 합니다. 상반기(1월 1일~6월 30일)에 대한 부가가치세를 7월 25일까지, 하반기(7월 1일~12월 31일)에 대한 부가가치세를 1월 25일까지 신고하고 납부합니다. 일반과세자 중에서 법인은 어떻게 할까요? 법인사업자의 경우에는 더 빡빡합니다. 법인사업자는 분기마다 마감을 해서 1월 25일, 4월 25일, 7월 25일, 10월 25일 이렇게 1년에 4번 신고하고 납부합니다.

셋째, 간이과세자의 연간 매출액이 4,800만 원 미만이면 부가가치세가 산출되더라도 납부가 면제됩니다. 즉 연간 매출액이 4,800만 원 미만이면 부가가치세를 납부하지 않습니다. 이는 생각보다 큰 혜택입니다. 예를 들어 부가율이 30%라면 4,800만 원×30%×10%이므로 144만원의 납부세액이 나오는데도, 이를 납부하지 않아도 됩니다.

그럼 간이과세자는 항상 좋을까요? 처음에도 말씀드렸듯이 간이과세자가 꼭 절세에 유리한 것만은 아닙니다. 일단 간이과세자는 납부세액을 대충 계산했기 때문에 매입 세금계산서에 있는 매입세액도 대충만 빼줍니다. 즉 매입 세금계산서를 수취했을 때 일반과세자는 매입 세금계산서에 있는 부가가치세를 전액 공제받을 수 있지만 간이과세자는 다 공제받을 수 없습니다. 그래도 어쨌든 세금계산서는 받아둘 수 있으면 받는 것이 좋습니다. 세금계산서를 받으면 상대방의 매출 누락을 방지할 수 있으므로 세법에서는 "세금계산서 받으시느라 수고하셨습니다!"라는 의미로 약간의 수취세액 공제를 해줍니다. 그리고 나중에 소득세를 신고할 때 비용으로 정산할 수도 있습니다.

또 간이과세자는 매출보다 매입이 더 큰 경우에도 환급이 안 됩니다. 일반과세자는 '매출세액-매입세액=납부세액'의 논리로 계산하기 때문에 매출세액보다 매입세액이 더 크다면 부가가치세를 환급해줍니다. 하지만 간이과세자는 납부세액을 대충 계산했기 때문에 논리상 마이너스(-)가 나오는 것을 용납하지 않습니다. 사업을 시작할 때는 인테리어도 하고, 재고도 사서 쌓아놓고 하느라 매출보다 매입이 많은 경우가 비일비재합니다. 이러한 경우 일반과세자는 환급세액이 발생할 수 있지만, 간이과세자는 매입이 더 많다고 하더라도 매입세액을 온전히 공제받을 수 없기 때문에 손해가 발생할 수 있습니다.

마지막으로 간이과세자는 세금계산서를 발급할 수 없습니다. 혹시나 고객이 "난 꼭 세금계산서를 받아야겠습니다!"라고 한다면, "전 간이과세자라 발급을 못합니다."라고 말할 수밖에 없습니다. 그 거래를 꼭 성사시키시고 싶다면 '간이과세 포기 신고'를 알아보시면 됩니다. 그렇다고 카드결제기 설치를 못하는 것은 아닙니다. 세금계산서 발급을 못하는 것이지, 고객이 카드로 물건을 사는 데는 문제가 없습니다.

간이과세자가 영원히 간이과세자인 것은 아닙니다. 처음에는 "장사가 그렇게 잘될까?"라는 의문으로 간이과세자로 시작하였다 하더라도, 나중에 장사가 잘되면(연간 매출액이 8,000만 원이 넘으면) 일반과세자로 전환됩니다. 세법은 "사장님은 이제 장사 잘되시니 원칙대로 가셔야죠?"라고 말하면서 일반과세자로 전환시킵니다. 반대로 일반과세자라 하더라도 연간 매출액이 8,000만 원 밑으로 떨어지게 되면 간이과세자로 전환되기도 합니다.

전혀 간이과세를 못하는 사업도 있습니다. 그 업종이 무엇이냐고요? 세무서 민원실에서 사업자 등록을 할 때 아예 간이과세를 못하게 막을 테니 굳이 공부하실 필요는 없습니다. 음식점은 간이과세가 가능합니다. 제조, 도소매, 전문직 사업자, 그리고 '내가 일반과세자 사업자로 등록한 것이 하나라도 있는 경우에는 간이과세자가 안 된다.' 정도만 아시면 되겠습니다.

부가가치세 신고를 많이 하다 보면 '확실히 간이과세자의 부가가치세가 적긴 적구나.'라는 것을 느낍니다. 매출보다 매입이 더 큰 경우가 아니라면 간이과세자가 부가가치세의 부담이 적은 것이 사실입니다. 그래서 많은 사업주들이 한두 번이라도 혜택을 받기 위해서 간이과세자로 시작합니다. 하지만 초기 투자비용이 크다면, 매입세액 환급이 없어 꼭 간이과세자가 유리하지 않을 수도 있으니 자신의 사업 형태를 고려하여 좋은 의사결정을 하시기 바랍니다.

3 면세사업자가 뭐예요?

　　　　　　　　　면세사업자. 세금을 면제해주는 사업자? 말만 들어도 아름답습니다. 왠지 세금을 안 내도 되는 사업자처럼 보입니다. 그런데 안타깝지만 세금을 안 내도 되는 사업자는 없습니다. 사업자는 소득이 발생하면 세금을 내야 합니다. 그럼 면세사업자는 뭐죠? 면세사업자는 부가가치세가 면제되는 재화나 용역을 공급하는 사업자를 말합니다.

　　그럼 부가가치세가 면제되는 재화나 용역이 뭘까요? 우리나라에서는 물건을 사거나 서비스를 제공받을 때 부가가치세 10%를 부담합니다. 이는 우리가 실생활에서 물건을 살 때 실제의 가치^{value}보다 가격^{price}이 10% 비싸다는 뜻입니다. 이 때문에 서민들의 삶이 팍팍해질 수 있습니다. 그래서 세법에서는 다른 건 몰라도 기본적인 생활필수품 같은 재화나 용역에 대해서는 부가가치세 10%를 면제해 주고 있습니다. 부가가치세 없이 살 수 있는 물건이 뭔지 궁금하시죠? 하나씩 알아보겠습니다.

일단 가공하지 않은 식료품 및 국내 생산 농축수임산물입니다. 가공하지 않은 식료품은 국내 생산품이든 수입품이든 상관없이 면세입니다. 오히려 가공하지 않은 식료품은 국내산이 더 비싼 경우가 많습니다. 어찌됐든 세법은 가공되지 않은 식료품을 사서 집에서 조리를 해서 먹는 것에 대해서는 부가가치세를 과세하지 않겠다고 하고 있습니다. 대신 만들어진 음식을 사서 먹는 사람은 부자이니 과세하겠다는 방침을 취하고 있습니다. 예를 들어 날계란은 면세고, 구운 계란은 과세입니다. 혹시 구운 계란을 사먹어 보신 적 있습니까? 그럼 당신은 부자입니다. 농축수임산물은 국내 생산만 면세입니다. 국내산 꽃은 면세이고, 페르시아산 고양이는 과세입니다.

수돗물, 생리대, 연탄은 면세입니다. 생수는요? 과세입니다. 생수를 사먹는 당신은 부자이니 자부심을 가져도 됩니다. 연탄은 면세입니다. 그럼, 도시가스는요? 도시가스는 과세입니다. 도시가스 쓰는 당신은 부자입니다. 대중교통 운송도 면세입니다. 대중교통은 버스와 지하철을 말합니다. 택시는 과세입니다. 택시는 부자가 타는 것입니다.

주택의 임대는 면세입니다. 주택의 임대가 과세면 서민은 월세를 낼 때마다 부가가치세를 내야 합니다. 그럼 안 되기 때문에 주택의 임대는 면세를 해주고 있습니다. 그럼 사무실이나 상가의 임대는요? 사무실이나 상가의 임대는 과세입니다. 그래서 상가 임대료에는 부가가치세가 붙습니다.

의료용역은 면세입니다. 즉 병원에 가서 치료받는 비용에는 부가가치세가 붙지 않습니다. 그리고 처방전을 받아서 약국에서 약을 받아도 부가가치세가 붙지 않습니다. 다만 약국에서 처방전 없이 파는 일반 약, 의약외품, 건강보조식품 등은 과세입니다. 부가가치세를 내고 사야 합니다. 또 교육용역이 면세입니다. 학교, 학원, 도서관, 독서실이 면세입니다. 따라서 부가가치세 없이 교육을 받을 수 있습니다. 고시원은요? 고시원은 교육시설이 아니라 숙박시설로 보아서 과세입니다.

책도 면세입니다. 따라서 책을 사실 때 여러분은 부가가치세를 부담하지 않으셨습니다. 그럼 혹시 책에 음악 CD가 붙어 있다면 어떻게 될까요? 책 뒤에 음악 CD를 붙여서 팔면, 책 가격만큼은 면세고, 음악 CD 가격만큼은 과세로 처리될까요? 이런 경우에는 주된 재화가 무엇이냐에 따라 결정됩니다. 책이 면세이므로 책 뒤에 붙은 음악 CD도 같이 면세입니다. 반대로 음악 CD에 붙어 있는 책은 음악 CD가 과세이므로 둘 다 과세입니다.

부가가치세가 면제되는 재화나 용역은 더 있습니다만, 일단 이 정도만 알면 실생활에서 접하는 면제가 되는 재화나 용역은 대부분 안다고 볼 수 있습니다. 그럼 실제 사업하시는 분들 중에서 어떤 분들이 면세사업자가 될까요? 정육점을 하거나 야채나 청과제품을 취급한다면 면세사업자가 될 수 있습니다. 그리고 학원, 교습소를 운영하는 분도 면세사업자가 될 수 있습니다. 주택임대사업자, 의사도 면세사업자가 될 수 있습니다. 음식점을 경영하는 경우는 과세사업자입니다. 일단 과세사업자로 분류되고 그 안에서 간이과세자냐 일반과세자냐로 다시 나뉩니다.

과세·면세 겸영사업자도 있습니다. 과세·면세 겸영사업자는 과세사업도 하고 면세사업도 하는 경우입니다. 예를 들면 약국 같은 경우입니다. 처방전 약은 면세고, 영양제는 과세니까요. 이런 분들은 일단 과세사업자로 분류됩니다. 이때 부가가치세는 과세 부

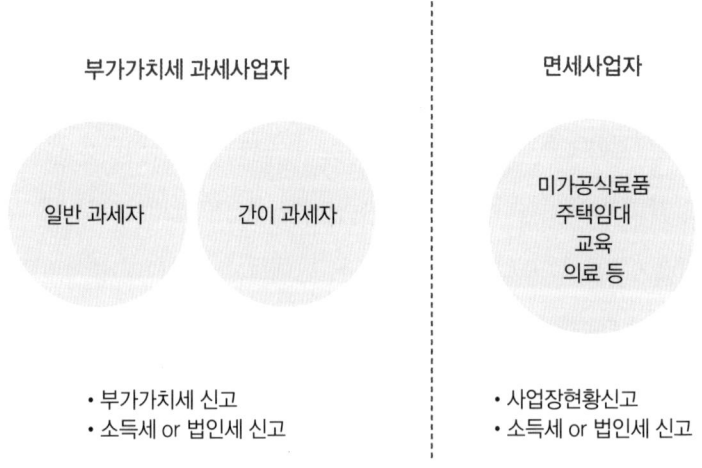

분에 해당하는 만큼만 냅니다. 사업자등록증도 과세사업자인 일반과세자 또는 간이과세자로 발급됩니다.

면세사업자는 부가가치세를 신고하지도 않고 납부하지도 않습니다. 따라서 법인은 분기별로, 일반과세자는 반기별로, 간이과세자는 연단위로 한 번씩 부가가치세를 신고해야 하는 번거로움을 겪지 않습니다. 다만 부가가치세를 신고하지 않으므로 매입세액도 환급받을 수 없습니다. 그래서 학원을 운영하는 사업주가 상가 임대료를 내고 세금계산서를 받는다 하더라도 임대료에 붙어 있는 부가가치세를 환급받을 수 없습니다.

면세사업자는 부가가치세를 신고하지 않는 대신에 다음해 2월 10일까지 1년간의 수입금액과 매입금액에 대하여 관할세무서에 사업장현황신고서를 제출해야 합니다. 사업장현황신고서에는 면세로 발행한 매출 계산서가 있는 경우 매출처별 계산서 합계표를 작성해서 보고하고, 매입과 관련해서 세금계산서 및 계산서가 있는 경우 각각 매입처별 세금계산서 합계표 및 매입처별 계산서 합계표를 같이 작성해서 보고합니다.

면세사업자는 부가가치세를 납부하지 않지만, 소득세는 똑같이 신고하고 납부해야 합니다. 앞에서 예로 든 학원 운영자의 경우 상가 임대료에 붙어 있는 부가가치세를 환급받을 수 없다고 했는데요, 그렇다고 "어차피 환급받지도 못하는데 귀찮게 세금계산서를 받아봤자 무슨 소용이냐?"라고 생각하면 안 됩니다. 세금계산서를 받지 않으면 경비를 입증할 증빙이 없는 것입니다. 소득세는 과세사업자와 다르지 않으므로 소득금액을 줄일 수 있도록 증빙을 착실히 모아두는 지혜가 필요합니다.

4 저도 기장을 해야 할까요?

　　　　　한번은 사무실에 있는데 어떤 사장님이 찾아오셨습니다. 다른 세무사로부터 기장을 해야 한다는 소리를 들었는데, 집이 근처라 기장료가 얼마인지 물어보러 우리 사무실에 오셨다는 것이었습니다. 그래서 제가 물어봤습니다. "업종이 어떻게 되시죠?" 그분은 이번에 상가를 하나 분양받아서 부동산 임대업을 하게 되었다고 하셨습니다. 혹시 다른 부동산이 있냐고 묻자, 부동산은 하나뿐이었고, 매달 받는 임대료에 대하여 세금계산서를 한 장씩 발급해주고 있다고 하였습니다. 저는 "사장님은 기장 안하셔도 됩니다. 나중에 부가가치세, 종합소득세 신고하실 때만 찾아오시면 됩니다."라고 말하고 돌려보냈습니다.

　이런 경우도 있었습니다. 기장 상담을 받고 싶은데, 혹시 집으로 찾아올 수 있냐는 전화를 받았습니다. 보통 기장 상담 전화를 받으면 기쁜 마음으로 찾아갑니다. 저도 크게 보면 자영업을 하는 개인사업자이고 열심히 영업해서 직원들 월급도 주고, 집에 생활비도 가져가야 하니까요. 그런데 막상 찾아가보니 사업체의 매출이 너무 작았습니다. 가정주부셨는데, 가끔 일이 있을 때마다 몇 십만 원씩 받고 일을 해주고, 세금계산서를 발급한다는 것이었습니다. 1년의 총매출이 1,000만 원이 채 안 되는 사업체였습니다. 양심상 기장을 해야 한다는 말을 하지 못했습니다. "어차피 기장을 하지 않고 신고를 하더라도 세금이 얼마 나오지 않을 텐데, 굳이 매달 기장료를 내면서 장부를 작성하는 것이 과연 이 사장님께 도움이 될까?"라는 의문이 들었기 때문이었습니다. 그래서 그분께도 기장하실 필요가 없다고 말씀드리면서 나중에 신고 때만 찾아오시면 된다고 말씀드리고 나왔습니다.

기장을 한다는 것은 무엇일까요? 기장은 영수증 등 증빙서류를 근거로 해서 거래 내용을 일일이 장부에 기록하는 것을 말합니다. 모든 사업자는 원칙적으로 기장을 통해서 복식부기 또는 간편장부를 작성하여야 합니다. 기장을 해야 수입과 비용을 집계할 수 있고, 세금을 계산하는 데 기초가 되는 실질소득을 계산할 수 있기 때문입니다.

사업자들마다 상황은 제각각입니다. 똑같은 음식점을 해도 앞집, 옆집, 뒷집이 같을 수 없습니다. 똑같이 김치찌개를 팔고, 매출이 같다 하더라도 실제로 집에 가져가는 소득은 다를 수 있습니다. 왜냐하면 원재료 매입비용이 다르고, 임대료, 인건비 등의 차이가 있을 수 있기 때문입니다. 우리 가게의 매출이 1억이고, 옆집도 1억의 매출이 발생했다고 가정해봅시다. 그런데 나는 1억의 매출을 내기 위해서 매입비용, 임대료 등에 8,000만 원을 썼다면, 나의 소득은 2,000만 원이므로 2,000만 원에 대한 세금만 내면 되는 것이고, 반면 옆집은 1억의 매출을 내기 위해서 5,000만 원밖에 안 썼다면, 옆집은 소득이 5,000만 원이므로 5,000만 원에 대한 세금을 내야 하는 것입니다.

사업자들마다 각각 상황이 다르다고는 하지만 사실상 '모든 사업자'에게 회계장부를 작성하라고 강요할 수는 없습니다. 이제 새로 사업을 시작한 사업자나 동네에서 조그맣게 장사하시는 할머니, 할아버지들한테까지 "아니, 왜 장부를 작성하지 않으셨어요?"라고 할 수는 없는 것입니다. 회계장부를 작성한다는 것은 세금계산서나 영수증 등 관련 증빙서류를 빠짐없이 챙겨야 하는 불편이 있으며, 또한 회계적인 지식이 있어야 가능하기 때문입니다.

따라서 세법은 장부를 작성하지 못한 사업자에게 세금을 신고할 수 있도록 추계신고라는 제도를 운영하고 있습니다. 쉽게 말하면 소득을 '추정해서 계산한다.'는 뜻입니다. 원칙적으로 추계신고를 하게 되면 무신고가산세 또는 무기장가산세가 발생합니다. 하지만 신규사업자(사업을 처음 시작한 사업자)나 계속사업자인데 직전년도 수입금액(1년간 매출액)이 4,800만 원 미만인 소규모 사업자에 대해서 세법은 "사장님은 아직 영세하니, 장부를 작성하지 않아도 가산세를 매기지 않을게요."라고 하고 있습니다. 추계신고에도 종류가 있습니다만, 그건 지금 설명하면 머리 아파지니 궁금하면 가까운 세무대리인에게 찾아가 물어보면 되겠습니다.

<u>살짝 다른 이야기이지만, 법인사업자로 사업을 하시는 분은 무조건 기장을 해야 합니다. 법인사업자가 기장을 하지 않고, 법인세를 신고하면 무신고로 보기 때문입니다.</u> 세법의 시각에서는 법인을 '조직'으로 봅니다. 그리고 앞에서 말했듯 조직은 개인보다 우수하다고 봅니다. 따라서 법인에게는 세법상 모든 의무가 가장 먼저 적용되고, 가장 원칙에 가까운 처리를 요구하고 있습니다. 따라서 법인사업자로 사업을 한다면 처음부터 기장을 한다고 생각하셔야 합니다.

결론적으로 개인사업자이면서 신규사업자이거나 매출이 적어 영세하거나 그리고 예외적인 케이스이긴 하지만 부동산 임대업같이 매달 세금계산서 한 장을 발급하면서, 매입도 없고, 직원도 없는 아주 단순한 사업을 하는 분들은 반드시 기장을 할 필요는 없습니다. 괜히 기장을 하지 않으면 세금을 많이 내는 것처럼 겁을 줘서 기장을 유도하는 사람들도 있습니다. 하지만 곰곰이 생각해보면 매달 내는 기장료도 사장님의 주머니에서 나가는 돈입니다. 세금

으로 나가든 기장료로 나가든, 주머니에서 나가는 돈은 줄일 수 있으면 줄이는 편이 좋습니다. 만약 추계신고를 해서 세금이 조금 더 나가더라도 실제 납부금액이 크지 않다면, 차라리 기장료를 부담하지 않고 추계신고를 하는 편이 실질적으로 부담하는 금액이 더 적을 수 있습니다.

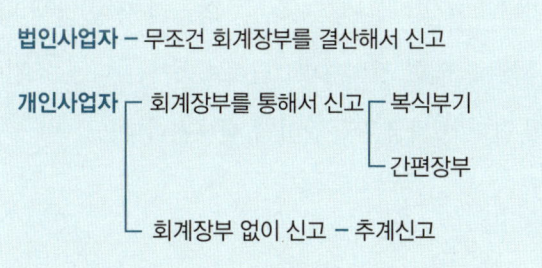

참고로 근로소득자들은 사업자와 접근 방법이 다릅니다. 예를 들어 내가 연봉이 3,000만 원이고, 옆 친구도 연봉이 3,000만 원입니다. 나는 연봉 3,000만 원을 벌기 위해서 매일 버스나 지하철 타고 다니고, 점심에 라면이나 김밥을 먹습니다. 하지만 옆 친구는 매일 택시를 타고 출퇴근하고, 점심으로 스테이크나 초밥을 먹으러 다닙니다. 그럼 나는 연봉 3,000만 원을 벌어들이기 위한 비용이 적은 것이고, 옆 친구는 똑같은 연봉을 받기 위해서 쓰는 비용이 큰 것일까요? 만약 그렇다면 나는 비용이 적으므로 소득이 커서 세금을 많이 내야 하고, 옆 친구는 비용이 많으므로 소득이 적어서 세금을 적게 내도 되는 것일까요? 그럴 수는 없습니다. 옆 친구는 '비용'이 많은 게 아니고 '소비'가 큰 것입니다. 따라서 원칙적으로 연봉이 같다면 세금이 같아야 합니다. 그래서 근로소득자들은 장부를 작성할 필요 없이 공식에 따라서 연간 근로소득공제를 적용하고, 회사가 연말정산 절차를 통해서 소득세를 정산하는 것입니다. 그럼 근로소득자들의 세금이 달라지는 경우는 무엇 때문일까요? 그건 부양가족이 많다든지, 교육비, 의료비 등이 많이 발생했다든지 등의 차이로 인한 것입니다. 근로소득자는 다른 조건이 동일하고 연봉이 같다면 세금은 동일하게 계산됩니다.

5 기장하면 뭐가 좋아요?

바로 앞 글의 내용과 약간은 상반된다고 생각하실 수도 있지만, 그렇지 않습니다. 모든 사업자가 기장을 할 필요는 없지만, 기장을 하는 게 유리한 사업자는 분명히 있습니다. 그러니 많은 사업주들이 기장료를 지불하면서 기장을 하는 것이겠죠. 세무회계사무소에 기장료를 지불하면서 기장을 하는 것이 금전적 또는 비금전적으로 유리한 경우들이 있습니다. 금전적인 이유로는 기장료를 내더라도 기장을 해서 줄이는 세금이 큰 경우이고, 비금전적인 이유는 세무회계사무소를 이용함으로써 사업주가 직접 하기 힘든 일을 대신 처리하도록 하는 것입니다.

기장의 필요성에 대해 얘기하기 위해 기장의무가 무엇이고, 매출액 액구간별로 어떤 기장의무가 발생하는지에 대한 세법 규정을 자세히 말하지는 않겠습니다. 그런 건 실무를 하는 저희들이 알아야 할 사항이지, 실제로 기장을 할지 말지 고민하시는 분들께 그다지 도움이 되는 사항은 아닌 것 같습니다. 규정을 보는 것은 머리만 아픕니다. 대신 기장을 해야 할지 말아야 할지 의사결정을 할 때 도움이 될 수 있는 사항을 말씀드리고자 합니다.

<u>첫째로 비용이 많아서 적자가 날 것 같은 사업자는 기장을 하는 편이 유리합니다.</u> 추계에 의한 소득금액 계산은 영수증을 챙기는 등의 수고는 없지만 실제로 손실이 나도 소득금액이 마이너스가 되지는 않습니다. 추계신고 시에는 업종별 경비율에 따라 비용을 인정해주는데, 경비로 인정해주는 요율이 100%를 절대로 넘지 않기 때문이죠. 하지만 매출보다 비용이 많은 경우 기장을 하면 적자가 난대로 소득금액을 신고할 수 있습니다. 사업자가 아무리 "장사가 안 된다."고 말을 해도 그 말만 믿고 손해가 난 사실을 인정해줄 수는 없습니다. 적자가 난 사실을 장부와 관련 증빙자료로 확인할 수 있어야 합니다. 이는 기장을 함으로써 증명이 되는 것입니다. 적자가 나면 원칙적으로 내야 할 세금은 없으며, 또한 그 손실(세법에서는 '결손금'이라고 합니다)은 향후 10년간 이월되면서 다음에 발생한

장부기장(O) : 매출 – 비용 = 소득(마이너스가 되는 경우 결손 이월 가능)

장부기장(X) : 매출(1–경비율) = 소득(마이너스가 될 수 없음)

소득에서 공제받을 수 있습니다.

둘째로 '<u>어느 정도 규모가 있는 사업자</u>'(이하 복식부기의무자)의 경<u>우에는 기장을 하는 편이 유리합니다.</u> 여기서 어느 정도 규모라 함은 직전년도 수입금액 기준으로 도·소매업은 3억 원 이상, 제조업과 음식점은 1억 5,000만 원 이상, 부동산 임대업이나 서비스업은 7,500만 원 이상인 사업자를 말합니다. 복식부기의무자의 경우에 추계신고에 의한 소득금액이 기장에 의한 소득금액보다 클 가능성이 많습니다. 세법은 복식부기의무자들이 추계에 의해서 소득금액을 계산할 때 경비율을 많이 인정해주지 않습니다. 경비율이 적어진다는 것은 그만큼 소득율이 커진다는 뜻입니다. (반대로 경비율이 크면 경비를 많이 인정해주는 꼴이니 그만큼 소득이 적어집니다.) 세법이 "사장님은 더 이상 영세하지 않으니 이제 원칙대로 기장을 하시죠!"라고 말하고 있는 것입니다. 복식부기의무자는 단순경비율 적용이 배제되고, 기준경비율도 원래의 기준경비율의 절반만 적용합니다.

또한 복식부기의무자의 경우에 추계에 의해서 신고를 하면 가산세를 부과하기도 합니다. 그 이유 역시 사업자는 기장을 하는 것이 원칙이므로 기장을 하도록 유도하기 위함입니다. 반대로 규모가 작은 사업자가 기장을 하면 어떻게 될까요? 세법은 "사장님은 규모가 작아서 꼭 하실 필요는 없는데, 기장하시느라 수고하셨네요!"라고 말하면서 납부하여야 할 세금에서 기장세액공제(산출 세액의

20%, 100만 원 한도)를 해줍니다. 참고로 전문직 사업자는 수입금액에 상관없이 복식부기의무자입니다.

구분	복식부기의무자	복식 이외
장부기장 혜택	X	기장세액공제
추계신고 불이익	가산세 부과 기준경비율의 1/2만 인정	X (단, 직전 년도 수입금액 4,800만 원 이상자는 가산세 부과)

셋째로 재무제표 제출을 위해서 기장을 하시는 분들도 계십니다. 보통 이런 경우는 정부나 지방자치단체로부터 자금 지원을 받기 위해서 재무제표를 제출하는 경우입니다. 정부나 지방자치단체에서 정책적으로 사업체를 지원하기 위해서 낮은 이자율로 대출을 해주는 경우가 있습니다. 자금이 필요한 분들은 금리가 낮은 이런 자금을 지원 받으시면 좋습니다. 보통 이런 경우 심사를 위해서 재무제표를 요구하는 경우가 있습니다. 그때 기장을 해놓으면 손쉽게 요구 서류를 준비할 수 있습니다. 보통 개인사업자의 경우에 정부나 지방자치단체를 통하지 않고, 직접 은행에 가서 대출을 받고자 할 때에 은행에서 재무제표를 요구하는 경우는 그리 많지 않습니다. 개인사업자의 경우 종합소득세를 추계신고 하는 경우가 있기 때문에, 주로 '사업자등록증명원', '소득금액증명원', '부가가치세과세표준증명원', '납세증명원'등을 요구합니다.

넷째는 꼭 기장을 하기 위함이라기보다는 사업주가 직접 하기 힘든 일을 세무회계사무소를 통해서 처리하기 위해서 기장 대리를 맡기는 경우입니다. 예를 들면 사업장에 직원이 있는 경우입니다. 직원이 있는 사업자는 직원의 입·퇴사 시 4대보험 가입, 탈퇴도 해야 하고, 급여대장도 만들어야 하며, 매달 원천세 신고와 퇴직금 계산을 해야 합니다. 그리고 1년에 한번 직원들 연말정산도 해주어야 합니다. 사실상 이런 일은 사업주가 직접 처리하기 힘든 일이며, 직접 처리하려면 공부를 많이 해야만 하는 일입니다. 이런 일들은 보통 세무회계사무소가 대행해서 처리할 수 있습니다.

앞장에도 말씀드렸지만, 사장님의 사업이 초기 단계이고, 매출 규모도 작다면 굳이 기장을 하실 필요는 없습니다. 위와 같은 이유와는 별도로 기장 서비스를 받게 되면 일반적으로 세무회계사무소에 담당 여직원이 배정돼서 처리를 해줍니다. 그래서 "처음부터 제대로 체계를 잡아가기 위해서 지금은 소규모이지만 기장 대리를 맡기겠다!"라고 하시는 사장님도 계십니다. 하지만 기장을 하게 되면 매달 기장료가 나갑니다. 매달 세무회계사무소에 기장료를 지불하면서 기장을 하는 것이 유리할 것인지, 아니면 아직은 기장을 할 때가 아닌지는 각 사업체마다의 상황이 다르므로 사업체에 대해서 가장 잘 알고 있는 사장님이 직접 판단하고 결정하시기 바랍니다. 가장 중요한 것은 사장님이 잘되는 것입니다.

6 증빙, 증빙 하는데… 증빙이 뭐예요?

사실 저도 처음에는 증빙이 무엇인지 잘 몰랐습니다. 회계사로 회계 법인에 다니던 시절에는 대기업 회계감사나 컨설팅을 주로 맡았습니다. 감사인이나 컨설턴트로서 여러 가지 일을 하다 보니, 막상 실무적으로 발생하는 증빙에 대해서 생각할 필요도 없었던 것입니다. 예를 들어 회사의 회계시스템 구축을 위한 논리 설계를 하면서 영수증에 대해서 고민할 필요는 없기 때문입니다.

개업을 준비하면서 예전에 알던 세무사 형님을 찾아갔습니다. 그때 그 형님이 거래처에서 증빙을 받아야 한다고 말씀하셨을 때, 갑자기 머릿속이 혼란스러웠습니다. '증빙? 증빙이 뭐지? 만약 거래처에서 '뭐 챙겨드려야 해요?'라고 물어봤을 때 내가 그냥 증빙이라고 말하면 되나? 구체적으로 뭘 달라고 해야 하지?' 그때는 정말 감이 잡히지 않았습니다. 그래서 전 부끄러움을 무릅쓰고 형님에게 물어봤었습니다. "형님! 증빙이 뭐예요?"

사전적 의미로서의 증빙은 '거래의 성립을 입증할 만한 대외 거래의 증거서류'입니다. 즉 증빙은 '내가 이런 거래를 했고, 그것에 대한 증거가 이것입니다'라고 제시할 수 있는 서류를 말합니다. 거래를 입증할 수 있는 자료이므로, 여러 가지 형태의 증빙이 있을 수 있습니다.

하지만 세무서가 모든 형태의 증빙을 인정해주지는 않습니다. 세무서는 납세자가 가짜 영수증을 수취하여 실제 발생하지 않은 돈을 비용으로 처리하는 것을 막기 위하여 몇 가지 형태의 증빙만을 '적격증빙'으로 인정해주고 있습니다. 세무서는 사업자가 사업과 관련된 비용을 처리함에 있어서 적격증빙을 수취하도록 규정하고 있고, 이를 어겼을 경우에는 가산세를 부과하여 임의의 영수증을 가지고 비용처리를 못하도록 하고 있습니다.

그럼 세무서가 인정하는 적격증빙은 무엇일까요? 세법이 말하는 적격증빙은 세금계산서, 계산서, 신용카드 매출전표, 현금영수증을 말합니다. 여기서 계산서는 단순히 금액을 계산하여 제시하는 계산서를 말하는 것이 아닙니다. 계산서라는 정해진 양식에 따라 사업자가 발행하는 계산서를 말합니다. 세금계산서는 부가가치세 과세물품을 사고팔 때 주고받는 증빙이고, 부가가치세 면세 물품을 사고팔 때 세금계산서 대용으로 사용하는 증빙이 계산서입니다. 주의할 점은 거래명세표는 적격증빙이 아니라는 것입니다. 거래명세표는 '거래가 있었다.'라는 것을 입증하는 수단은 될 수 있지만 세법상 적격증빙으로 인정을 하고 있지는 않으므로, **거래명세표를 받은 후에는 꼭 세금계산서나 계산서를 별도로 받아야 합니다.**

적격증빙의 발행은 누가 할까요? 사업자등록을 한 사업자가 자신의 사업자등록번호로 발행합니다. 주의할 점은 **간이과세자의 경우 세금계산서를 발행하지 못한다는 것입니다. 세금계산서는 일반과세자만 발행할 수 있습니다.** 간혹 간이과세자가 모르고 세금계산서를 발행하는 경우가 있으니 주의하셔야 합니다. 적격증빙을 받았다면 적격증빙 발행자와 실제 거래자가 같은지 확인하고, 물품 대금을 결재할 경우 은행을 통해서 송금하도록 하여야 합니다.

거래 건 당 공급대가(부가가치세 포함 금액)가 3만 원(접대비의 경우 1만 원)을 초과하는 경우에는 적격증빙을 수취하여야 하지만, 거래 건 당 3만 원 이하의 거래의 경우에는 실무상의 편의를 위해서 간이영수증을 수취해도 괜찮습니다. 간이영수증은 공급받는 자의 등록번호와 부가가치세액을 별도로 기재하지 않은 영수증을 말합니다. 금전등록기영수증과 현금매출전표 등이 간이영수증에 포함됩니다. 흔히 식당에서 주는 간이영수증을 생각하시면 됩니다. 3만 원 초과 거래 여부의 판단은 거래 1건별 영수증 금액을 기준으로 판단하며, 동일한 거래에 대하여 영수증을 분할하여 교부받은 경우에도 합산한 금액을 1건의 거래로 봅니다. 따라서 간이영수증을 3만 원 이하로 분할하여 수취한 경우 과세당국에 적발되면 이를 합산하여 1건의 거래로 정리하므로 필요경비로 인정받지 못하게 됩니다.

적격증빙을 수취하지 못하는 경우도 있습니다. 다음과 같은 경우에는 적격증빙을 수취하지 못하는 경우가 정상적이므로 예외적으로 적격증빙을 수취하지 못해도 인정해주고 있습니다. 하지만 거래가 있었다는 것은 입증을 해야겠죠? 대표적인 몇 가지를 보겠습니다.

- **국가 등과의 거래**: 국가에 세금을 납부하여도 적격증빙은 나오지 않습니다.
- **비영리법인과의 거래**: 사업자가 아니므로 적격증빙을 발행하지 않습니다.
- **금융·보험용역**: 은행에 이자 비용을 냈다면, 통장에서 이자가 지출된 내역으로 비용처리합니다.
- **농·어민(법인 제외)으로부터 재화나 용역을 직접 공급받은 경우**: 농·어민의 성명, 주민등록번호가 적힌 영수증으로 비용처리할 수 있습니다.
- **건당 20만 원 이하의 경조사비**: 청첩장, 부고장 등을 챙겨두어야 합니다.

- **임대인이 간이과세자인 경우 임차료:** 간이과세자이므로 세금계산서를 발행하지 못합니다. 이 경우 임대차 계약서와 은행 송금 내역으로 비용처리할 수 있습니다.

거래 상대방이 간이과세자인 경우 부가가치세가 과세되는 거래에 대하여 세금계산서를 발행할 수 없기 때문에 신용카드로 결제를 하거나 현금영수증을 수취해야 합니다. 다만 부동산 임차료는 계약서와 은행 송금 내역으로 비용처리 가능합니다. 간이과세자라서 세금계산서를 발급하지 못하는데, 자격증빙을 받아야 하니 임대인에게 카드결제기를 설치하라고 요구하는 게 좀 이상하기 때문입니다.

사업과 관련하여 정당하게 지출을 했는데 적격증빙을 수취하지 못하면 어떻게 될까요? 적격증빙을 수취하지 못해도 사업과 관련하여 지출하였다는 것을 입증할 수 있으면 필요경비로 인정받을 수 있습니다. 다만 적격증빙미수취가산세 2%를 부담하여야 합니다. 사실 가산세라도 내고 비용을 인정받는 것이 훨씬 이익입니다. 소득세나 법인세의 세율이 더 높기 때문입니다. 그래도 가산세를 내는 것은 아깝습니다. 가능하면 적격증빙을 수취해서 가산세를 내지 않는 것이 절세의 방법입니다. 참고로 자격증빙미수취가산세는 적격증빙을 받을 수 있었는데 못 받은 경우에 부가하는 가산세입니다. 위에서 말한 증빙을 받지 못하는 몇 가지 정당한 사유에는 적격증빙미수취가산세가 적용되지 않습니다.

==거래가 있었다는 것은 사업자가 스스로 입증해야 합니다.== 그 누구도 대신 입증해줄 수 없습니다. 세무대리인이 대신 입증할 수 없으며, 세무서가 대신 입증해줄 리도 없습니다. 거래가 발생했다면 사업자가 그때그때마다 챙겨야 합니다. 그래야 필요경비도 인정받고 불필요한 가산세도 부담하지 않게 됩니다.

7. 다른 사람이 하던 사업을 인수하는데, 권리금도 비용처리 되나요?

　　　　　　사장님들께서 사업을 시작하실 때는 사업 아이템을 구상하는 것부터 자리 선정, 인테리어, 직원 채용, 각종 업무 프로세스 구비까지 할 일이 너무나도 많습니다. 어느 하나 중요하지 않은 일이 없으며, 하나하나가 유기적으로 매끄럽게 연결되지 않으면 삐거덕거리게 마련입니다. 그래서 알고 보면 복잡한 하나의 비즈니스가 원활하게 굴러가면서 매출과 수익을 만들어내는 걸 보면 사장님들이 존경스럽기까지 합니다.

　사업을 시작할 때 처음부터 모든 것을 사업주가 구상해서 시작하는 경우도 있지만, 잘 굴러가는 사업을 인수해서 시작하는 경우도 있습니다. 보통 건강상의 이유나 다른 사업을 하려고 사업을 접으려고 하는 분들이 지인이나 중개업자를 통해서 사업을 넘기는 경우나, 잘되는 사업을 자녀에게 넘기는 경우가 있습니다. 이러한 경우 어떤 세무적인 이슈가 있는지 알아보도록 하겠습니다.

　첫 번째로 개인사업자가 사업을 넘긴다는 것은 기존 사업자는 폐업하고, 신규사업자가 개업을 한다는 뜻입니다. '상호도 같고, 위치도 같고, 아이템도 같고, 모든 것이 같은데 무슨 폐업이냐?'라고 반문을 하실지도 모르겠습니다. 실질적인 사업의 본질이 바뀌지 않아도 개인사업자의 명의가 바뀌면 기존의 사업자는 폐업이 되고 새로 사업을 하는 사업주는 개업을 하게 됩니다. 한마디로 사업자등록번호가 바뀐다는 뜻입니다. 개인사업자는 사업의 주체입니다. 사업의 주체가 바뀌면 사업자등록번호는 새로 부여되어야 합니다.

　참고로 법인사업체를 넘긴다는 것은 어떤 뜻일까요? 법인사업자의 사업의 주체는 법인이기 때문에 사업자번호가 바뀌지는 않습니다. 법인사업체를 넘긴다는 말은 법인의 주식을 판다는 뜻입니다. 법인의 주인이 바뀌는 것입니다. 내가 삼성전자의 주식을 산다고 해서 삼성전자의 사업자번호가 바뀌거나 대표가 바뀌거나 하지는 않습니다. 극단적으로 내가 돈이 아주 많아서 삼성전자의 주식을 전부 다 산다고 할지라도 삼성전자의 사업자번호는 바뀌지 않습니다. 전부 다 사고 나서 기존의 경영진을 다 몰아내고 내가 삼성전자의 대표이사가 될 수는 있습니다. 이렇듯 법인을 산다는 것과 법인의 대표가 된다는 것은 서로 별개입니다.

두 번째로 다른 사람이 하던 사업을 넘겨받을 때 중요한 이슈가 권리금입니다. 권리금은 사전적인 의미로 영업을 하려는 자가 '시설, 비품, 거래처, 신용, 영업상의 노하우, 위치에 따른 영업상의 이점' 등을 이용하게 될 때 지급하는 금전 등의 대가를 말합니다. 즉, 기존의 사업을 인수할 때 영업상의 이점을 돈 주고 사는 것입니다. 세법에서는 이를 영업권이라는 용어를 사용하여 무형자산으로 인식하고 있습니다.

예전에 알고 지내던 분이 식당을 인수했습니다. 그분께서 권리금을 3,000만 원이나 주고 식당을 인수했다고 합니다. 적은 금액이 아니었기에 저도 놀랐습니다. 아마도 인테리어 비용을 권리금 명목으로 준 것 같았습니다. 그분은 적지 않은 금액을 권리금으로 줬는데 이를 비용처리할 수 있냐고 물어보셨습니다. 저는 가능하다고 말씀드렸습니다. 사업을 위하여 적지 않은 금액이 지출되었는데, 비용처리를 못한다면 너무나 아까운 일이니까요.

그럼, 권리금의 세무 처리는 어떻게 해야 할까요?

우선 권리를 판 사람은 소득이 생긴 것입니다. 건물과 같은 사업용 고정자산과 함께 양도한 상가 권리금은 양도소득세 과세 대상에 해당하나 그 이외의 권리금은 기타소득에 해당합니다. 따라서 권리금을 지급하는 사람이 지급하는 금액에 대해서 기타소득에 대한 원천징수를 하고 지급하여야 합니다. 우리가 은행에서 이자를 받을 때 은행에서 우리에게 이자에 대한 소득세와 지방소득세를 원천징수하고 잔액을 주는 것과 마찬가지입니다. 권리금을 지급하는 사람이 원천징수 의무자가 되어 총액에서 원천징수를 하고 잔액을 주어야 합니다. 우선 지급받는 사람의 이름과 주민등록번호를 알아두어야 하고, 지급해야 하는 총액에서 8.8%(60%를 필요경비로 공제하고 난 후의 소득금액에 대해서 20%의 기타소득세와 2%의 지방소득세)를 세금으로 공제하고 남은 차액을 상대방에게 지급합니다. 공제한 8.8%는 다음 달 10일까지 '원천징수이행사항신고서'와 함께 세무서에 납부하면 되고, 다음해 2월 말일까지 '기타소득지급명세서'를 관할세무서에 제출하면 됩니다.

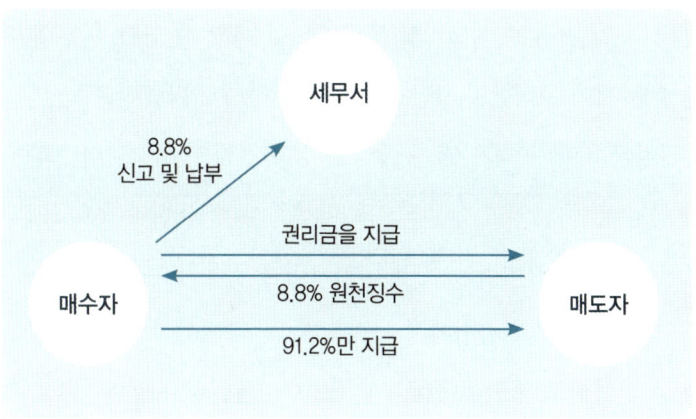

이러한 절차를 수행하는 이유는 당당히 권리금을 지급했다는 사실을 세무서에 신고하고 비용처리를 하기 위해서입니다. 앞에서 권리금은 영업권이라는 무형자산이라고 했는데요. 권리금을 지급한 사람은 권리금 금액을 영업권이라는 무형자산으로 계산하여 5년간 정액법으로 감가상각을 통해서 비용처리할 수 있습니다. 이렇게 하면 사업소득에서 필요경비가 늘어나고 소득세가 줄어드니 적지 않은 절세효과를 볼 수 있습니다.

권리금을 받은 사람은 어떻게 될까요? 권리금을 수취한 사람은 권리금이 소득세법상의 기타소득에 해당하므로 종합소득세 신고 의무가 있습니다. 그래서 다음 연도 5월에 타 소득에 기타소득을 포함하여 종합소득세를 신고하면 됩니다. 다른 기타소득이 없고 권리금 총액이 750만 원 이하라면(즉 기타소득금액이 300만 원 이하라면) 타 소득과 합산하여 신고할 것인지, 원천징수로 끝낼 것인지 선택할 수 있습니다. 이건 5월 종합소득세 신고 때 담당 세무대리인과 어떤 것이 유리한지 상담하신 후 선택하시기 바랍니다.

권리금 자체가 적지 않은 금액인 경우가 많이 있습니다. 그런데도 이렇게 큰 금액이 실무적으로 아무런 혜택을 받지 못하고 그냥 흐지부지 없어져버리는 돈이 되어버리는 경우가 너무나도 많은데요. 권리금이 필요경비에서 누락되면 큰 금액이 아무런 절세효과를 보지 못하고 소멸되어버리게 됩니다. 권리금 지급에 대한 세무처리를 놓치지 마시고 적절하게 처리하여 불이익을 당하지 않으셨으면 합니다.

감가상각통장(재투자 통장)을 만들어라

감가상각비는 실제로 돈이 나가지는 않지만, 회사가 사용하는 기계장치, 비품 등의 유형자산이 시간이 지남에 따라 소모되어가는 가치의 감소분을 비용으로 인식하는 것입니다. 예를 들어서 공장설비를 짓는 데 10억이 들어갔다면 돈은 최초 투자 시에 나가지만, 비용은 공장설비가 운용되는 기간 동안 안분되어 인식됩니다.

사업을 잘 꾸려가는 사장님들은 미래의 재투자를 위해서 감가상각통장을 따로 만들기도 합니다. 재투자는 기업이 성공하기 위해서 선행되어야 할 요소입니다. 현금이 나가지는 않지만 감가상각으로 비용처리 할 수 있는 기간 동안 여유자금을 미래의 재투자를 위해서 남겨 놓는다면, 나중에 은행에 아쉬운 소리 하지 않고도 자산을 늘려갈 수 있습니다.

사업을 하다보면 어디서 무슨 일이 생길지 모릅니다. 지금 좀 힘들더라도 미래를 위해서 자금을 마련하는 것. 한번 깊이 고려해볼 만한 일입니다.

쉬어가는 페이지

사업을 시작할 때 고민하는 문제들

 나이가 많은데 괜찮을까요?

 창업을 하는 데 나이는 중요하지 않습니다. 젊다고 유리한 것도 아니고, 나이가 들었다고 불리한 것도 아닙니다. 반대의 경우도 마찬가지입니다. 나이에 따라 장단점이 있을 수 있습니다.

저는 개인적으로 빨리 나이가 더 들었으면 좋겠다고 생각한 적이 많았습니다. 저는 20대에 회계사가 되었기 때문에 회계사로서는 적지 않은 경력을 가지고 있음에도 불구하고, 실제 나이에서 풍기는 연륜을 만들어낼 수는 없었기 때문이었습니다. 그래서 빨리 마흔이 되었으면 좋겠다고 생각한 적도 많았습니다. '회계사님 몇 살이세요?'라고 물었을 때 서른으로 시작하는 것보다 마흔으로 시작하는 답을 하고 싶었기 때문입니다.

사실 사업을 하면서 마주치게 되는 대부분의 위험은 나이와는 아무 상관이 없습니다. 경기 침체나 아이템의 수명, 날씨와 같은 외적 요인들은 나이와 상관없이 통제 불가능한 요인들입니다. 하지만 분명 늦은 나이의 창업에는 20~30대와는 다른 위험 요인이 존재합니다. 늦은 나이에 창업을 하게 되면 직면할 수 있는 위험 요인을 하나씩 보겠습니다.

먼저 건강 상태가 문제가 될 수 있습니다. 나이가 들수록 사업에 방해가 되는 의학적 사건이 더 많이 발생할 수 있습니다. 나이가 많으신 분들이 건강하지 않다는 뜻은 아닙니다만, 아무래도 기본적인 신진대사량이나 과거의 병력으로 인하여 사업에 대한 집중도 측면에서 불리하게 작용합니다. 사업을 한창 키워야 하는 시기에 질병을 앓거나 상해를 당하게 된다면 과도한 의료비 때문에 사업이 어려워질 수 있습니다. 게다가 이러한 문제로 비상시에 사용할 개인 자산까지 사용하게 된다면 이중고를 겪을 수도 있습니다.

또한 체력 측면에서도 부족함을 느낄 수 있습니다. 새로운 사업의 시작은 단순히 이직을 하는 수준보다 더 큰 에너지를 요구합니다. 이직은 모든 것이 갖추어져 있는 상황에서 자신이 맞춰가면 됩니다. 하지만 창업은 아무것도 없는 상황에서 하나씩 갖춰가야 하기 때문에 많은 에너지를 필요로 합니다. 이런 상황에서 체력 관리가 안 된다면 창업 자체가 너무 힘들어지는 상황에 직면하게 됩니다. 생활 리듬이 바뀌게 되어 수면 부족에 시달릴 수도 있습니다. 또한 정신적인 스트레스가 심해지기도 합니다.

나이와 관련해서 또 하나 중요하게 고려되어야 할 위험은 퇴직금을 날리는 것입니다. 많은 50~60대 창업자들이 재무적인 위험을 감수하기를 주저하고 있습니다. 그 이유를 이해하기는 어렵지 않습니다. 앞으로 30~40년을 더 살아가야 하는데 힘들게 모아놓은 노후 자금을 잃을 가능성이 있다면 창업 자체를 꺼릴 이유가 충분합니다. 아무도 영원히 살 수는 없지만 의학과 기술의 진보 덕택에 과거보다 오래 사는 것은 사실입니다. 평균 수명은 길어졌는데, 노후에 쓸 자금이 없다면 그야말로 재앙입니다.

게다가 50~60대 사업가들은 젊은 사업가들과 비교할 때 남은 시간이 더 적습니다. 그 말은 곧 창업에 투자한 개인 자금을 회수할 시간이 더 짧다는 뜻입니다. 또한 사업을 성공시킬 수 있는 시간이 더 적습니다. 즉 첫 번째 사업을 실패했을 때 새로운 사업을 다시 시작할 시간이 많지 않다는 뜻입니다. 그리고 곁에 있는 사람도 자신과 마찬가지로 남은 시간이 많지 않습니다. 사업의 불확실성이 가족 구성원의 삶에 어떤 영향을 끼칠지도 고려해야 합니다.

대부분의 성공하는 고령 사장님들은 꾸준한 운동을 즐기면서 자신의 건강과 체력을 관리하고 있습니다. 저보다 운동량이 더 많으신 분들도 계십니다. 자신의 몸보다 중요한 것이 있겠습니까? 헬스나 수영, 조깅 등 규칙적인 운동을 통해서 체력과 근육량을 키워야 합니다. 또한 자신만의 스트레스 해소법을 강구해 주기적으로 체력을 점검하고 스트레스를 관리하여야 합니다.

중년 이후 창업자의 창업 자금은 퇴직금의 비율이 높습니다. 이 퇴직금은 앞으로 30~40년 이상 사용해야 할 자금이므로, 이러한 퇴직금을 잘 지켜낼 수 있어야 합니다. 하지만 사업은 반드시 성공한다는 보장이 없습니다. 따라서 실패에 대비한 플랜도 충분히 구축해 놓아야 합니다.

우선 사업자등록증의 개업연월일로부터 1년 이내에 자영업자 고용보험에 가입해두는 편이 좋습니다. 원래 고용보험은 근로자를 대상으로 가입하는 보험이나 자영업자의 경우 본인의 희망에 따라 생활 안정 및 재취업을 지원하기 위하여 가입할 수 있습니다. 이후 1년 이상 가입하여 보험료를 납부하면 매출액 감소, 적자 지속, 자연재해 등의 불가피한 사유로 폐업한 경우 실업급여를 받을 수 있습니다. 이 뿐만 아니라 각각의 업종에서 발생할 수 있는 사고에 대비하여 보험을 알아보고 가입하는 편이 좋습니다.

절대로 자신의 퇴직금 전부를 투자하지는 마십시오. 혹시 사업에 실패하더라도 대비할 수 있는 최소한의 자금은 챙겨두어야 합니다. 일단 작게 시작하시고, 크게 키우십시오. 럭셔리한 인테리어는 3호점부터 해도 늦지 않습니다.

중년 이후의 창업도 망할 수 있습니다. 그리고 나이가 들었다고 해서 재기를 못하는 것도 아닙니다. 하지만 젊은 창업자에 비해 책임져야 할 것들이 많습니다. 투자한 개인 자금을 회수할 시간이 적고, 체력이 받쳐주지 않습니다. 따라서 시간이 좀 더 걸리더라도 한 번 더 꼼꼼히 따져보고 창업에 대한 플랜을 짜야 합니다. 물론 말이 쉽지 어려운 일입니다. 하지만 그렇다고 아무것도 안하고 있을 수는 없습니다. 시간이 걸리더라도 한 번 더 비판적으로 전체를 검토해보고 준비하여 혹시 모를 위험에 대한 대비책도 미리 챙겨두시기 바랍니다.

 **동업해도 괜찮을까요?**

 똑같은 사업을 하는데 단독사업자로 하는 것보다는 동업으로 하여 공동사업자로 하는 편이 세금 부담이 적은 것이 사실입니다. 그 이유는 현행 소득세의 세율이 누진세율 구조로 되어 있어 소득금액이 많을수록 더 높은 세율이 적용되기 때문입니다. 따라서 소득금액이 분산되면 세금이 더 적어지게 됩니다. 그러므로 동업을 하게 되면 소득세를 어느 정도 줄일 수 있습니다. 하지만 저는 여기서 동업을 하게 되면 세금이 줄어든다는 내용을 말하고자 하는 것이 아닙니다. 동업을 해야 할지 말아야 할지를 결정

하는 데 세금보다 더 중요한 요소가 많기 때문입니다.

사장님들께서 처음 사업을 시작하실 때 가장 힘들어하시는 부분이 외로움과 불안입니다. 잘 모르겠고, 힘든데 누구 하나 맘 터놓고 이야기 할 곳이 없습니다. 직장 다닐 때는 같은 직장동료들끼리 모여서 사장 욕이라도 할 수 있었지만, 지금은 내가 사장이라 욕할 사람이 없습니다. 또 불안합니다. 사업을 시작하느라 돈도 많이 들었는데, 사업이 잘될지 안될지 모릅니다. 장사가 잘되면 잘되는 대로, 안되면 안되는 대로 불안합니다. 이 사업이 망하면 많이 힘들어질 것입니다. 그래서 사장은 항상 외롭고 불안합니다.

동업을 하다보면 이러한 외로움과 불안을 어느 정도 극복할 수 있습니다. 서로 의지가 되고 위로가 됩니다. 힘들 때 고민을 말할 수 있는 동료가 있습니다. 사업을 하다 보면 미처 예상치 못했던 일들이 수시로 생기는데, 이러한 일에 서로에게 힘이 되면서 어려운 시기를 잘 넘어갈 수 있습니다. 사업을 시작할 때 준비해야 하는 창업 자금을 마련하는 데도 도움이 됩니다.

하지만 동업의 여러 가지 장점은 시간이 지날수록 단점으로 작용하기도 합니다. 사업이 탄력을 받기 시작하자 서로 바빠서 마주치기도 힘들어지고, 대화도 힘들어집니다. 회사가 커지면서 서로 역할이 달라지기 시작하는데, 같은 일에 대하여 서로 의견을 달리하는 일들이 생겨나기 시작합니다. 회사의 매출이 어느 정도 생기면 한 사람은 수익을 분배해서 가져가고 싶어 하고, 다른 사람은 아직은 더 투자를 해야 하기에 수익을 가져갈 시기는 아니라고 합니다. 한 사람은 영업이 더 중요하다고 하지만, 다른 사람은 관리에 더 신경을 써야 한다고 합니다.

사업 초기에 서로 믿고 의지하고 막역했던 동업자 사이에 이러한 오해와 갈등이 쌓이기 시작하면 사업이 망가지기 시작합니다. 한 회사에서 동업 사장 둘이 아옹다옹하는데 사업이 잘될 리가 없습니다. 매출은 떨어지고, 자금은 말라갑니다. 나중에 서로에게 책임을 미루기 시작하고 심한 경우, 소송으로 이어지기도 합니다.

동업을 할 때 가장 중요한 것은 재정 상태를 완전히 오픈하는 것입니다. 재정 상태에 대해 충분히 공유하지 않으면 믿음이 깨집니다. 사업을 통해서 벌어들이는 돈과 지출하는 돈은 전부 개인 돈이 아닙니다. 자금의 흐름이 불분명하면 서로 오해와 불신만 쌓이게 됩니다. 지출에 대해 그것이 왜 일어났고, 필요한지 아닌지에 대해서 충분한 공유가 선행되어야 합니다.

서로의 영역에 대해서는 존중하고 함부로 하지 않는 자세도 필요합니다. 한 예로 중견 의료기기 제작업체가 있었는데, 한 사장님은 의사 출신으로 의학적 지식이 많으셨고, 다른 사장님은 제조와 영업 쪽으로 오랜 경험이 있는 분이셨습니다. 사업이 점점 커지고 어느 정도 자금 회전이 되자 의사 출신 사장님께서 슬슬 욕심이 나셨는지 다른 사장님의 영역을 침범하고 밀어내기 시작했습니다. 제조와 영업을 맡았던 사장님은 '내가 확보하고 있는 영업망이 얼마인데 나를 이렇게 할 수 있느냐, 어디 혼자서 잘해봐라!'라고 화를 내며 회사를 나오셨습니다. 결국 그 회사는 매출처 관리도 안 되고, 자금 관리에도 실패하여 매출이 조금씩 떨어지고 쇠퇴의 길로 접어들게 되었습니다.

사업을 하면서 발생할 수 있는 문제점에 대해 사전에 합의를 해두는 것도 중요합니다. 식당의 경우 동업자들이 자신의 가게라고 돈을 내지 않고 먹는 경우도 있는데, 다른 동업자가 볼 때는 마음이 불편한 문제일 수 있습니다. 특히 오랜 시간 막역한 관계로 지낸 사람 간에 동업을 할 경우 그동안 아무렇지 않게 해오던 행동 하나하나가 믿음을 무너뜨리는 결과를 초래할 수도 있습니다.

   동업하기 전에 꼼꼼하게 동업계약서를 쓰는 것이 이러한 문제를 예방하는 수단이 될 수 있습니다. 말이 필요 없이 서로를 신뢰하는 사이라서 소소한 사항까지 따지는 것이 불편할 수 있습니다만, 괜한 오해와 갈등을 만드는 것보다 처음부터 확실하게 협의를 하는 것이 좋습니다. 동업계약서를 작성하는 과정에서 합의점을 찾지 못하고 갈라서는 경우도 있습니다. 그래도 사업을 시작한 후 생각의 차이로 인한 갈등으로 중도 포기하는 것보다 낫습니다. 이왕 작성할 것이라면 정확히 서로 합의해야 할 부분에 대해 이야기를 나누어 정리를 해두는 것이 좋습니다.

   동업계약서에 들어가야 할 주요 내용은 다음과 같습니다. 동업자의 지분 비율(노무출자, 지분출자 구분), 손익분배방법 및 시기, 동업관계의 존속기간(계약 기간), 운영 시 각자 역할, 대출에 관한 사항, 동업자 사망 시 지분 처리 방안, 탈퇴 시 지분 정리법, 탈퇴 통보 기간, 근무시간, 휴가, 비용지출 관련사항, 경조사비 관련사항, 계약 위반 시 제재 등의 내용이 들어가면 좋습니다.

   동업 기간을 명시해 두는 편이 좋습니다. 영원히 동업 관계를 유지할 수는 없습니다. 헤어지는 조건을 미리 결정해 두어야 합니다. 합의하에 동업 관계를 유지하는 것과는 별개입니다. 사업 운영에 관해 각자의 역할과 업무를 명시해야 합니다. 역할 분담이 안되거나 역할에 대한 불만이 있다면 동업 관계가 깨질 수 있기 때문입니다.

   동업계약서 등의 문서는 잘못될 경우를 대비하는 것입니다. 동업계약서가 모든 문제를 해결해줄 수는 없습니다. 동업을 하면서 일어날 수 있는 모든 경우의 수를 예상하고 그에 대한 규정을 만들어 두는 것은 불가능합니다. 얼마든지 예상치 못했던 상황이 벌어질 수 있습니다. 이때는 서로에 대한 신뢰와 양보하는 마음을 바탕을 해결하려는 자세가 필요합니다. 이런 경우 서로 책임을 떠넘기기 시작한다면 누구 하나 승자 없이 패자만이 존재하는 결과를 초래할 수 있습니다. 초심을 잃지 않고, 서로를 존중하고 배려하여 성공적인 공동 사업이 되시기 바랍니다.

Chapter 2
세금에 대한 기초 지식

❶ 세금, 종류가 이렇게 많은데… 언제 내요?
❷ 세금이 대략 얼마나 나올까요?
❸ 세금계산서를 꼭 받아야 해요?
❹ 부가가치세를 냈는데 소득세를 왜 또 내요?
❺ 사업 초기에 인테리어 비용이 많이 들어갔는데, 부가세를 조기환급 받을 수 있다고요?
❻ 승용차를 구입한 경우 매입세액공제가 되나요?

!

■ 세금계산서 한 장을 받게 되면, 부가가치세 문제, 법인세 또는 종합소득세 문제, 그리고 가지급금 문제까지 한꺼번에 막을 수 있습니다. 당장의 10%라는 부담이 무서워 세금계산서 발급을 주저하시면 안 됩니다. '그깟 세금계산서 한 장이 그렇게 중요하냐?'라고 물어보실 수도 있지만 '내가 사업을 위해서 이만큼 썼다.'라는 것을 입증하기 위해서는 세금계산서만한 증빙이 없습니다.

1 세금, 종류가 이렇게 많은데… 언제 내요?

회사에서 근무를 하면서 급여를 받는 분들은 매달 급여를 받을 때 급여에서 소득세를 떼어내고 차액을 받습니다. 그리고 다음 해 2월에 연말정산을 통해서 매달 낸 소득세와 1년 치 소득으로 계산한 소득세의 차이를 정산합니다. 회사에 소속된 근로소득자는 근로소득에 대한 소득세를 매달 내고 있는 겁니다.

그럼 사업을 하는 사업소득자는 언제 세금을 낼까요? 우선 사업소득자가 세무서에 신고하고 내는 세금에는 원천세, 부가가치세, 종합소득세 등이 있습니다.

우선 원천세부터 차근차근 알아보겠습니다. 원천세는 직원을 채용한 경우 세무서에 내는 세금입니다. 이는 사실 사업주가 부담하는 세금은 아닙니다. 앞에서 말씀드렸듯이 회사에서 근무하는 직원에게 급여를 줄 때 소득세를 떼고 주는데요, 이를 원천징수라고 하고, 이때 떼는 세금을 원천세라고 합니다. 원천세는 매달 납부하는데, 급여를 지급한 달의 다음 달 10일까지 '원천징수이행사항신고서'라는 신고서를 만들어서 세무서에 신고와 납부를 합니다. 예를 들어서 10월에 근무한 대가인 급여를 10월에 지급하는 경우, 그 다음 달인 11월 10일까지 원천세를 신고하고 납부합니다. 10월에 근무한 대가인 급여를 11월에 지급하는 경우, 그 다음 달인 12월 10일까지 원천세를 신고하고 납부합니다. 즉 원천세는 매달 신고하고 매달 납부합니다.

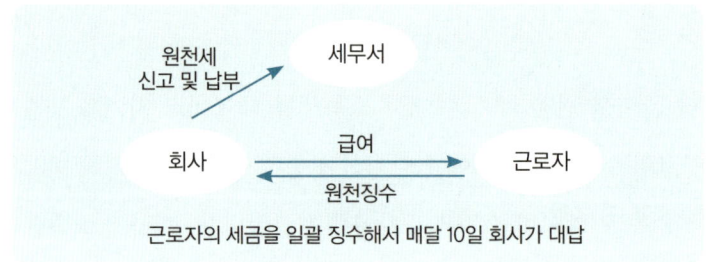

근로자의 세금을 일괄 징수해서 매달 10일 회사가 대납

원천세를 반기별로 신고하고 납부할 수도 있습니다. 즉 원천세를 상반기와 하반기로 1년에 2번 묶어서 신고하고 납부할 수 있죠. 하지만 아무나 할 수 있는 것은 아닙니다. 직전 과세기간 상시 고용인원이 20인 이하인 사업자(금융·보험업 제외)로서 세무서장의 승인을 받으면 됩니다. 상반기부터 반기별 납부를 하고자 하는 경우에는 직전년도 12월 1일~12월 31일까지, 하반기부터 반기별 납부를

하고자 하는 경우에는 6월 1일~6월 30일까지 신청하면 됩니다. 반기별 신고·납부를 하면 상반기는 7월 10일까지, 하반기는 다음 연도 1월 10일까지 원천세를 신고하고 납부하면 됩니다.

그럼 부가가치세로 넘어가볼까요? 부가가치세에서는 1년을 상반기와 하반기로 나누어서 상반기를 1기, 하반기를 2기라고 칭합니다. 그리고 1기와 2기를 또 각각 둘로 나누어서 1/4분기를 1기 예정, 2/4분기를 1기 확정, 3/4분기를 2기 예정, 4/4분기를 2기 확정이라고 칭합니다. 결론적으로 부가가치세는 분기마다 신고하고 납부를 하는 것이 원칙입니다.

세법에서 법인은 개인보다 우수한 조직으로 보기때문에 원칙대로 적용합니다. 법인은 1기 예정, 1기 확정, 2기 예정, 2기 확정을 각각 신고서를 만들어서 신고하고 납부해야 합니다. 개인사업자는 혼자서 다 챙겨야 하는데, 1년에 4번이나 신고서를 만들려면 힘이 듭니다. 따라서 개인사업자는 1년에 2번, 1기 확정, 2기 확정 때만 신고서를 만들어서 신고합니다. 대신 개인사업자는 예정신고 때 고지서가 발부됩니다. 이를 예정고지라고 하는데, 1기 예정고지, 2기 예정고지 때 고지서에 적힌 금액을 납부만 하면 됩니다. 미리 납부한 금액은 확정신고 때 정산합니다. 개인사업자 중에서 간이과세자는 더 편합니다. 간이과세자는 부가가치세를 1년에 1번만 신고하게 해주었습니다. 따라서 개인사업자 중 일반과세자는 1년에 부가가치세를 2번 신고하고, 간이과세자는 부가가치세를 1번 신고합니다.

부가가치세는 과세기간이 끝나고 다음 달 25일까지 신고·납부해야 합니다. 따라서 1기 예정, 1기 확정, 2기 예정, 2기 확정에 따른 법인세 납부 기한은 각각 1월 25일, 4월 25일, 7월 25일, 10월 25일입니다.

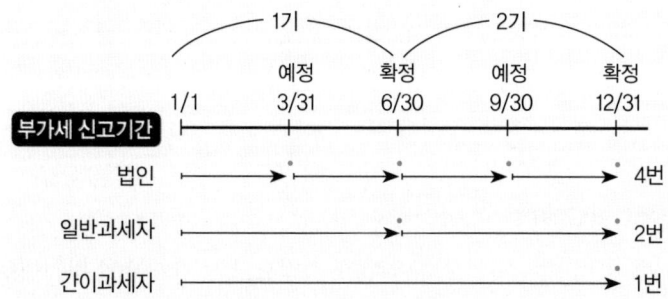

머리가 복잡하신가요? 이제 얼마 안 남았습니다.

다음은 법인세, 종합소득세입니다. 법인세는 과세기간 종료 후 3개월의 시간을 줍니다. 법인은 자신의 회계연도를 정할 수 있습니다. 물론 대부분의 법인이 1월 1일부터 12월 31일까지를 자신의 회계연도로 정하고 있습니다. 그래서 법인세를 3월말까지 신고하고 납부하는데, 반드시 그렇지는 않다는 것을 말씀드리고 싶습니다. 법인의 회계연도를 법인 스스로가 정할 수 있습니다. 만약 어떤 법인이 '우린 회계연도를 4월 1일~3월 31일까지 하겠다.'라고 정한다면, 그 법인의 법인세 신고·납부기한은 6월 말이 됩니다.

종합소득세는 개인이 내는 소득세입니다. 개인은 법인과 달리 회계연도를 마음대로 정할 수 없습니다. 개인은 무조건 회계연도가 1월 1일~12월 31일까지입니다. 개인사업자는 그 수가 엄청나게 많은데, 회계연도를 마음대로 정하면 관리가 안 될 것입니다. 마음대로 정할 수 있게 했다가 그 수많은 개인사업자들이 모두들 '내 회계연도의 시작일은 내 생일이야!'라고 정해버리면 세무서는 그것을 일일이 관리하느라 너무 힘이 들 것입니다.

종합소득세는 5월 말일까지 신고·납부해야 합니다. 법인은 3개월 동안 결산을 해서 법인세를 신고해야 하는데, 개인은 법인보다 2개월의 여유를 더 준 것입니다. 5개월 동안 결산을 해서 종합소득세를 계산하고 납부할 수 있습니다.

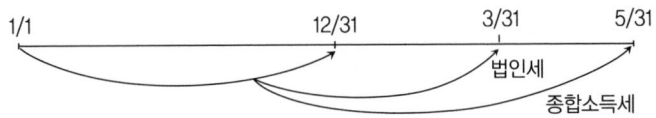

사실 세무회계사무소와 같이 일을 하신다면 세금 납부 일정은 세무회계사무소에서 알아서 챙겨줄 것입니다. 대략적인 일정을 알아두면 좋지만 일정을 외우실 필요는 없습니다.

사실 제가 진심으로 하고 싶은 이야기는 이제부터입니다. 근로소득자와 달리 사업소득자는 원천세를 제외하고 세금을 매달 납부하지 않습니다. 사실 원천세는 근로자가 부담하는 세금을 사업주가 대납하는 개념이고 금액도 크지 않습니다. **분기마다 내는 부가**

가치세, 1년에 1번 내는 소득세는 당장 목돈을 마련해야 하는 세금이므로 이에 대한 대비가 분명히 필요합니다. 엄밀히 말하면 부가가치세도 사업주가 부담하는 세금은 아니지만, 분기마다 납부를 하려면 부담이 되는 세금입니다. 소득세는 1년에 한 번 몰아서 내므로 자칫 자금 관리를 소홀히 했다가는 낭패를 볼 수 있습니다.

예를 들어서 만약 근로소득자가 월 400만 원을 받으면서 세금을 25만 원을 떼어내고 받는다면, 실수령액은 375만 원입니다. 그럼 해당 근로소득자는 생활 패턴이 375만 원에 맞추어지게 됩니다. 하지만 똑같은 금액을 사업소득자가 벌게 된다면 어떻게 될까요? 사업소득자는 매달 원천징수를 하지 않으므로 월 400만 원을 그대로 받게 됩니다. 그럼 사업소득자는 400만 원에 맞추어 생활하게 됩니다. 그러다가 5월 달에 세금을 한꺼번에 내게 된다면, 세금이 300만 원(25만 원×12개월)이므로 한 달은 월 100만 원으로 생활해야 합니다. 똑같은 세금 부담이지만 12개월 동안 나누어 내느냐 한 달에 몰아서 내느냐의 차이가 분명히 존재합니다.

사업을 하면서 매출을 많이 일으키는 것도 중요하지만 자금 관리를 어떻게 하느냐 또한 매우 중요한 문제입니다. 자금 관리에 소홀하다보면 세금 내고나니 남는 게 없다 또는 장사는 잘되는데 세금 낼 돈이 없다는 말이 나오게 됩니다. 세금을 언제 내는지를 잘 파악하셔서 세금 때문에 자금 경색이 오는 일을 없도록 항상 대비하는 지혜가 필요하겠습니다.

2. 세금이 대략 얼마나 나올까요?

사업을 하면서 세금을 얼마나 납부하게 될지 예측하는 것은 상당히 어렵습니다. 납부할 세금은 자료가 다 집계가 되고, 결산이 돼서 신고서가 완성되어야만 얼마인지 알 수 있습니다. 하지만 많은 사업주들께서 종종 세금이 대략 얼마나 나오는지 물어보시곤 합니다.

물어보시는 심정은 십분 이해가 됩니다. 대략적으로나마 세금 납부액을 알면 여러 가지로 도움이 되기 때문입니다. 일반 소비자를 대상으로 하는 업종은 매출과 매입을 조정하기 어렵지만, 매출과 매입을 조정할 여지가 있는 사업도 있습니다. 예를 들어 프로젝트에 따라 매출을 발생시키는 사업을 하는 경우에는 누진세를 피하기 위해서 처음부터 계약서를 작성할 때 매출을 올해 발생시킬 것인지, 내년에 발생시킬 것인지 결정할 수 있습니다. 또한 판매용 재고를 매입해야 하는데, 부가가치세금 부담을 줄이기 위해서 재고를 이번 분기에 매입할 것인지, 다음 분기에 매입할 것인지 결정할 수도 있습니다.

또한 세금이 얼마가 나오는지 미리 알 수 있다면 자금 계획도 세울 수 있습니다. 장사가 잘된다는 뜻은 그만큼 소득금액이 크다는 뜻이고, 이에 따라 부가가치세와 소득세 납부금액이 더 커질 수 있다는 뜻입니다. 그런데 장사가 잘되기 때문에 무리하게 재고를 늘리거나 사업을 확장했다가 막상 세금을 납부할 시기에 자금이 없어서 곤욕을 치를 수도 있습니다. 세금을 대략 얼마나 납부해야 하는지 알 수 있다면 사업 확장의 규모를 결정하는 데 도움이 될 수 있습니다.

물론 사전에 원단위까지 정확하게 계산하는 것은 불가능합니다. 저에게 물어보셔도 저도 백만 원 단위 정도로 밖에 대답을 해드리지 못합니다. 그야말로 대략적인 금액만 추정할 수 있을 뿐입니다. 그리고 계산할 수 있는 근거는 사업주 스스로 가지고 있어야 합니다. 구체적인 근거 없이 세금이 얼마 나오는지 계산하는 것은 신의 영역입니다. 병원에 가서 의사에게 증상을 말하지 않고 "내가 어디가 아픈지 알아맞혀 보세요!"하는 것과 같습니다.

그럼 먼저 부가가치세 금액부터 추정해보겠습니다. 사실 부가가치세는 쉽습니다. 업력이 있으신 사장님들은 부가가치세 금액을 스스로 계산하는 경우도 많습니다. 왜냐하면 부가가치세는 세율이 10%의 단일 세율이기 때문입니다. 따라서 도소매업이나 제조업을 하시는 분들은 부가가치세를 계산하실 때 '(매출액×10%)-(매입액×10%)'를 부가가치세 납부세액으로 계산하시면 됩니다.

  음식점을 하시는 분들은 조금 더 복잡합니다. 식당과 같은 업종은 부가가치세를 계산할 때 '매출액(신용카드 매출+현금영수증 매출+현금 매출)×10% - 세금계산서 매입액×10% - 계산서 매입액×공제율(법인은 6/106, 개인은 8/108 or 9/109 [6개월 매출 2억 이하인 경우])'을 부가가치세 납부세액으로 계산하시면 됩니다. 여기서 계산서 매입액은 음식을 만들 때 들어가는 가공 전 식료품의 매입에 대하여 (면세)계산서를 수취한 금액을 말합니다. '이렇게 쉬운데 세무회계사무소에서 계산해주면 안되나요?'라고 하시는 분도 있는데, 세무사는 회사의 현장에 없기 때문에 회사 돌아가는 사정을 모릅니다. 자료를 다 주셔야 계산할 수 있습니다.

  부가가치세를 계산하실 때 오해를 하면 안 되는 것이 인건비는 부가가치세와 상관이 없다는 것입니다. 즉 인건비가 크다 하더라도 부가가치세 공제는 되지 않습니다. 세금계산서를 수령한 매입세액을 공제받기 때문에 세금계산서를 수취하지 않는 인건비는 해당 사항이 없습니다. 따라서 저처럼 인건비의 비중이 큰 서비스업 같은 경우에는 상대적으로 매출액에 비해 부가가치세 납부세액이 커지게 됩니다. 서비스업 같은 경우에 매입하는 물품이 없다면 임대료가 가장 큰 매입세액이 될 가능성이 큽니다.

개인사업자 중에서 전년도 매출액이 10억이 안 되는 사업자의 경우 부가가치세를 계산할 때 매출액 중에서 신용카드, 현금영수증 매출금액에 대해서 '신용카드 매출전표 등 발행세액공제'라는 공제 항목이 있습니다. 이는 신용카드와 현금영수증 매출액의 1.3%를 연간 1,000만 원을 한도로 부가가치세 납부세액에서 공제해주는 제도입니다. 혼자서 부가가치세를 추정하실 때 '신용카드 매출전표 등 발행세액공제'까지 넣어서 계산하면 복잡하니 이건 빼고 추정하세요. 나중에 생각보다 적게 나오면 더 기분 좋을 테니까요.

▍부가가치세 계산해보기

분류	일반과세자	음식점	간이과세자
납부세액	(매출액 X 10%) - (매입액 X 10%)	매출액 X 10% - 세금계산서 매입액 X 10% - 계산서 매입액 X 공제율 (법인은 6/106, 개인은 8/108 or 9/109)	매출액 X 부가율 X 10%

*원래 일반과세자는 매출액(VAT 포함)의 10/110이 매출세액이나 그러면 너무 헷갈리므로 대략 계산해볼 때는 그냥 10%로 적용하세요.

소득세나 법인세를 추정할 때 기본적인 개념은 비슷하지만, 소득세가 여러 가지 면에서 좀 더 복잡합니다. 기본적인 개념은 매출에서 매입비용, 인건비, 기타 잡비 등의 관련 비용을 다 뺍니다. 그리고 세율을 곱하면 세금이 추정됩니다.

소득세가 법인세보다 좀 더 복잡한 이유는 소득세는 추계신고를 할 수 있기 때문에 관련 비용을 다 빼지 않고 경비율만큼의 비용을 빼고 계산하는 방법도 있다는 점, 세율을 계산하기 전에 종합소득공제가 들어간다는 점, 세율이 좀 더 세분화 되어 있다는 점 때문입니다. 즉, 소득세나 법인세는 '*{(매출 - 비용) - (개인사업자의 경우 종합소득공제)} × 세율'을 곱해서 산출한다고 생각하시면 됩니다.

추계신고는 배제하고, 1년 치 매출, 매입, 인건비, 기타비용들을 집계를 할 때, 추정 단계에서 너무 정확하게 하려고 하면 금액을 산출할 수가 없습니다. 그리고 사실상 정확하게도 안됩니다. 그냥 백만 원 단위로 산출해서 큰 그림만 본다고 생각하셔도 충분합니다. 정확하게 하려면 기초 재고, 기말 재고, 감가상각비, 기간 귀속에 따른 비용 배분 등의 다양한 요소가 가미되어야 합니다만, 대략적인 금액을 산출할 때는 고려하지 마시기 바랍니다.

개인사업자의 종합소득공제는 사업주 본인과 부양가족 1인당

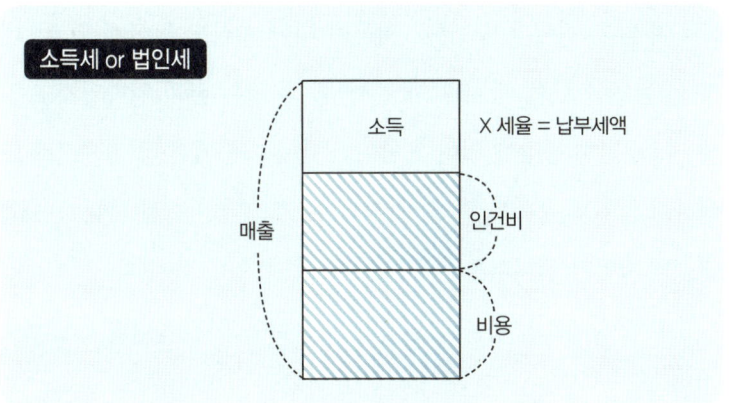

150만 원이 공제된다고 생각하시면 됩니다. 좀 더 현실성 있게 추정하길 원하시는 분들은 전년도 소득공제 항목을 참조하셔서 종합소득공제 금액을 추정하시면 됩니다.

"너무 대충하는 것 아냐?"라고 생각하실 수도 있습니다. 하지만 많은 세무대리인들도 실무적으로 안내를 해드릴 때 이러한 방법을 사용하고 있으며, 그 금액이 실제 금액과 엄청나게 차이가 나지는 않습니다.

생각보다 오래 걸리지 않고, 생각보다 복잡하지도 않습니다. 정 어려우면 '(매출-비용)×세율'로만 계산한다고 생각하셔도 됩니다. 이런 식으로 계산해보면 쉽게 금액을 추정할 수 있으며 매출을 얼마로 했을 때 세금이 얼마가 나오고 비용이 얼마가 더 늘어났을 때 세금이 얼마나 줄어들고 같은 각종 시뮬레이션도 쉽게 하실 수 있습니다.

미리미리 세금을 추정하는 습관을 들이면 실제로 사업을 하는 데 도움이 많이 됩니다. 조금씩 세금에 대한 지식도 쌓이게 되고, 내가 이번 일을 했을 때 세후 내 손에 쥘 수 있는 돈이 얼마인지도 알게 되고, 현재 통장에 얼마가 남아 있어야 나중에 자금 경색으로 고생하지 않게 되는지도 알 수 있습니다. 조그마한 습관 하나가 사업 내공의 차이가 됩니다.

참고로 종합소득세율과 법인세율은 다음과 같습니다.(2021년도 기준)

종합소득세율

과세표준	소득세율	
	세율	누진공제
1,200만 원 이하	6%	
1,200만 원~4,600만 원	15%	108만 원
4,600만 원~8,800만 원	24%	522만 원
8,800만 원~1억 5천만 원	35%	1,490만 원
1억 5천만 원 ~3억 원	38%	1,940만 원
3억 원 ~ 5억 원	40%	2,540만 원
5억 원 초과	42%	3,540만 원

법인세율

과세표준	소득세율	
	세율	누진공제
2억 이하	10%	
2억 초과 ~ 200억 이하	20%	2,000만 원
200억 초과 ~ 3,000억 이하	22%	4억2천만 원
3,000억 초과	25%	94억2천만 원

3 세금계산서를 꼭 받아야 해요?

사업을 시작할 때는 여기저기 돈이 많이 들어갑니다. 인테리어도 해야 하고, 집기 비품도 사야 하고, 재고도 매입해야 하고, 각종 수수료도 많이 나갑니다. 그런데 이렇게 저렇게 나가는 비용에 대해서 상대방으로부터 세금계산서를 받으려고 하면 꼭 듣게 되는 말이 있습니다. "세금계산서요? 세금계산서 발행을 원하시면 부가가치세 10%는 따로 주셔야 하는데요."라는 말입니다. 처음에 계약할 때는 아무 말 없다가 꼭 세금계산서를 끊어달라고 하면 그제야 부가가치세 10%는 별도였다고 말하곤 합니다.

여기서 사업주의 고민이 시작됩니다. 이때 저에게 많이 하시는 질문은 "부가가치세 10%를 주면서까지 꼭 세금계산서를 받아야 할까요?"입니다. "지금까지 인테리어를 하는데 4,000만 원, 집기 비품을 사는데 2,000만 원이나 들어갔는데…, 지금 자금도 빠듯한데 부가가치세 10%를 내려면 600만 원이 또 들어가야 해요. 세금계산서를 받지 않으면 600만 원을 안 써도 되는 것 같은데, 굳이 세금계산서를 발급받을 필요가 있을까요?"

실제로 이렇게 고민하시다가 세금계산서를 하나도 받지 않고 사업을 시작하는 분들이 의외로 많습니다. 그리고 나중에 신고서를 작성할 때 예상 외로 많이 부과된 세금에 놀라는 분들이 많습니다. 안타까운 점은 이런 상황이라면 저희가 세금을 줄여드리고 싶어도 줄여드릴 수 있는 근거가 없다는 것입니다. 신고서를 작성할 때는 이미 늦어버린 경우가 많습니다. 제때에 세금계산서를 발급받았더라면 발생할 수 있는 여러 가지 문제점을 사전에 예방할 수 있었을 텐데, 나중에 알아차렸을 때는 이미 늦어버려서 세금 폭탄을 맞게 되는 경우가 종종 있습니다.

결론부터 말씀드리면, 세금계산서를 발급받는 것이 좋습니다. 물론 당장은 부가가치세 10%를 내야 하니 자금 압박이 있을 수 있습니다. 하지만 일시적인 자금 압박만 견디실 수 있다면 훨씬 커다란 절세 혜택을 볼 수 있습니다. 어떤 혜택이 있는지 하나씩 알아보겠습니다.

첫째로 부가가치세 절세 혜택이 있습니다. 지금 당장 부가가치세는 상대방에게 내야 하지만 상대방에게 지급한 부가가치세는 나중에 환급받을 수 있습니다. 부가가치세는 매출세액에서 내가 부담한 매입세액을 **빼**는 구조로 되어 있습니다. 매출이 발생했는데, 매입세액이 없으면 납부하여야할 부가가치세가 상당히 부담스럽게 다가옵니다. 매출액의 10%를 내야 하니까요. 그러나 내가 부담한 부가가치세 매입세액이 있다면 매출세액에서 매입세액을 공제해주므로 한꺼번에 목돈이 나가는 부담을 경감할 수 있습니다.

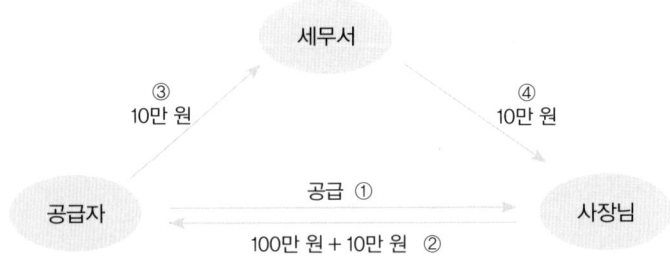

"아니, 그럼 부가가치세 10%를 안 내고 안 돌려받으면 되는 거 아니에요? 어차피 조삼모사인 것 같은데요.", "나는 면세사업자라서(또는 간이과세자라서) 부가가치세 환급이 안 되는데요?"라는 반론이 있을 수 있습니다. 세금계산서를 받아야 하는 더 큰 이유가 이제부터 말씀드리려고 하는 두 번째와 세 번째 이유입니다.

세금계산서를 받아야 하는 두 번째 이유는, 세금계산서를 받아두면 법인세 또는 종합소득세의 절세효과가 있기 때문입니다. 세금은 매출에서 각종 비용을 공제한 후의 소득금액을 토대로 납부하게 됩니다. 이때 세금계산서를 받아두지 않으면 비용을 썼다는 것을 입증할 수가 없고, 따라서 비용을 공제할 수가 없게 됩니다. 비용을 지출했다는 것은 납세자가 스스로 증명해야 합니다. 세금계산서는 납세자가 비용을 지출했음을 나타내는 증빙이 되는데, 세금계산서가 없으면 증빙이 없으므로 내가 비용을 이만큼 썼다는 것을 증명하지 못합니다. 따라서 그만큼 소득금액은 커지게 되고, 법인세 또는 종합소득세가 증가하게 됩니다.

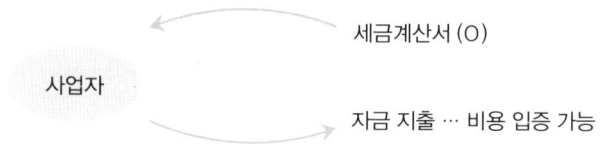

다른 측면에서 생각해보면, 세금계산서를 받은 사람은 비용이 되므로 세금이 줄어들고, 세금계산서를 발급해준 사람은 매출이 되므로 세금이 늘어납니다. 세금계산서를 받는다는 뜻은 내가 내야 하는 세금을 상대방에게 넘기는 효과가 있습니다. 세금계산서를 안 받으면? 상대방이 내야 할 세금을 내가 대신 내준다고 생각하시면 됩니다.

세 번째 이유는 법인사업자에게 적용되는 것입니다. 법인사업자인 경우, 비용을 지출하고 세금계산서를 받지 못하면 큰 문제가 발생되므로 세금계산서를 꼭 받아야 합니다. 바로 가지급금 문제가 발생할 수 있기 때문입니다. 법인이 자금을 집행하게 되면 그 돈은 법인의 통장에서 출금될 것입니다. 그런데 이에 상응하는 세금계산서가 들어오지 않는다면, 그 돈은 법인의 돈을 대표자가 빼간 꼴이 됩니다. 즉, 대표자에 대한 가지급금이 됩니다. 돈은 나갔는데, 비용을 입증하지 못하였기 때문입니다.

이것은 정말 큰 문제가 됩니다. 단순히 부가가치세나 법인세가 많이 나오는 문제로 끝나지 않습니다. 그 돈을 대표이사가 되갚아야 합니다. 이는 결코 작은 돈이 아닐 것입니다. 아니 작은 돈일지라도 법인이 세금계산서를 못 받았다는 이유로 대표자가 자신의 주머니에서 그만큼 법인에 입금을 해야 하므로 어찌 보면 이중 부담이 될 수 있습니다.

부가가치세 10% 부담의 문제는 아닙니다만, 이런 사례가 있었습니다. 예전에 법인사업자로 개업을 하여 한동안 운영을 잘하던 젊은 사장님이 있었습니다. 기존 업체와 거래를 잘하다가 갑자기 다른 거래처에서 기존의 가격보다 약 15% 정도 더 싸게 공급해줄 수 있는데, 대신에 세금계산서는 발급해주지 못한다는 제안을 받았습니다. 취급하는 아이템 자체가 워낙 마진율이 박해서 고전을 좀 하

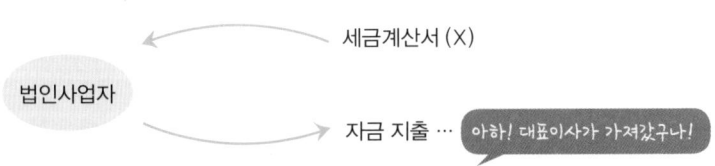

셨던 차에 재고를 싸게 매입할 기회가 있으니 이 기회를 잡아야겠다고 생각했는지 약 3억 원어치의 재고를 세금계산서 없이 매입하였습니다.

그 재고를 얼마에 팔았는지 정확히 확인은 안 되었지만, 쉽게 예를 들어 4억 원에 팔았다고 가정해보면, 부가가치세가 약 4,000만 원입니다. 매입세액은 물론 영(0)이므로 부가가치세 4,000만 원을 고스란히 납부하게 됩니다. 그리고 4억의 매출에 대해서 법인세가 나옵니다. 매출원가는 영(0)이니 4억이 고스란히 소득으로 잡히게 돼서 법인세를 납부하게 됩니다. 그리고 더 큰 문제는 법인 통장에서 나간 3억 원입니다. 대표자가 3억 원을 가져간 꼴이 돼 대표자가 법인에 3억 원의 채무를 지게 되었습니다. 안타깝게도 결국 그분은 잘나가던 사업을 접을 수밖에 없었습니다.

세금계산서 한 장이 이렇게 무섭습니다. 세금계산서 한 장을 받게 되면, 부가가치세 문제, 법인세 또는 종합소득세 문제, 그리고 가지급금 문제까지 한꺼번에 막을 수 있습니다. 당장의 10%라는 부담이 무서워 세금계산서 발급을 주저하시면 안 됩니다. '그깟 세금계산서 한 장이 그렇게 중요하냐?'라고 물어보실 수도 있지만 '내가 사업을 위해서 이만큼 썼다.'라는 것을 입증하기 위해서는 세금계산서만한 증빙이 없습니다.

서두에서 말씀드렸지만, 사업 초기에 세금계산서를 받을 생각을 하지 못해서 낭패를 보는 분이 의외로 많습니다. 특히나 사업을 처음 하는 초보 사장님의 경우 이런 일이 많이 발생합니다. 초기 창업 자금을 줄이기 위해서 부가가치세 10%를 아끼다가 나중에는 더 큰 부담으로 다가올 수 있습니다. 거래가 발생하고 난 후 세금계산서를 받는 것은 가장 기초적이고 중요한 절세 기술입니다.

4 부가가치세를 냈는데, 소득세를 왜 또 내요?

요즈음에는 사업을 시작하는 분들도 공부를 많이 합니다. 그래서 부가가치세, 종합소득세 또는 법인세의 개념을 어느 정도 인지하고 사업을 시작합니다. 가끔은 사업을 시작하는 사장님과 상담을 하다가 깜짝깜짝 놀라기도 합니다. 너무나 해박한 지식을 가지고 계신 분들이 많이 계시기 때문입니다. "아니, 이런 것도 아세요?" 할 때가 왕왕 있습니다.

하지만 가끔 "부가가치세를 냈는데, 소득세를 왜 또 내요?"라고 물어보시는 분들도 계십니다. 괜찮습니다. 세법과 관련된 실무를 하지 않으면서 세법에 대해서 자세히 안다는 것이 오히려 평범하지 않습니다. 세법이 어렵기 때문에 그런 질문할 수 있습니다. 그리고 그런 분들에게 설명을 해드리는 것이 저와 같은 사람들의 사명이기도 합니다.

부가가치세와 소득세를 어떻게 구분하는지는 글로 설명하기 어려운 부분입니다. 그래도 한번 시도해보겠습니다. 일단 부가가치세는 사업주가 부담하는 세금이 아닙니다. 엄격히 말하면 소비자가 부담하는 세금을 사업주가 대납하는 개념입니다. 즉 사업주가 소비자에게 10,000원짜리 물건을 팔면 거기에 10%를 덧붙여 11,000원을 받고, 10,000원은 수입으로 계상하고 1,000원은 나라에 내는 개념입니다. 즉 실제로 부가가치세를 부담하는 사람은 소비자이고, 사업주는 부가가치세를 가지고 있다가 부가가치세를 신고하면서 세무서에 납부한다고 생각하시면 됩니다.

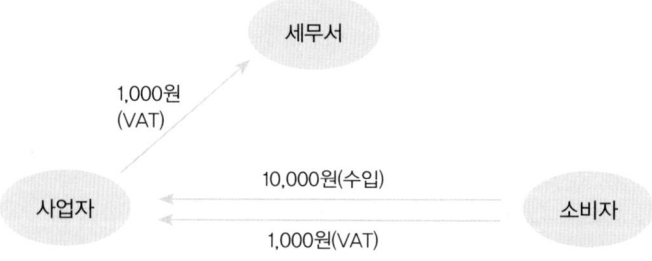

고급 레스토랑이나 호텔을 가보면 메뉴판 밑에 조그맣게 'V.A.T 10% 별도'라고 적힌 것을 볼 수 있습니다. V.A.T는 'Value Added Tax'의 약자로 부가가치세를 의미합니다. 메뉴판에 적혀 있는 금액에서 부가가치세 10%가 추가되니 계산하실 때 참고하라고 적어놓은 것입니다. 하지만 일반 음식점에서는 부가가치세 10%를 별도로 받기가 사실 쉽지 않습니다. 그래서 만약 음식을 7,000원에 파신다고 한다면, 7,000원에 부가가치세가 포함되어 있으니, 6,364원이 내 수입이고, 636원이 부가가치세구나!"라고 생각해야 합니다. 내 수입을 7,000원으로 만들려면 음식값을 어떻게 정해야 할까요? 7,700원으로 음식값을 책정해서 메뉴판에 적어두어야 실제로 음식을 팔았을 때 7,000원의 수입이 생긴다고 생각하면 됩니다.

사업주는 매출세액을 창출하기 위해서 부담한 매입세액을 공제받을 수 있습니다. 재고를 8,800원에 사왔다면 재고에 포함되어 있는 800원은 매입세액으로 공제받을 수 있습니다. 이 또한 부가가치세를 신고하면서 사업주가 부담한 매입세액을 신고서에 신고하면 공제받을 수 있습니다. 즉 사업주는 물건을 사오기 위해서 8,800원을 내지만 이 중 800원은 공제받을 수 있기 때문에 매입세액을 부담하는 것이 아닙니다. 즉 부가가치세는 소비자에게 받은 매출세액에서 내가 미리 낸 매입세액을 빼고 내기 때문에 사업주는 부가가치세를 부담하지 않습니다.

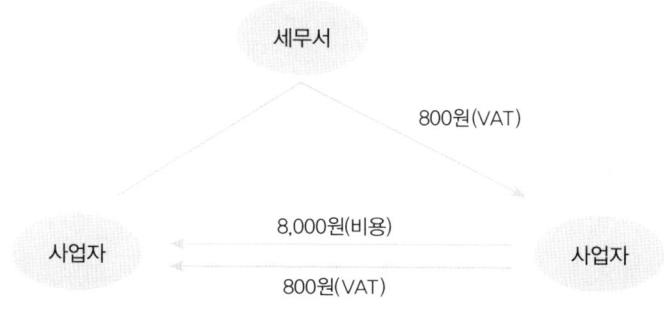

그런데 가끔 이렇게 이해하는 분들이 있습니다. "부가가치세는 매출에서 매입을 뺀 금액에서 10% 내는 거야!"라고 말이죠. 즉 '(매출-매입)×10%=부가가치세'라고 이해하는 것입니다. 수식으로 보면 틀린 말은 아닙니다. 제가 조금 전에 설명한 방법은 '(매출×10%)-(매입×10%)=부가가치세'였습니다. 수학적인 공식은 같은 내용을 말하고 있습니다. 그런데 '(매출-매입)×10%=부가가치세'라고 생각을 하신다면 왠지 이게 소득세 같습니다. '이미 매출에서 매입을 뺀 금액에서 10% 세금을 냈는데, 소득세를 왜 또 내지? 이거 이중과세 아냐?'라는 생각이 드는 것입니다. 수식만 보면 같은 내용입니다만, 의미하는 바는 다릅니다. 부가가치세의 진정한 의미는 '(매출×10%)-(매입×10%)'이므로, 이 개념으로 기억하셔야 합니다.

그림으로 보여드리면 이해하기 편할 것 같아서 그림을 한번 그려봤습니다.

옆의 그림에서 보듯이 소득세와 부가가치세는 영역이 서로 다릅니다. 그림을 자세히 보면 다음 사항들을 알 수 있습니다. '첫째, 매출로 인해서 받은 돈 중에서 10%는 내 돈이 아니니까 매입세액을 빼고 난 돈은 고스란히 부가가치세로 내야 한다고 생각하자. 둘째, 인건비는 부가가치세와 상관이 없다. 셋째, 부가가치세와 관계없는 비용들이라고 해도 소득세는 공제받을 수 있다.'입니다.

부가가치세와 소득세는 서로 밀접한 관계를 맺고 있습니다. 부

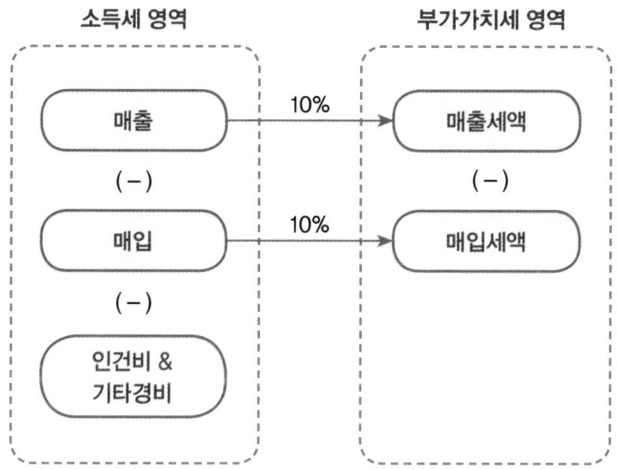

가가치세를 통해서 사업주의 매출과 매입이 거의 확정된다고 보면 됩니다. 부가가치세를 잘 준비하면 소득세 신고가 편해집니다. 두 세금은 실무상 아주 중요한 세금이고, 둘 다 사업주가 놓쳐서는 안 되는 세금입니다. 모쪼록 부가가치세의 개념을 잘 이해하시고 사업에 도움을 받으셨으면 좋겠습니다.

> **5** 사업 초기에 인테리어 비용이 많이 들어갔는데, 부가세를 조기환급 받을 수 있다고요?

　　　　　　　　솔직히 이번 질문은 제가 개업 초창기에 신규 거래처를 영입하기 위해서 많이 사용했던 이슈입니다. 그때는 거래처 자체가 별로 없었기 때문에 소개는 꿈도 못 꾸던 시기였습니다. 그래서 무작정 돌아다니면서 신장개업한 가게를 위주로 영업을 했습니다. 그때 자주 사용했던 멘트는 바로 이것이었습니다. "사장님 개업 축하드립니다! 이번에 인테리어 하시느라 돈 많이 드셨을 텐데…, 세금계산서는 받으셨어요? 그럼 제가 부가가치세 환급 받아드릴게요!"

　앞에서 이야기드린 것처럼 부가가치세는 계산하는 방법은 단순히 매출세액에서 매입세액을 **빼면** 됩니다. 여기서 부가가치세 매입세액이 매출세액보다 크면 납부세액의 반대말인 환급세액이 됩니다. 원칙적으로 부가가치세의 환급세액이 발생하였을 때에는 부가가치세 확정신고 기간에 부가가치세 신고와 함께 환급세액을 신고하여 환급받게 됩니다. 그러나 부가가치세법에서는 사업설비에 투자를 하거나 수출을 하는 경우에는 부가가치세 확정신고 기간까지 기다리지 않고, 조기에 환급해줌으로써 기업의 자금 부담을 덜어주는 제도를 운영하고 있습니다.

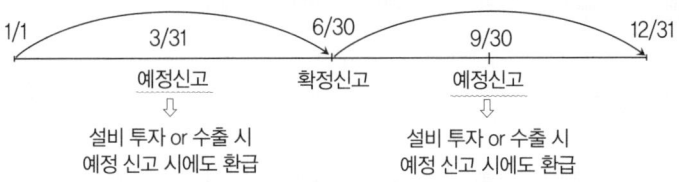

부가가치세를 환급받을 수 있는 사업자는 일반과세자입니다. 간이과세자나 면세사업자는 부가가치세를 환급받을 수 없습니다. 간이과세자는 부가가치세 납부세액 계산 자체가 매출세액에서 매입세액을 빼는 방식으로 이루어지지 않기 때문에 환급세액이 발생하지 않습니다. 설사 간이과세자의 매입세액이 매출세액보다 더 크다 할지라도 환급세액이 발생하지 않습니다. 마찬가지로 면세사업자는 매출세액이라는 개념이 없기 때문에 납부세액이라는 개념도 없고 이에 환급세액도 발생되지 않습니다.

일반과세자가 사업설비를 신설하거나 증축하는 등의 투자가 발생하면 조기환급이 가능합니다. 예를 들어서 식당을 개업하려고 하면, 인테리어를 하고 냉장고와 싱크대를 구입하고, 각종 집기 비품 등을 구매하는 데 많은 돈이 들어갑니다. 이럴 때 조기환급을 이용하면 자금 압박을 일정 부분 해소할 수 있습니다. 또 상품을 매입해서 수출하는 경우에도 조기환급이 가능합니다. 여기서 기억하셔야 할 것은 수출하지 않고 일반 내수용 상품을 매입하는 경우에는 아무리 많은 상품을 매입해도 조기환급 대상은 아니라는 것입니다. 상품을 많이 매입해서 매출세액보다 매입세액이 더 커졌다면, 좀 힘드시더라도 확정신고 기간까지 기다렸다가 일반환급으로 매입세액을 환급받으셔야 합니다.

조기환급을 신청한다고 할지라도 시설에 투자한 건만 가지고 환급을 신청할 수는 없습니다. 부가가치세는 월별로 마감해서 신고하는 세금이라고 생각하시면 됩니다. 해당 월에 발생한 매출과 매입을 전부 집계하고 마감하여 신고하여야 합니다. 예를 들어 시설 투자가 1월에 이루어졌다면, 1월에 발생한 매출과 매입을 전부 집계해서 2월 25일까지 부가가치세 환급 신고를 하면 됩니다. 만약 시설 투자가 2월에 이루어졌다면 어떻게 할까요? 월별로 마감하라고 했으니 2월만 가지고 신고하면 될까요? 그건 아닙니다. 1월부터 2월까지 발생한 매출과 매입을 전부 집계해서 3월 25일까지 환급 신고를 하면 됩니다. 즉 과세기간 시작부터 시설 투자가 발생한 달의 말일까지의 매출과 매입을 집계해서 신고하면 됩니다.

그럼 부가가치세 확정 신고는 어떻게 할까요? 예를 들어 1월에 시설 투자가 발생하여 1월 한 달간의 매출과 매입을 집계하고 신고했다면, 부가가치세 확정신고를 하는 7월 25일에는 2월부터 6월까지, 총 5개월의 매출과 매입을 집계하여 부가가치세를 신고하면 됩니다. 그럼 2월 달에 시설 투자가 발생하였다면? 1월부터 2월까지의 자료를 집계해서 부가가치세 신고를 했을 것입니다. 그럼 부가가치세 확정신고를 하는 7월 25일에는 3월부터 6월까지, 총 4개월의 매출과 매입을 집계해서 부가가치세를 신고하면 됩니다.

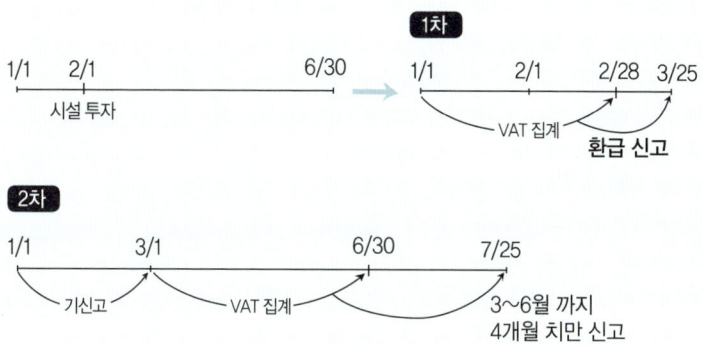

조기환급 신고를 하면 관할세무서에서는 신고 내용을 확인한 후 신고 기한이 경과한 날로부터 15일 이내에 사업자에게 환급을 해주게 되어 있습니다. 상품의 매입이 많아서 확정신고 기간에 일반환급을 신고했다면 보통 30일 이내에 환급을 해주게 되는데, 조기환

급을 신고하면 15일 이내에 환급을 해주니 상당히 빠르게 환급을 받게 되는 것입니다. 1월에 시설 투자를 해서 조기환급을 신청했다면 거의 5개월 이상 빠르게 환급을 받을 수 있는 것입니다.

　보통 부가가치세 환급이 발생하게 되면 세무서에서는 환급 심사를 하게 됩니다. 신고서 내용을 파악하고, 계약서나 통장 거래 내역을 납세자에게 받아서 거래의 실질을 검토합니다. 그리고 이상이 없다고 판단되면 내부 결재 후 환급세액을 송금해줍니다. 이렇게 환급을 해주는 데 거쳐야 하는 단계가 있으므로 15일 이내에 조기환급을 해주려면 세무서 담당자들도 정신이 없습니다. 그래서 저 같은 경우는 조기환급을 신고하게 되면 미리 관련 서류를 준비하게 합니다. 세무서에서 계약서나 통장 거래내역을 달라고 할 테니 놀라지 마시고, 미리 준비해두시면 업무가 신속히 처리될 수 있다고 안내를 해드립니다. 이 글을 읽으시는 분들도 시설 투자 등의 사업 설비를 하게 되면 매입세액을 조기에 환급받을 수 있다는 사실을 인지하시고, 미리 관련 증빙을 준비하여 차질 없이 환급 받으시기 바랍니다.

6 승용차를 구입한 경우 매입세액공제가 되나요?

　　　　　　　　자동차가 있으면 여러 가지 편리한 점이 많기는 한데… 돈이 많이 듭니다. 차를 구입하는 데 들어가는 비용도 비용이지만, 차를 몰고 다니면서 들어가는 비용이 만만치 않기 때문입니다. 기름값도 만만치 않고, 보험료, 자동차세, 가끔 들어가는 오일 교체비며, 만의 하나 사고라도 나면 들어가는 수리비까지…. 우리에게 편리함을 주는 만큼 많은 대가를 요구하는 것이 자동차인 듯합니다.

　자동차를 사업과 관련하여 사용하면 당연히 비용처리가 가능합니다. 꼭 화물차를 사서 배달 등의 목적으로 사용해야만 사업용으로 쓴 것은 아닙니다. 흔히 말하는 승용차를 사서 가족들과 멀리 여행을 다니거나 지인들에게 차를 빌려줘서 사용하게 하는 것은 사업용으로 썼다고 말할 수 없겠지만, 영업을 위해서 거래처를 방문하거나, 출퇴근하기 위해 사용했다면 사업과 관련해서 사용한 것입니다.

이번 장에서는 승용차를 구매해서 업무용으로 사용했을 경우에 비용처리의 관점보다는 비용지출시 발생하는 부가가치세가 매입세액으로 공제가 되는지에 대해서 알아보고자 합니다. 세법에서는 '비영업용 소형승용자동차의 구입과 임차 및 유지에 관한 매입세액'은 공제하지 않는다고 말하고 있습니다.

하나씩 곱씹어보겠습니다. 여기서 영업용이라 함은 사업과 관련해서 사용했느냐 안했느냐의 구분이 아닙니다. 영업용이라 함은 운수업과 같이 승용자동차를 직접 영업에 사용하는 것을 말하므로 이에 해당되지 아니하는 것은 모두 비영업용에 해당됩니다. "나는 내 승용차로 출퇴근도 하지만, 우리 제품을 배달하는 데도 쓰는데요?"라고 해도 승용차가 택시나 렌터카처럼 직접 영업 목적으로 구입한 차량이 아니기 때문에 여기서는 비영업용으로 분류됩니다. 오해하지 마세요. 차량의 구입 목적을 구분하기 위한 용어이지 무조건 사업과 관련해서 사용하지 않았다고 간주하는 용어는 아닙니다.

소형승용자동차는 자동차관리법 3조에 따라서 승용자동차로 분류되는 차량으로서 개별소비세법시행령 별표에 따라서 개별소비세가 부과되는 차량을 말합니다. 규정을 찾아보면 8인승 이하의 자동차로서 배기량이 1,000cc 이하인 것과 길이가 3.6미터 이하이고 폭이 1.6미터 이하인 것은 제외한다.'라고 쓰여 있습니다. 쉽게 말해서 우리가 보통 말하는 경차, 9인승 이상 승합차, 화물차 등을 제외하고는 세법에서 말하는 소형승용자동차에 해당한다고 보면 됩니다. 경차에 해당하는 스파크, 모닝, 레이 등은 소형승용자동차에서 제외하고, 9인승 이상 카니발, 스타렉스 같은 차량도 소형승용자동차에 해당하지 않습니다. 그리고 자동차관리법에 따라서 화물자동차로 분류되는 차량인 뒤에 화물칸이 있는 XX-밴, XX-스포츠로 불리는 차량도 소형승용자동차에 해당하지 않는다고 보면 됩니다.

마지막으로 '구입과 임차 및 유지에 관한 매입세액'에 어떤 것이 있는지 보겠습니다. 구입과 임차에 대한 비용은 당연한 이야기이지만, 자동차 구입비, 렌트비와 리스비를 말합니다. 유지에 관한 비용은 유류비, 수리비, 자동차세, 주차비, 보험료 등입니다. 세법에서는 이 중에서 부가가치세가 붙는 비용이 있다면 동 부가가치세를 매입세액으로 공제해주지 않겠다는 것입니다. 차량을 구입할 때는 당연히 부가가치세 매입세액이 붙습니다. 차량을 렌트할 때도 매입세액이 있습니다. 렌트는 그야말로 임대를 하는 것이기 때문에 임대료에 대한 부가가치세 매입세액이 있습니다. 리스는 금융용역으로 면세이므로 부가가치세 매입세액이 없습니다. 유류비에도 부가가치세가 붙습니다. 수리비에도 부가가치세가 있고, 주차료에도 부가가치세가 있습니다. 차량 보험료는 리스와 마찬가지로 금융용역이므로 매입세액이 없습니다.

한번 정리해보겠습니다. 우리가 여객 운송업이나 자동차 임대업 등을 하지 않는 이상 자동차에 대한 매입세액이 공제되는지 안 되는지 고민해보아야 합니다. 그런데 우리가 가지고 있는 차량이 경차이거나 9인승 이상 승합차나 화물차라면 고민은 그만해도 됩니다. 그냥 다 공제받습니다. 이런 차량이 아니라 일반적인 세단 승용차라면 차량의 구입과 유지와 관련된 매입세액은 공제되지 않습니다.

왜 안 해줄까요? 세법에 명시적인 규정은 없습니다만 땅도 좁은데 일반적인 세단 승용차에 발생되는 매입세액까지 공제해주는 것은 너무 과하다는 취지라고 판단됩니다. 매입세액이 공제되지 않는 차량은 개별소비세 과세 대상 차량입니다. 개별소비세에는 사치성 품목, 소비 억제 품목, 고급 내구성 소비재, 고급 오락시설 장소 또는 이용에 세금을 부과하겠다는 과세 취지가 담겨 있으므로

경차 9인승 이상 승합차 화물차	그 외 승용차, SUV 등
구입비용, 유류비, 수리비 등 VAT 공제	구입비용, 유류비, 수리비 등 VAT 불공제

- 보험료, 리스료는 VAT 공제 대상 아님(면세)
- 연료 분류(가솔린, 디젤 등)와 관계없음

개별소비세 과세 대상으로 분류되는 자동차에 대해서는 부가가치세 매입세액도 공제해주지 않겠다는 의지로 판단됩니다.

매입세액이 공제되지 않는다고 할지라도 비용이 안 된다는 뜻은 아닙니다. 그건 별개의 문제입니다. 매입세액을 공제받지 못해도 관련 비용이 사업용으로 사용된 것이 명확하다면 사업과 관련된 비용으로 인정받을 수 있습니다. 즉 업무용 자동차의 수리비가 부가가치세 포함해서 110,000원 나온 경우, 화물차라면 10,000원은 매입세액으로 공제받고 100,000원은 비용으로 처리할 수 있는 반면, 매입세액이 불공제 되는 자동차라면 10,000원은 매입세액으로 공제받지 못하지만 불공제분까지 포함해서 110,000원을 비용으로 처리할 수 있습니다.

많은 분들이 경유는 부가가치세를 공제받고 휘발유는 부가가치세를 공제받지 못한다고 알고 계시는데 그건 아닙니다. 요즘은 경유를 사용하는 승용자동차도 많이 있습니다. 유종에 따라 공제 여부가 결정되는 것은 아니고 자동차의 종류에 따라 공제 여부가 결정됩니다. 나중에 부가가치세 과다 공제로 세무서가 문제 삼지 않도록 잘 구분하여 처리하시기 바랍니다.

쉬어가는 페이지

세금을 줄이는 방법

 세금을 적게 내려면 도대체 어떻게 해야 해요?

 만약 의사선생님에게 찾아가서 "건강하게 살려면 어떻게 해야 해요?"라고 물으신다면 의사선생님들은 어떻게 대답하실까요? 의사선생님들마다 답변하는 방식과 대답이 다를 것입니다. 왜냐하면 질문 자체가 굉장히 주관적이기 때문입니다. 하지만 우리는 대략 어떻게 하면 건강하게 살 수 있는지에 대한 기본 원리를 알고 있습니다. 몸에 좋은 음식을 먹고, 주기적으로 운동하고, 스트레스를 받지 않고 적당한 여가생활을 즐기면서, 몸에 무리가 되는 행동을 하지 않으면 건강하게 살 수 있습니다. 어떤 음식이 몸에 좋은 것인지 어떤 운동을 어떻게 얼마나 해야 하는지 등의 세부적인 사항은 따로 알아봐야 하지만 기본적인 사항은 알고 있습니다.

그럼 세금을 줄이려면 어떻게 해야 할까요? 이 질문 또한 굉장히 주관적일 수 있는 질문입니다. 하지만 어떻게 하면 건강하게 살 수 있는지에 대한 기본 원리가 있듯이 어떻게 하면 세금을 줄일 수 있는지에 대한 기본 원리도 있습니다. 그것을 한번 정리해보겠습니다.

일단 세금은 어떻게 계산이 될까요? 사업을 하는 분들을 기준으로 생각해보겠습니다. 세금이 계산되는 원리를 개략적으로 살펴보면 세금은 '{(수입금액-필요경비)-종합소득공제}×세율-세액공제'로 계산이 됩니다.

'수입금액-필요경비' 부분을 소득금액이라고 합니다. 세금은 수입금액(다른 말로 매출액)을 기준으로 계산되는 것이 아니라 소득금액을 기준으로 계산됩니다. 즉 매출이 많아도 필요경비가 더 많으면 세금이 안 나올 수 있고, 매출이 작아도 필요경비가 없으면 세금이 나올 수 있습니다. 여기서 세금을 줄이는 첫 번째 방법이 나옵니다. 세금이 줄어들려면 매출이 줄어들든지 필요경비가 많든지 해야 합니다.

"매출을 줄이라고? 이 양반, 나보고 장사하지 말라는 소리야?"라고 하실 분이 있을지도 모르겠습니다. 오해는 마세요. 매출이 줄어들면 세금이 줄어든다는 말이지, 세금을 줄이기 위해서 매출을 내지 말라는 뜻은 아닙니다. 장사를 하는 입장에서 매출이 줄어드는 것만큼 가슴 아픈 일도 없습니다. 세금을 내는 한이 있더라도 매출을 늘리는 것이 장사의 기본입니다.

예전에는 매출을 숨기는 방향으로 세금을 줄이곤 했습니다. 왜냐하면 그때는 지금처럼 신용카드 사용이 활성화되지 않았고 현금 거래가 많았기 때문입니다. 물론 이는 엄연한 탈세입니다. 이러한 방법은 나중에 다양한 조사 기법에 의해서 발각될 여지가 많으니 가능하면 하지 않아야 합니다. 그리고 사실 지금은 거의 매출을 숨길 수도 없습니다. 요즘은 워낙 신용카드 사용이 활성화되어 있어서 매출은 거의 다 포착된다고 봐야 합니다. 이제 밥 한 끼도 현금을 내고 식사를 하는 손님은 거의 없으니까요.

소득금액을 줄이는 다른 방법은 필요경비를 늘리는 것입니다. 이것도 오해하지 않으셨으면 좋겠습니다. 사업과 관련도 없는 필요경비를 억지로 늘리라는 뜻이 아닙니다. 사업과 관련해서 발생한 비용이 있다면 이를 누락시키지 않고 전부 다 양성화시켜야 한다는 뜻입니다. 의외로 사업과 관련해서 돈을 썼는데, 세금계산서를 못 받거나 다른 증빙을 챙기지 못하는 분들이 많습니다. "아, 거기는 내가 물건은 사온 데는 맞는데…, 거기서는 영수증을 받을 수가 없어요." 이런 분도 계시고, "물건을 사긴 샀는데 어디다 뒀는지 다 잊어버렸어요." 하는 분도 있습니다. 물론 장사를 하다 보면 거래관계상 자료를 받지 못하는 경우도 있고, 또한 몸이 열 개라도 부족할 정도로 바빠서 증빙을 챙길 여유가 없는 분도 있습니다(회계사인 저도 세금계산서를 받아 놓고 어디다 뒀는지 며칠간 찾은 적이 있었습니다. 결국 제 책상의 구석에 세워져 있었던 탁상 달력 사이에서 찾았습니다). 그런데 그러한 사정이 있다고 하더라도 증빙이 없으면 저희가 도와드리고 싶어도 도와드릴 수 없습니다. 장부는 경리직원이나 세무대리인에게 맡겨도 되지만, 증빙서류는 다른 사람이 알아서 챙겨줄 수 없습니다. 세금을 줄일 수 있는 증빙이 없으면 아무리 뛰어난 세무대리인이라 하더라도 세금을 줄일 수는 없기 때문입니다.

세금 계산식에서 세율과 세액공제는 사실상 통제가 불가능한 경우가 많기에 이제부터 우리는 통제 가능한 요소인 종합소득공제를 살펴볼 겁니다. 소득금액이 커도 종합소득공제가 크면 세금을 줄일 수 있으니까요.

예전에 보험모집인 두 분이 계셨는데, 두 분의 소득금액이 거의 비슷했습니다. 그런데 한 분이 왜 난 저 사람보다 세금이 많이 나왔냐고 물어보셨습니다. 저도 따져보지 않다가 그분의 질문을 받고 두 분의 신고서를 봤는데, 차이는 종합소득공제였습니다. 두 분 다 싱글이어서 부양가족의 차이도 없었지만 세금이 적게 나온 분은 여러 가지 소득공제상품에 가입을 해서 소득공제의 혜택을 톡톡히 받고 있었던 것이었습니다.

 이처럼 우리가 통제할 수 있는 범위 내에서도 세금을 줄일 수 있는 방법은 분명히 있습니다. 세금이 계산되는 식을 곰곰이 생각해보면 내가 어떤 부분에서 세금을 줄일 수 있을지 감이 옵니다. 필요경비가 누락되지 않도록 조절하고, 종합소득공제가 누락되지 않도록 조절하고, 소득공제가 되는 항목을 찾아서 가입하는 등의 노력이 필요합니다. 어찌 보면 별것 아니라는 생각이 들 수도 있지만, 세금을 줄이는데 생각보다 큰 영향을 끼칩니다. 조금만 더 신경 쓰면 세금은 줄일 수 있습니다.

사업하다보면 궁금해지는 질문들

Chapter 3
인건비 지급할 땐 조심조심

❶ 4대보험에 꼭 가입해야 해요?
❷ 4대보험은 뭐고, 얼마나 내야 하는데요?
❸ 4대보험, 줄일 순 없을까요?
❹ 법인 대표자인데, 월급을 내 맘대로 올려도 돼요?
❺ 사장인데, 나도 퇴직금을 받을 수 있나요?

! 직원을 채용하면서 얼마를 지출하게 될지 예상할 때 4대보험 지출액도 반드시 예산에 포함시켜야 합니다. 실무적으로 직원들조차 가입을 싫어하는 경우가 많습니다. 이런 경우라면 직원들을 설득하는 수밖에 없습니다. 강제가입을 해야 하고 가입을 안 할 경우에는 과태료가 발생할 수도 있으며 가입을 하면 결국 궁극적인 혜택은 직원이 받는다고 말이죠. 다시 말하지만 4대보험은 선택의 대상이 아닙니다.

1. 4대보험에 꼭 가입해야 해요?

　　처음 사업을 하는 분들 중에 4대보험에 꼭 가입해야 하는지 궁금해하는 분들이 많습니다. 직원들에게 정해진 인건비는 줄 수는 있는데, 4대보험이 부담이 되니 4대보험에 가입하지 않고 인건비를 주면 안 되느냐고 물으십니다. 상담을 하다 보면 4대보험은 사업주뿐만 아니라 직원들도 가입을 원치 않는 경우가 왕왕 있습니다. 왜냐하면 사업주들은 인건비 외에 추가적으로 돈이 나가서 싫고, 직원들은 월급에서 4대보험을 차감하고 받으니 실수령액이 줄어들기 때문입니다. 또한 요식업계에 종사하시는 분들 경우 한 달 또는 두 달만 근무하고 그만두는 경우가 많아서 이런 직원들을 일일이 4대보험 가입시켰다가 탈퇴시키는 일이 번거롭기도 합니다.

의외로 많은 분들이 4대보험은 임의가입제도라고 오해하고 있습니다. 일단 이름이 보험이고, 또 복지혜택과 관련된 문제라 '내가 그 혜택을 안 받으면 되는 것 아니냐?'라고 생각할 수 있습니다. 하지만 안타깝게도(?) 4대보험은 민간보험과 달리 사회보험으로서 강제가입제도입니다. 즉 가입 여부를 내가 선택하는 것이 아니라 법률 요건에 충족되면 강제적으로 가입을 해야 하는 것이죠. 그래서 4대보험을 세금은 아니지만 세금의 성격을 가지고 있다고 하여 '준조세'라고 부르기도 합니다.

　실무적으로 4대보험을 가입하기 싫은 경우에 행할 수 있는 유일한 방법은 직원으로 등록하지 않는 것입니다. 즉 직원을 고용해서 급여는 주되 직원과의 합의하에 그냥 현찰로 주고 끝내는 경우입니다. 하지만 이 방법은 여러 가지 문제를 일으킬 수 있습니다.

　첫 번째로 사업주가 인건비를 비용처리할 수 없습니다. 몇 년 전만 해도 신용카드를 사용하는 문화가 활성화되지 않아서 사업주가 현금으로 들어온 매출을 누락시키곤 했습니다. 매출을 누락시키면 그만큼 비용도 많이 챙길 필요가 없습니다. 기본적으로 매출을 발생시킨 만큼만 비용을 적당히 챙기면 되었기에 인건비 신고도 잘 하지 않았습니다. 그때는 직원 월급을 현금으로 정산해줄 수 있었습니다. 하지만 이제는 시절이 바뀌었습니다. 요즘은 거의 모든 매출이 누락 없이 포착되고 있습니다. 사업주의 세금 부담이 급격히 늘어나게 된 것입니다. 이러니 사업주들은 세금을 줄이기 위해서 세금계산서를 더 철저하게 받고 인건비도 빠짐없이 챙겨야 합니다.

인건비는 증빙이 발생되지 않아 비용처리가 어렵습니다. 사업주가 직원에게 급여를 준다고 해도 직원은 사업주에게 영수증을 발급하지 않습니다. 이런 경우에 사업주가 인건비를 비용처리하기 원한다면 번거롭더라도 직원의 이름과 주민번호 등의 인적사항을 받아서 적극적으로 세무서에 신고해야 합니다. "제가 이 사람한테 급여를 줬으니 그만큼 저는 비용처리하겠습니다! 내 직원이 소득이 생겼으니 저에게 못 받은 세금은 제 직원에게 대신 받으세요."라고 신고를 하는 것입니다.

이 과정에서 과세자료가 세무서에 입수되므로 보험공단에서는 이 자료를 수집할 수 있습니다. 즉 직원을 4대보험을 가입하지 않고 인건비만 세무서에 신고하면 보험공단에서 4대보험을 강제로 가입시키고 미수금에 대한 과태료까지 부과할 것이고, 그것이 싫으면 인건비를 비용처리할 수 없게 되는 것입니다.

두 번째로 법인사업자의 경우라면 가지급금 문제가 발생할 수 있습니다. 즉 법인사업자의 통장에서 현금이 인출되어 밖으로 나갔는데, 관련된 증빙도 없고 그렇다고 인건비 신고도 안되어 있다면 대표가 가져갔다고 보는 것입니다. 이건 더 큰 문제입니다. ==인건비를 비용처리도 못할 뿐만 아니라 없어진 돈만큼 대표가 갚아야 하는 문제가 발생합니다.== 개인사업자라면 그냥 단순히 비용처리를 못해서 세금 부담만 커지지만, 법인사업자는 절대로 사용하면 안 되는 방법입니다.

　세 번째로 '그래, 난 인건비를 비용처리 못해도 상관없다. 세금 부담이 커지더라도 4대보험은 정말 내기 싫다!'라고 굳게 마음을 먹더라도 문제가 발생할 여지가 있습니다. 요즘은 4대보험공단이 주기적으로 사업장을 방문하여 조사합니다. 일단 세무서에 사업자등록이 되면 4대보험공단은 그 자료를 입수해서 해당 사업장이 4대보험을 가입하는지 안 하는지 지켜봅니다. 한 몇 달 지켜보는데도 4대보험을 가입하지 않는다면 실제로 직원이 있는지 없는지 방문해봅니다. 그런데 가서 보니 직원이 있습니다. 그럼 직원에게 가서 이것저것 물어봅니다. "언제부터 일하셨어요? 하루에 몇 시간 일해요? 얼마 받으세요?" 등등 그렇게 묻고 돌아가죠. 그리고 며칠 후 과태료와 함께 4대보험 고지서가 날아옵니다. 사업주 입장에서 '내가 인건비를 비용처리 안 하겠다는데 무슨 상관이냐?'라고 하실지라도 4대보험공단 입장은 당연히 내야 할 4대보험료를 내지 않은 것이므로 고지서를 발부하게 됩니다.

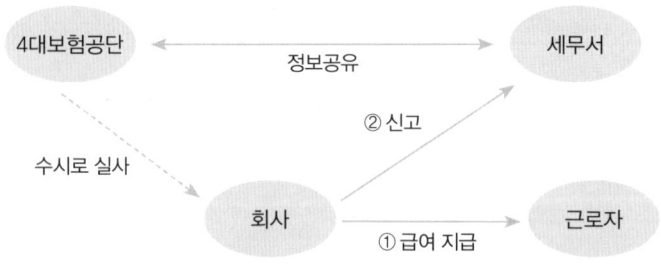

예전에는 세무서에 인건비 신고만 하고 4대보험을 가입하지 않고 넘어가는 경우도 있었습니다. 하지만 이제는 인건비 신고가 되면 여지없이 4대보험을 가입하라고 안내문이 옵니다. 저도 업무를 하면서 느끼는 것이 예전에는 "4대보험 가입하셔야 합니다."라고 말씀드리면, "다른 데는 가입 안 해도 된다는데요?"라고 했는데, 이제는 그렇게 말하는 분이 없습니다.

직원을 채용하면서 얼마를 지출하게 될지 예상할 때 4대보험 지출액도 반드시 예산에 포함시켜야 합니다. 실무적으로 직원들조차 가입을 싫어하는 경우가 많습니다. 이런 경우라면 직원들을 설득하는 수밖에 없습니다. 강제가입을 해야 하고 가입을 안 할 경우에는 과태료가 발생할 수도 있으며 가입을 하면 결국 궁극적인 혜택은 직원이 받는다고 말이죠. 다시 말하지만 4대보험은 선택의 대상이 아닙니다.

2. 4대보험은 뭐고, 얼마나 내야 하는데요?

　　　　　　사실 4대보험이라는 말은 많이 들어서 익숙한데, 막상 4대보험이 무엇인지 모르는 분이 의외로 많습니다. 예전에 친하게 지내던 한 사장님이 사업을 확장하면서 사업자등록을 추가적으로 하나 더 했습니다. 그리고 저에게 직원들 인건비 신고며 4대보험 가입에 대해서 직원들에게 설명을 해줄 수 있겠냐고 물어보셨습니다. 저는 시간과 장소만 정해주면 직원들에게 설명해드리겠다고 말하고 정해진 시간에 찾아갔습니다. 그리고 직원들에게 "4대보험에 무엇 무엇이 있는지 아세요?"라고 물어보니 의외로 아는 분이 많이 없는 것을 보고 깜짝 놀랐습니다.

　이 장에서는 4대보험에 대한 개요와 직원의 형태별로 4대보험 가입 여부와 세법의 적용에 대해서 알아보도록 하겠습니다.

우선 4대보험은 국민연금, 건강보험(장기요양보험 포함), 고용보험, 산재보험으로 구성되어 있습니다. "국민연금도 보험이냐?"라고 하시는 분들도 계신데, 노후의 소득을 보장하는 장기보험 성격의 보험이라고 보시면 됩니다. 실제로 급여 대장을 보면 국민연금, 건강보험, 장기요양보험, 고용보험을 징수하게 되는데, 장기요양보험은 건강보험에 포함되어 있는 개념으로 보면 됩니다. 국민연금, 건강보험, 고용보험은 회사와 근로자가 같이 부담하고 있고, 산재보험은 전액 회사가 부담합니다. 따라서 직원에게 원천징수를 하지 않는 산재보험은 급여 대장에 표시되지 않습니다.

4대보험료율표(2021년 기준)는 다음과 같습니다. 4대보험료율표는 매년 바뀝니다.

구분	회사	근로자	합계	비고
국민연금	4.50%	4.50%	9.00%	상한액 : 5,030,000원
건강보험	3.43%	3.43%	6.86%	
장기요양	약 0.395%	약 0.395%	약 0.79%	건강보험료의 11.52%
고용보험	1.05%	0.8%	1.85%	
산재보험	0.7%~18.6%	-	0.7%~18.6%	업종별로 상이
합계	10.08%~27.98%	9.125%	19.2~37.1%	

요율표를 잘 보시면, 국민연금과 건강보험은 회사와 근로자의 부담이 같습니다. 고용보험은 회사 부담이 근로자 부담보다 조금

더 많습니다. 그리고 산재보험은 전액 회사가 부담합니다. 산재보험은 업종에 따라 다릅니다. 위험한 업종은 보험료율이 높고 상대적으로 안전한 업종은 보험료율이 낮습니다. 위의 표는 음식점을 기준으로 한 보험료율입니다.

근로 형태에 따라 세법과 4대보험이 달리 적용됩니다. 각 형태별로 어떻게 적용되는지 개략적으로 설명해드리겠습니다.

일용직

세법》》》 일용직은 동일한 고용주에게 3개월 미만 동안 고용된 자를 말합니다. 또 아침에 입사해서 저녁에 퇴사하는 사람입니다. 따라서 1일당 급여로 세금을 산출하며 1일당 급여 100,000원까지는 비과세입니다.

4대보험》》》 세법의 일용직 기준이 3개월이기 때문에 4대보험 일용직 기준도 3개월로 알고 계신 분들이 많으신데, 4대보험은 사실 좀 더 엄격합니다. 4대보험에서 말하는 일용직은 동일한 고용주에게 1개월 미만 고용된 자를 말합니다. 일용직의 경우 고용보험과 산재보험 가입 의무가 있습니다. 4대보험의 경우 일용직의 기준이 1개월 미만이므로 1개월 이상 고용하면 4대보험 가입 의무가 있습니다.

초단시간 근로자

세법》》》 세법에는 초단시간 근로자라는 개념이 없습니다. 따라서 상황에 맞게 일용직 또는 정규직으로 신고할 의무가 있습니다.

4대보험》》》 4대보험에서 말하는 초단시간 근로자란 월 60시간 미만 동안 일하는 근로자를 말합니다. 환산해보면, 한 달을 4주로 치면 1주에 15시간이고, 1주일에 5일을 일한다고 치면 1일에 3시간입니다. 초단시간 근로자의 경우에도 산재보험에는 가입해야 합니다. 단, 생업을 목적으로 3개월 이상 고용된 경우 초단시간 근로자라 할지라도 4대보험 가입 의무가 있습니다.

정규직

세법》》》 일용직 근로자 외의 근로자를 말하며, 사실 대부분의 아르바이트를 포함한 근로자가 이에 해당합니다. 정규직은 매달 간이세액표에 따라 소득세와 지방소득세를 원천징수하고 급여를 지급합니다. 그리고 소득을 받고 난 다음 연도에 1년간 받은 총 급여를 대상으로 연말정산을 함으로써 소득세와 지방소득세를 정산합니다.

4대보험》》》 정규직의 경우 국민연금, 건강보험, 고용보험, 산재보험 가입 의무가 있습니다. 단, 대표자와 그와 생계를 같이하는 가족의 경우에는 고용보험과 산재보험에 가입할 수 없습니다.

　이렇듯 세법과 4대보험은 규정이 상이하고 적용 범위도 다릅니다. 특히나 4대보험은 가입대상도 각 보험마다 규정을 달리하고 있어서 사업주가 직접 내용을 파악해서 적용하기가 쉽지 않습니다.
　엄밀히 말하면 4대보험은 세무 업무와의 관련성보다는 노무 업무와의 관련성이 더 많습니다. 그래서 개략적인 설명은 담당하시는 세무회계사무소 직원에게 물어봐도 무방하겠지만, 더 상세한 설명을 듣고 싶은 분은 가까운 노무사 사무실을 찾아가서 문의하면 더 정확한 설명을 들을 수 있을 것입니다.

3 4대보험, 줄일 순 없을까요?

　　　　　　　　　4대보험은 임의가입제도가 아니라 강제가 입제도입니다. 그리고 회사와 근로자는 합하여 월 급여의 약 20%에 해당하는 보험료를 납부해야 합니다. 이는 생각보다 많은 금액입니다. 월급이 200만원 정도 되면 납부해야 할 보험료가 약 40만 원이 됩니다. 물론 이 금액을 사업주와 종업원이 나누어 내기는 하지만 둘 다 부담이 되기는 마찬가지입니다.

　4대보험은 국민이 생애 전 주기에 걸쳐 있을 수 있는 사회적 위험에 대비하기 위한 보험입니다. 4대보험은 예상치 못한 불행으로부터 본인과 가족의 부담을 덜어주고 좀 더 안정적인 노후를 준비할 수 있도록 도와주는 최소한의 안전장치입니다. 그럼에도 불구하고 아직 4대보험에 가입하지 않은 소규모 사업장이 적지 않은 이유는 보험료가 부담스럽기 때문입니다.

  그래서 정부에서는 사업주와 종업원의 4대보험 부담을 일부 줄여주고자 '두루누리사회보험 지원사업'을 운영하고 있습니다. 이는 보험료 부담을 줄이면서 4대보험에서 제외된 보다 많은 저소득 근로자에게 보험 가입의 기회를 주기 위한 것입니다. 근속 연수가 더 짧고 상대적으로 소득수준이 낮은 것을 생각하면 4대보험은 소규모사업장의 저소득 근로자에게 더욱 필요한 제도입니다. 4대보험 가입 확대 사업인 두루누리사회보험 지원사업은 소규모 사업장에 '국민연금'과 '고용보험'보험료를 일부 지원하는 사업입니다.

  두루누리사회보험에 가입하기 위한 조건에는 사업장 기준과 근로자 기준이 각각 존재합니다. 소규모 영세한 사업장 및 일부 소득이 적은 근로자를 지원하기 위한 사업이지 대규모 사업장이나 고액의 월급을 받는 근로자를 지원하기 위한 사업이 아니기 때문입니다.

  우선 사업장은 근로자 수가 10명 미만이어야 합니다. 법인은 법인등록번호 단위이고, 개인사업자는 사업자등록번호 단위로 규모를 판단합니다. 즉 사업자등록번호가 여러 개 있는 법인은 모든 근로자 수를 다 합산해서 근로자 수를 산정합니다. 법인사업자가 본사가 있고 직영점을 운영하고 있다면 사업자가 2개일 수 있습니다. 하지만 법인등록번호는 1개이므로 근로자 수를 합산해서 기준 충족 여부를 판단합니다. 하지만 개인은 사업자등록번호 단위로 규모를 판단하므로 서울에 있는 가게와 지방에 있는 가게의 인원수를 합산하지 않습니다. 서울의 사업장에 근로자가 8명 있고 지방의 사업장에 근로자가 5명이 있어도 각각 지원받을 수 있습니다.

근로자 기준은 월 평균보수 215만원 미만이 기준입니다. 도입 당시에는 125만원 미만이었던 기준이, 130만원, 135만원, 140만원으로 점점 커져서 현재 215만원 까지 올랐습니다. 최저임금의 상승과 일자리 안정자금의 지원정책과 맞물려 지원 기준 금액이 커진 것으로 판단됩니다.

지원 금액은 기존 근로자와 신규 근로자 사이에 차이가 있습니다. 사업주와 근로자가 각각 부담하는 국민연금, 고용보험 납부액에 대하여 지원을 해주며 기존 근로자에게는 납부액의 40%를 지원(60%는 납부해야 합니다)해주고, 최근 1년 이내 4대보험에 가입한 이력이 없는 신규근로자의 경우 5인 미만 사업장의 신규 근로자에게는 90%(10%는 납부해야 합니다), 5~10인 미만 사업장의 신규 근로자에게는 80%(20%는 납부해야 합니다)를 지원해줍니다.

그런데 왜 국민연금과 고용보험만 지원을 해줄까요? 해주려면 다 지원해주면 좋은데 말이죠. 그 이유는 보험료를 지원해주는 목적에서 찾을 수 있습니다. 이 사업은 보험에 가입하지 못해서 보장의 사각지대에 있는 사람들을 보험에 가입하게 하는 데 목적이 있습니다. 일단 4대보험 중 건강보험은 이미 국민의 95% 이상이 혜택을 받고 있습니다. 기본적으로 직장에 다니는 사람은 직장가입자로 등록이 되어 있습니다. 그리고 직장에 다니지 않는 사람은 지역가입자 또는 직장가입자의 피부양자로 등록되어 있습니다. 즉 소득이 있든 없든 대부분이 건강보험에는 가입이 되어 있습니다. 그래서 보험의 사각지대에 있는 사람이 거의 없으므로 굳이 보험료를 지원해줄 필요가 없습니다.

그리고 산재보험은 가입 여부와 상관없이 사후적으로도 보상을 받을 수 있습니다. 즉 산재보험에 가입되어 있지 않아도 근로자의 재해가 산재로 인정되면 치료와 보상을 받을 수 있습니다. 물론 그렇다고 산재보험을 가입하지 않아도 된다는 뜻은 아닙니다. 산재 미가입 기간 중 재해 발생 시 사업주는 최장 1년간 재해자에게 지급되는 요양급여, 휴업급여, 장해급여의 50%와 미납 보험료 등을 납부하여야 합니다.

혜택받을 수 있는 것은 받아두는 게 좋겠죠? 국가가 나서서 소규모 사업장의 4대보험 부담을 줄여주고 있으니 이런 혜택은 놓치지 않고 받아두는 것이 좋습니다. 아울러 근로복지공단과 국민연금공단에서는 가입 상담과 신청 안내 등을 도와드리는 '찾아가는 가입 확대 서비스'를 운영하고 있다고 합니다. 두루누리사회보험 가입 신청에 어려움이 있는 사업주는 근로복지공단이나 국민연금공단의 고객센터로 전화하면 직원이 직접 방문하여 도와준다고 합니다. 조금만 시간을 투자해서 내용을 알아본다면, 계속 보험료 지원을 받을 수 있으니 꼭 혜택을 받아보시기 바랍니다.

4. 법인 대표자인데, 월급을 내 맘대로 올려도 돼요?

　　　　　　　　　사실 법인이 이익이 났다면 그건 대표자와 직원 모두가 일을 잘해서입니다. 대표이사의 올바른 의사결정과 직원들의 성실함이 시너지가 되어 법인이 이익이 냈을 가능성이 많습니다. 그러나 법인사업자는 비즈니스가 법인 명의로 이루어지기 때문에 법인이 장사를 잘해서 이윤을 많이 냈을 때 그 이익은 법인에 귀속됩니다. 어찌 보면 고생은 사람이 하고 돈은 법인이 벌게 되는 꼴이 됩니다.

　연말이 다가오는 시점에 모 법인 대표께서 이런 전화를 하셨습니다. "그동안은 고생을 좀 했는데, 이번에 새로 개발한 아이템이 대박이 났어요! 이번에 저하고 직원들한테 보상 차원에서 상여금을 좀 지급하고 싶은데 문제될 것 없겠죠?" 저는 대표님께 이렇게 대답해드렸습니다. "직원들한테 상여금을 지급하시는 것은 상관없습니다. 다만 대표님은 임원이시기 때문에 상여금을 가져가시는 것이 문제가 될 수 있습니다."

세법은 임원이 아닌 근로자의 급여에 대해서는 관대합니다. 회사가 근로자의 급여를 팍팍 인상하거나 상여금을 많이 줬다 하더라도 이에 대한 규제가 없습니다(물론 근로자가 주주나 대표이사의 가족이라면 얘기가 다르겠지만요.). 근로자의 급여가 인상되거나 근로자가 상여금을 받으면 세법은 "근로자가 받을 만하니까 받았겠지."라고 생각합니다.

하지만 세법은 임원이 상여금을 가져가는 것에 대해서는 근로자와 다르게 접근합니다. 세법은 임원이 '의사결정권'이 있다고 보고 있습니다. 따라서 세법은 규정이나 정당한 절차 없이 임원이 상여금을 가져가는 것은 임원이 자의적 결정에 의하여 급여 명목으로 부당하게 법인의 이익을 침해했다고 봅니다. 임원이 상여금을 받을 수 없다는 뜻이 아닙니다. 지급규정에 의해서 정당하게 지급된다면 상관이 없는데, 지급규정 없이 상여금을 가져가면 문제가 될

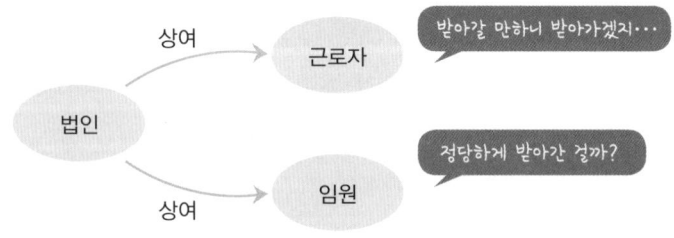

수 있다는 뜻입니다.

먼저, 임원으로서 인건비를 가져갈 때 조심하여야 할 첫 번째인 상여금에 대해 알아보겠습니다. 만약 회사가 급여지급기준을 갖추고 있고, 그 기준에 따라 지급하면 상관없습니다. 그러나 임원의 상여금을 지급할 때 그 금액이 해당 급여지급기준상의 금액을 초과했다면 그 한도를 초과한 금액을 불인정(손금불산입)하고, 만약 회사에 급여지급기준이 없다면 임원에게 지급한 상여금 전액을 불인정하고 있습니다. 여기서 세법이 말하는 급여지급규정은 정관, 주주총회, 사원총회 또는 이사회의 결의에 의해서 결정된 급여지급규정을 말하고 있습니다. 의외로 많은 회사가 임원의 상여금에 대한 지급규정이 없습니다. 이 경우 보통 세무조사 시에 문제가 되고 불인정 당하기 일쑤입니다.

말이 나온 김에, 상여금에 대해서 한 단계만 더 나아가보겠습니다. 세법에서 말하는 상여금의 손금불산입규정을 잘 보면 '상여금 중 정관·주주총회·사원총회 또는 이사회의 결의에 의하여….' 라고 쓰여 있어서 마치 이사회에서 결의를 하고 임원 상여금을 지급해도 되는 것처럼 쓰여 있습니다. 그래서 많은 회사들이 상여금을 지급하기 전에 이사회 의사록을 만들어서 상여금을 지급하고 있습니다. 하지만 상법까지 보게 되면 상황이 달라집니다. 상법 제388조에서 '이사의 보수는 정관에 그 액을 정하지 아니한 때에는 주주총회의 결의로 이를 정한다.'라고 명시하고 있습니다. 즉 일반적인 주식회사의 경우 임원의 보수는 주주총회에서 결정할 사항이지 이사회가 결정할 사항이 아니라는 것입니다. 어찌 보면 당연한 말입니다. 상여금 지급을 임원들 스스로가 결정해서 지급하면 세법의 취지에 맞지 않을 것입니다. 그럼 세법은 왜 그렇게 정해놓았을까요? 그건 아마도 주식회사가 아닌 사단법인이나 임의단체 등의 경우 주주가 없고 최고 의사결정 기관이 이사회이기 때문에 이사회 결의사항이라고 정한 것으로 판단됩니다.

인건비를 지급할 때 조심해야 할 두 번째 사항은 지배주주인 임원이나 직원(임직원)에게 정당한 사유 없이 동일 직위의 임직원보다 과다하게 많이 지급한 인건비는 불인정한다는 것입니다. 먼저 알아볼 것은 지배주주입니다. 지배주주는 한 사람을 말하지 않습니다. 지배주주는 특정한 한 사람과 그 특수관계자를 말합니다. 예를 들어, 아버지가 주식을 70% 가지고 있는 경우 그 아들도 지배주주입니다. 여기서 말하는 지배주주는 주식을 1% 이상 소유한 지배주주들 중에서 가장 지분율이 많은 지배주주를 말합니다. '애개, 겨우 1% 가지고 지배주주 여부를 따지는 거야?'라고 생각할 수도 있습니다. 사실 비상장회사는 주로 창업자가 주식을 대부분 소유하고 있지만, 상장회사의 경우에는 주식을 1%만 가지고 있어도 엄청나게 많이 가지고 있는 경우가 많습니다. 예를 들어 우리나라의 대표적인 기업 중 하나인 삼성전자의 경우 회장의 지분율은 3.8%, 그의 아들은 0.6% 밖에 안 됩니다. 만약 세법에서 주식의 과반수이상을 보유한 사람을 지배주주라고 정의했다면 우리가 아는 대부분의 대기업 오너 일가들은 지배주주의 범주에서 제외될 것입니다.

<u>정당한 사유 없이 과다하게 많이 지급한 인건비는 인정되지 않습니다.</u> 어떤 회사의 과장 직급 연봉이 3,000~4,000만 원 정도에서 결정된다고 가정해봅시다. 그런데 어느 날 그 회사의 대주주이면서 대표이사인 사장의 아들이 하늘에서 낙하산을 타고 내려와 입사했습니다. 입사하자마자 직급은 과장, 연봉은 1억 원. 세법은 이 경우 "회사의 비용은 수익을 발생시키기 위해서 직접적으로 소모된 자원으로 결정되어야 하는데, 이런 경우는 회사의 영업과 무관하게 지출된 금액이네요."라고 판단하고 비용을 인정하지 않습니다.

그럼 세법은 어떤 기준으로 과다하게 지급되었다고 판단할까요? 일단 동일 직급 임금의 평균과 지배주주의 급여 수준을 비교합니다. 그리고 타 직원의 임금 상승률과 지배주주의 임금 상승률을 비교합니다. 또는 일반 임원의 임금 상승률과 지배주주인 임원의 임금 상승률을 비교합니다. 그래서 지배주주가 급여를 많이 가져가거나 임금 상승률이 확연하게 높으면 과다하게 지급된 것으로 판단합니다.

물론 정당한 사유가 있으면 괜찮습니다. 사장님 아들이 하늘에서 낙하산을 타고 내려오자마자 다른 대기업으로부터 대형 프로젝트를 수주하고 프로젝트를 성공적으로 마무리합니다. 이에 대한 성과로 상여금을 지급한다면 정당한 사유가 될 수 있을 것입니다.

물론 이러한 내용을 회사가 절차에 따라 문서화하고 세무조사 시 그 근거 자료를 제시할 수 있어야 합니다.

　이렇듯 세법은 정당한 절차나 규정, 또는 정당한 사유가 없이 회사의 의사결정권이 있는 사람이 회사의 돈을 마음대로 급여로 빼가는 것을 막고 있습니다. 이것이 법인의 이익을 침해하고 법인세를 적게 내게 되는 이유가 되기도 하지만 궁극적으로는 퇴직금과도 연결이 됩니다. 높은 급여는 높은 퇴직금으로 연결되기 때문입니다. 세법에 이런 규정이 있는 것은 과거에 이러한 방법을 악용하는 사람들이 있었기 때문입니다.

　물론 아직도 악용하는 사례가 없는 것은 아닙니다만 열심히 일을 하고 정당한 대가를 받아갔음에도 불구하고 문서화에 소홀해서 부당하게 세금을 내는 일이 발생한다면 이 또한 억울하기 그지없을 것입니다. 단순한 요식행위에 불과하다고 생각할 수도 있습니다. 하지만 그러한 요식행위가 있느냐 없느냐에 따라 세금 몇 억 원이 왔다 갔다 할 수도 있습니다. 조금만 더 신경 쓴다면 나중에 억울하게 세금 내면서 가슴 아파할 일은 없을 것입니다.

5 사장인데, 나도 퇴직금을 받을 수 있나요?

　　　　　　이 질문에 대한 답은 개인사업자의 대표자냐 법인사업자의 대표자냐에 따라 달라집니다. 개인사업자의 대표자는 사업소득자이고, 법인사업자의 대표자는 법인으로부터 급여를 받는 근로소득자입니다. 근로소득으로 처리된다고 해서 '법인사업자의 대표자는 근로자다.'라는 말은 아닙니다. 법인사업자의 대표자는 근로기준법상의 근로자가 아닐 가능성이 더 높습니다. 대표자의 퇴직금은 개인사업자인가 법인사업자인가, 법인사업자의 대표자 중에서 근로자성을 인정받느냐 인정받지 못하느냐에 따라 달라지므로 하나씩 규정을 따져볼 필요가 있습니다.

　먼저 개인사업자의 대표자부터 확인해보겠습니다. 개인사업자의 대표자는 개인사업의 실체나 마찬가지입니다. 개인사업자의 법률행위는 전부 대표자인 개인에게 귀속됩니다. 따라서 개인사업자의 대표자는 개인사업체에 종사하는 근로자가 아닙니다. 사업자등록번호는 일종의 관리 번호일 뿐이며 개인사업체와 사업자는 한 몸이나 마찬가지입니다.

따라서 개인사업자는 사업용계좌에서 돈을 가져간다고 할 지라도, 이를 급여로 처리할 수 없습니다. 개인사업자는 개인의 자본을 통해서 수익과 비용을 발생시키고 수익에서 비용을 차감한 금액이 개인사업자의 소득이 됩니다. 개인사업자가 통장에서 돈을 가져간다는 것은 소득으로 인하여 개인사업자의 자본이 늘어난 부분을 인출하는 것입니다. 통장에 돈이 부족해서 돈을 입금하면 자본의 인입이 되는 것이고, 돈이 좀 필요해서 통장에서 돈을 빼면 자본의 인출이 되는 것입니다. 개인사업자가 폐업을 한다고 해서 퇴직금이 발생하지 않습니다. 개인사업자의 폐업은 향후 사업으로 인한 수입과 비용의 발생이 없다는 뜻이지 퇴직이 발생했다는 뜻이 아닙니다.

퇴직금과 비슷한 효과를 내는 방법은 있습니다. 중소기업중앙회에서 운영하는 '노란우산공제'라는 제도가 있습니다. 이 제도는 일정한 자격을 갖춘 소기업, 소상공인이 공제회에 가입하고 불입을 하면, 개인사업자가 폐업을 하거나 사망했을 때 공제금이 지급되는 제도입니다. 폐업이나 사망을 요건으로 공제금이 지급되기 때문에 일종의 퇴직금과 같은 제도라고 볼 수 있습니다. 하지만 이는 내가 불입한 돈을 나중에 받는 일종의 금융상품이기도 하고, 일반적인 퇴직금은 '월 급여×근속 연수'로 계산이 되지만, 노란우산공제는 사업자가 불입한 금액을 기본으로 지급액이 결정되기 때문에 계산 방식 자체도 다르다고 생각하시면 됩니다.

법인사업자의 대표는 법인 명의의 사업체에 근무하면서 급여를 받는 근로소득자입니다. 법인에서 받는 급여는 소득세 과세 시 근로소득세로 과세는 됩니다만, 실질적인 근로자인지 여부에 대한 사실판단이 개입되는 상황입니다. 소위 말하는 오너경영자냐 전문경영인이냐에 따라서 달라질 수 있습니다.

오너경영자의 경우에는 근로기준법상의 근로자가 아닙니다. 퇴직금은 근로자퇴직급여보장법에 의해서 지급되는 것인데, 오너경영자의 경우에는 근로기준법상의 근로자가 아니므로 퇴직금을 지급할 의무가 없습니다. 따라서 오너경영자가 퇴직금을 받고 싶다면 정관의 규정이나 주주총회의 결의에 의해 퇴직금 지급규정을 만들어야 합니다. 명칭이 임원이라 할지라도 근로기준법상 근로자에 해당하는 임원에게는 퇴직금을 지급해야 합니다. 지급하지 않으면 근로자퇴직급여보장법 위반이 됩니다.

세법에서는 임원의 퇴직금에 대해서 어떻게 처리할까요? 세법에서는 임원을 오너경영자와 전문경영인으로 구분하지는 않습니다. 그냥 임원이기만 하면 세법에서 규정하고 있는 임원 퇴직금 규정의 적용을 받아서 손금산입 여부나 퇴직소득세 여부가 결정됩니다.

먼저 세법에서는 회사가 임원에 대한 적법한 퇴직금 지급규정을 보유하고 있는지 여부를 판단합니다. 만약 퇴직금 지급규정이 있으면 세법은 퇴직금 지급규정에 정해진 금액을 한도로 지급한 금액만큼의 퇴직금을 손금으로 인정해줍니다. 만약 퇴직금 지급규정이 없다면? 세법은 '퇴직 직전 1년간의 총 급여×10%×근속 연수'의 금액까지만 손금으로 인정해줍니다. 계산 방식이 근로자와는 비슷한 것 같으면서도 다르죠? 위의 식으로 계산한 만큼만 손금으로 인정해주고, 만약 초과해서 지급한 금액이 있으면 법인의 손금으로 인정해주지 않습니다.

법인의 임원이 퇴직금을 받으면 개인적으로 퇴직소득세가 발생합니다. 예전에는 법인의 퇴직금 규정에 의해서 지급하는 금액은 전부 퇴직소득세로 과세했습니다. 퇴직금을 일반적인 퇴직금 계산 방식의 5배를 지급하든 10배를 지급하든 그 금액이 규정에 의해서

개인사업자
- 개인이 사업의 주체
- 근로자가 아니니 퇴직금도 없음

법인사업자   대표자
- 법인이 사업의 주체
- 규정이 있으면 퇴직금을 받을 수 있음

지급한 금액이라면 퇴직소득세로 과세를 했습니다.

하지만 이제는 법이 개정이 되었습니다. 퇴직금 지급규정대로 지급한 금액이라 할지라도 '퇴직 전 3년간 평균 급여×10%×근속연수×2배' 내의 금액만 퇴직소득세로 과세하고 초과 금액은 근로소득으로 과세하도록 개정이 되었습니다. 일반적으로 퇴직소득세보다 근로소득세가 세금이 더 많이 나옵니다. 따라서 임원 퇴직금 퇴직소득세 과세 한도가 신설됨으로써 퇴직으로 인한 세금이 증가하게 되었습니다.

여기서 많은 분들이 오해하는 부분이 있습니다. 퇴직소득세로 과세할 수 있는 한도가 '2배'로 정해졌다고 해서 법인이 정해진 한도까지만 퇴직금을 지급할 수 있고, 한도를 넘어서는 지급할 수 없다는 뜻이 아닙니다. 법인의 입장에서는 규정에 따라 5배 또는 10배를 지급할 수 있습니다. 그리고 규정에 따라 퇴직금을 지급했다면, 법인세에서는 이를 손금으로 인정해줍니다. 다만 퇴직금을 받는 개인의 입장에서 2배까지만 퇴직소득세를 적용하고, 2배를 넘어서는 부분은 근로소득세로 과세하겠다는 뜻입니다.

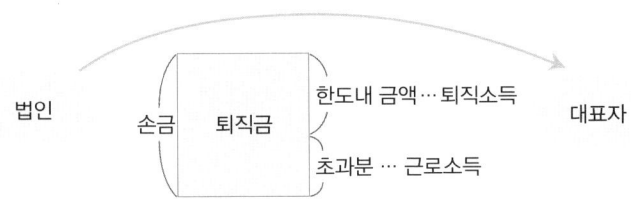

다시 정리를 하자면 다음과 같습니다.

- 개인사업자의 퇴직금은 없다.
- 개인사업자가 폐업했을 때 퇴직금처럼 지급되는 금융상품이 있기는 하다.
- 법인사업자의 대표는 임원에 대한 퇴직금 규정을 따르는데, 실질적인 임원(근로기준법상 근로자가 아닌 임원)이라면 퇴직금 지급규정이 꼭 필요하고 근로자에 해당하는 임원이라면 당연히 퇴직금을 받을 수 있다.
- 기본적으로 퇴직금 지급규정은 만들어야 하는데, 지급규정대로 지급하면 법인은 괜찮다.
- 소득세에 대해서는 일정 금액 초과액은 퇴직소득이 아니라 근로소득으로 과세된다.

따라서 개인사업자라면 금융상품에 가입할지 안 할지 상품 설명을 들어보고 판단하면 됩니다. 법인사업자의 대표라면 정관에 퇴직금 지급규정을 만들면 됩니다. 그럼 퇴직금은 문제없이 처리됩니다.

들어갈 때는 나갈 때를 생각해라

한때 인건비가 싼 해외로 나가야 한다고 일종의 붐이 일어난 적이 있었습니다. 한국은 인건비가 비싸고 여러 가지 규제도 많은데, 해외는 인건비가 저렴할 뿐만 아니라 해외투자자들을 여러 모로 대접해주니 공장을 해외에 지으면 이윤을 많이 창출할 수 있다는 말에 해외로 많이들 진출했습니다.

문제는 '투자하는 것'이 아니라 '투자금을 회수할 수 있느냐'입니다. 실제로 많은 사업주들이 울며 겨자 먹기로 공장을 빼앗기거나 헐값에 넘기고 귀국하였습니다.

아직은 먼 이야기일 수 있지만, 들어갈 때에는 항상 나갈 때를 생각해야 합니다. 얼마나 할 수 있을까? 재시작할 수 있을 자금을 회수할 수 있을 것인가? 반드시 고려하고 시작해야 할 요소입니다.

쉬어가는 페이지

망하지 않고 사업을 이어가는 법 I

어떻게 하면 사업을 잘할 수 있을까요?

 저의 업종은 어쩔 수 없이 공부를 할 수밖에 없는 업종입니다. 세법은 시대 상황을 반영해 매년 개정됩니다. 판례와 예규는 계속 만들어지고 있습니다. 또한 실무적으로 세무적인 이슈가 수시로 발생합니다. 변화하는 상황에 대해 끊임없이 촉각을 곤두세우고 공부하여야 합니다. 그리고 만약에 저의 거래처에서 비슷한 일이 발생했을 경우에는 어떻게 대응해야 할지 고민해봐야 합니다.

　여러 거래처 분들을 상대하다보니 잘되는 사업장과 안되는 사업장이 대략적으로 그려질 때가 있습니다. 바로 사장님의 평소 행동 습성을 보면 느껴집니다. 잘되는 사업장은 사장님이 끊임없이 사업을 키우기 위해서 공부하거나 개발 활동을 합니다. 굳이 공부를 하지 않아도 될 것 같은데 끊임없이 공부를 합니다. 반대로 어떤 분들은 상당히 무기력합니다. 제품의 특성상 제품을 새롭게 개선하고 자꾸 신제품을 개발해야 할 것 같은데, 어떻게든 기존 제품으로 팔아보려고 합니다. 그리고 이미 판매한 제품의 A/S 수수료로 먹고살려고 합니다.

제가 아는 거래처 사장님은 젊은 헬스트레이너입니다. 처음에 작은 헬스클럽 하나를 운영하다가 이제는 여러 개의 지점을 소유하고 있는 법인회사의 대표님입니다. 제가 그분과 만나서 이야기를 할 때마다 느끼는 점이 있습니다. 그 분은 항상 변화를 하고자 합니다.

처음에 조그마한 헬스클럽을 운영할 때에는 직장인들을 대상으로 하는 야간대학원을 다니면서 사람의 신체, 특히 근육과 운동치료 같은 것을 공부했습니다. 자신이 공부하는 내용을 저에게 잠깐 보여줬는데, 상당히 전문적인 내용이었습니다. 같이 공부하는 사람 중에는 의사가 있을 정도였습니다. 그것을 자신만 아는 것에서 그치는 것이 아니라 같이 근무하는 트레이너들에게도 교육을 하여 트레이너들이 PT를 할 때 그 지식을 사용할 수 있게 하였습니다. 그뿐만이 아니었습니다. 조금 돈이 모이자 그 돈으로 운동기구들을 조금씩 바꾸기 시작했습니다. 저도 나중에 알았는데, 같은 부위를 단련시키는 운동기구라 하더라도 미세한 각도 차이에 따라 운동 효과가 확연히 다르다는 것이었습니다. 소속 트레이너와 함께 해외의 유명한 헬스클럽을 다녀오는가 싶더니 아예 운동기구를 국외의 유명한 품질의 제품으로 싹 교체해버렸습니다.

지금은 헬스클럽의 이름을 브랜드화 해서 여러 개의 지점을 보유하고 있으며, 헬스클럽 브랜드에 대해 투자자에게 수십억을 투자받기도 했습니다. 투자를 받으면서 투자자가 지정한 회계사로 자료를 이관해가긴 했지만, 처음 시작할 때부터 조금씩 성장해가는 모습을 볼 때마다 감탄을 하지 않을 수 없었습니다.

도소매업종도 마찬가지입니다. 어떤 사장님은 끊임없이 신규 아이템을 찾아다닙니다. 워낙 아이템에 대한 공부를 많이 하시는 탓에 이제는 아이템을 보면 대략적으로 소비자가 원하는 상품인지 아닌지가 눈에 보인다고 합니다. 소비자가 원하는 상품은 기간의 차이가 있을지 몰라도 팔리긴 팔립니다. 이런 물건은 싸게 대량으로 매입을 해놓으면 꾸준히 매출을 일으킵니다. 하지만 소비자가 원하지 않는 물건은 시장에서 아무리 싸게 매입을 한다 하더라도 안 팔립니다. 악성 재고가 되는 것입니다. 끊임없이 신제품이 쏟아져 나오는 이 시대에 이 물건이 팔릴지 안 팔릴지에 대한 혜안을 가지는 것이 사업에서 성공을 하느냐 실패를 하느냐를 가르는 척도가 되는 것입니다.

거래처 중에 수백 가지 다품종의 물건을 온라인으로 판매하는 젊은 대표님이 계십니다. 정말 너무너무 바쁘고 정신없을 것 같은데 그 일을 해내시는 것이 정말 대단합니다. 한번은 그분의 자료를 보다가 회원제로 운영하는 유명한 '창고형 할인매장'에서 화장품을 품명으로 한 세금계산서 수십 장이 발행되어 있는 것을 보았습니다. 그래서 제가 물어봤습니다.

"아무리 창고형 할인매장이라 하더라도 그 화장품은 온라인 판매가가 더 쌀 텐데, 이걸 매장에서 사서 온라인 시장에 팔면 손해가 아닌가요?" 그때 그분의 대답은 이러했습니다.

"저는 아무리 바빠도 시장조사 차원에서 주기적으로 매장을 방문합니다. 그러다가 가끔 매장에서 특가행사로 물건을 온라인 판매 가격보다 싸게 판매하는 경우가 있습니다. 그럴 때 이런 제품을 매입을 하는데요. 문제는 이런 제품은 한 번에 대량 구입이 안 됩니다. 그래서 들어왔다 나갔다를 수십 번 반복해서 물건을 사들입니다."

식당도 마찬가지입니다. 한해의 매출이 2억 정도 되는 고깃집 거래처가 있었습니다. 이 가게는 여러 가지 메뉴를 다 없애버리고 무한 리필로 바꾸고 나서 매출이 6억으로 상승한 사례도 있습니다. 물론 지금은 주변에 무한 리필집이 너무 많이 생기는 바람에 매출이 주춤해지긴 했지만, 아직까지는 여전히 잘 팔리고 있고 그 사장님께서는 또 새로운 아이템을 개발 중이십니다.

요즘 같은 불경기에 현상유지만 해도 잘하는 것 아니냐고 생각하실 수 있습니다. 물론 워낙 자영업자가 많이 망해가는 추세여서 망하지만 않아도 성공하는 것이라고 말하는 이들도 많이 있습니다. 하지만 이러한 상황에서도 성장하는 업체는 있습니다. 그런 사업체를 운영하시는 사장님들을 뵐 때마다 다른 분들과는 다름을 느낍니다. 바로 변화를 두려워하지 않고 끊임없이 공부하고 개발하고 재투자한다는 것입니다.

전 저의 거래처들이 다 성장하고 성공했으면 좋겠습니다. 그리고 다 큰 기업체가 되어서 자체 회계팀을 꾸려서 자체 기장하고, 저희 사무실로부터 독립했으면 좋겠습니다. 거래처는 하나 없어질지라도 기분 좋을 것 같습니다. 몇몇 업체는 벌써 그렇게 독립을 했습니다. 하지만 아직도 무슨 일이 있을 때마다 연락하고, 좋은 관계를 유지합니다. 저는 성공한 비즈니스의 조력자가 되고 싶습니다. 모든 사장님들이 비즈니스를 통해서 자신이 원하는 바를 이루어 행복한 삶을 영위하시길 간절히 바랍니다.

Chapter 4

절세의 기본! 지출 컨트롤

❶ 애들 학원비는 경비처리 안 되나요?
❷ 물건을 사고 개인카드로 결재하면 어떻게 되나요?
❸ 증빙없이 회계장부에 넣은 비용을 세무서가 알까요?
❹ 배우자 명의의 차를 쓰는데, 비용처리 되나요?
❺ 업무용 차량의 운행일지를 써야 할까요?
❻ 리스하면 비용처리 된다던데, 리스가 좋아요? 렌트가 좋아요?

!
■ 손금의 입증책임은 납세자에게 있습니다. 귀찮은 서류 작업일 수 있습니다. 하지만 이러한 노력 하나하나가 절세로 가는 길입니다. 서류가 하나 있고 없고에 따라 세금의 액수가 크게 달라집니다. 절세는 꼼수가 아닙니다. 우직하고 끈기 있게 준비하는 사람이 절세의 길을 갈 수 있습니다.

> **1** 애들 학원비는 경비처리 안 되나요?

　　　　　모아주신 경비 영수증을 집계해서 입력하다 보면 참 다양한 영수증이 나옵니다. 백화점에서 구두 산 영수증, 마트에서 장 본 영수증, 리조트나 워터파크에서 사용한 영수증 등등 젊은 사장님의 경우 극장에서 영화를 본 영수증이 있기도 하고, 심지어는 모텔 영수증도 나옵니다.

　물론 이 비용이 전부 사업과 관련이 없다는 뜻은 아닙니다. 백화점에서 산 구두는 접대비일 수도 있고, 가게에서 쓸 소모품을 마트에서 샀을 수도 있습니다. 직원들과 워크숍을 갔을 수도 있고, 출장을 가서 모텔에서 숙박을 했을 수도 있습니다. 이러한 사항은 사실판단이 개입되는 것으로 상황에 맞게 비용처리 여부가 적용되어야 합니다.

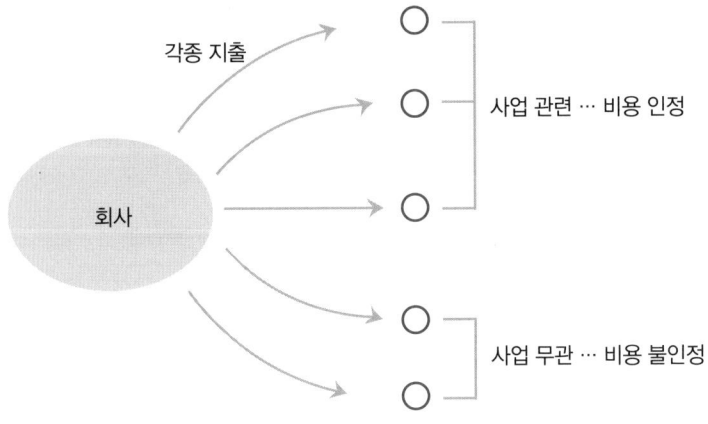

　사업과 관련된 경비란 수입을 얻기 위해서 지출된 경비를 말합니다. 예를 들면, 원재료나 상품의 매입비용, 인건비, 임차료, 복리후생비, 소모품비 같은 항목입니다. 위와 같은 항목들은 수입을 얻기 위해 발생한 비용들이므로 소득금액을 계산할 때 수입금액에서 차감해줍니다.

　사업주가 지출한 비용 중에서 사업과 관련이 없는 비용이 있을 수 있습니다. 이를 세법은 '가사관련경비'라고 하여 수입금액에서 차감해주는 필요경비로 인정해주지 않습니다. 이러한 경비를 사업주가 필요경비로 기장을 했다면 세무조사 시에 큰 낭패를 볼 수도 있습니다. 왜냐하면 인정받지 못하는 필요경비로 인하여 소득금액이 커지게 되고, 소득금액이 커진 만큼 늘어난 세금에 대해서 추가적으로 납부를 하게 되기 때문입니다. 그 뿐만 아니라, 추가적으로 납부한 세금에 대하여 신고불성실가산세 및 납부불성실가산세를 더 부담해야 합니다.

==세무서는 가사관련경비를 어떻게 찾아낼까요? 경비 지출 항목을 잘 보면 알 수 있습니다.==

==첫째, 경비를 사용한 일자를 확인합니다.== 토요일이나 일요일 같은 휴일에 집행된 내역이 있으면 이는 가사관련경비일 가능성이 높다고 판단합니다. 특히나 휴일에 집 근처나 사업장과 멀리 떨어진 곳에서 지출된 항목인 경우에는 가사관련경비일 가능성이 더 높다고 판단합니다.

==둘째, 지출처를 확인합니다.== 업종과 관련이 없는 지출처이면서 생활에 밀접한 지출처인 경우에는 가사관련경비일 가능성이 높다고 판단합니다. 예를 들면, 백화점, 병원, 약국, 학원, 인터넷 쇼핑몰 등에서 지출한 경비의 경우, 가사관련경비로 처리될 가능성이 높습니다.

==셋째, 계정과목별로 확인합니다.== 특히 복리후생비나 접대비 등을 확인해보면 가사관련경비로 판단되는 항목들이 눈에 띄게 됩니다. 직원도 없는데 식비가 많이 발생했다든지, 음식점을 하고 있는데 가전매장에서 컴퓨터를 구매했다면 가사관련경비일 가능성이 높다고 판단합니다.

이제 질문에 대한 답을 하겠습니다. 애들 학원비는 '가사관련경비'입니다. 따라서 안타깝지만 이러한 항목을 경비처리할 수는 없습니다. 혹시나 경비처리를 했다 하더라도 나중에 세무서에서 경비에 대한 상세내역을 검토하는 단계에서 들통이 나서 세금을 추가적으로 부담할 수 있습니다. 그러니 애들 학원비에 대해서는 마음을 비우시는 편이 나을 수 있습니다.

실제로 사업과 관련해서 경비를 지출했는데, 이를 가사관련경비로 오해하지 않도록 하기 위해서는 어떻게 해야 할까요?

예를 들어서 직원들과 단합을 위해 리조트로 워크숍을 갔다고 가정해봅시다. 이런 경우에는 직원들과 단체 사진을 찍어두고, 숙소에 묵었던 인원의 리스트를 정리해두는 노력이 필요합니다. 가끔 리조트에 가보면 회사에서 단체로 와서 현수막을 배경으로 단체 사진을 찍는 모습을 볼 수 있습니다. 이것은 다 나중에 개인적인 지출이 아니라 업무와 관련해서 지출한 금액임을 입증하는 자료를 남기기 위한 행동입니다.

관리가 잘되는 회사는 내부적으로 다양한 서류를 만들어둡니다. 지출결의서, 품의서, 출장계획서, 출장여비정산서 등의 서류는 서무 직원이 할 일이 없어서 만드는 것이 아닙니다. 이러한 서류 하나하나가 나중에 회사가 업무를 위해서 돈을 쓰고 있다는 증거 역할을 하게 됩니다. 예를 들어 출장여비정산서 같은 서류 없이 지방에서 지출한 숙소 영수증과 식대 영수증만 있다면 업무와 관련해서 비용을 지출한 것인지 사장님이 개인적으로 놀러가서 지출한 것인지 구분할 방법이 없습니다. 출장을 다녀오면 출장여비정산서를 만들어두시는 것이 좋습니다. 그래서 지방의 어떤 거래처에 언제부터 언제까지 무슨 용무로 누가 다녀왔는지 내부적으로 서류를 만들어두는 것이 좋습니다.

이 책에서 계속 강조하는 사항이지만, 손금의 입증책임은 납세자에게 있습니다. 귀찮은 서류 작업일 수 있습니다. 하지만 이러한 노력 하나하나가 절세로 가는 길입니다. 서류가 하나 있고 없고에 따라 세금의 액수가 크게 달라집니다. 절세는 꼼수가 아닙니다. 우직하고 끈기 있게 준비하는 사람이 절세의 길을 갈 수 있습니다.

> **2** 물건을 사고 개인카드로 결재하면 어떻게 되나요?

　　　　　　　이 질문에 대한 답으로 제가 자주 써먹는 예시가 있습니다. 법인의 영업사원이 지방에 출장을 갔습니다. 지방에 출장을 가면 밥도 사먹어야 하고, 숙박시설에서 잠도 자야 합니다. 문제는 이 직원이 법인카드를 안 가지고 갔다는 것입니다. 깜박 잊었을 수도 있고, 법인카드는 대표이사만 가지고 있는 경우도 있으니까요. 이런 경우 업무 출장을 온 영업사원이 자신의 개인카드로 결제를 한 출장 비용을 법인의 비용으로 처리할 수 있을까요? 네, 그렇습니다. 법인의 사업과 관련해서 개인이 지출한 비용도 법인의 비용으로 처리가 가능합니다. 의외로 많은 분들이 질문을 하는 내용인데 위의 예시를 말씀드리면 답을 금방 이해하십니다.

　또 다른 예도 있습니다. 법인사업자가 되기 위해서는 법인을 설립해야 합니다. 그런데 법인을 설립하는 과정에서 여러 가지 비용이 듭니다. 먼저 법인의 본점 소재지를 결정하기 위해서 임대차계약을 체결합니다. 임대차계약을 체결할 때 부동산중개업자에게 주는 중개수수료가 발생할 수 있습니다. 그리고 법인 등기를 하기 위해서 법무사 수수료가 발생합니다. 이런 각종 비용은 법인이 설립하기 전에 발생한 비용이고, 아직 법인이 없기 때문에 개인이 대납을 할 수밖에 없습니다. 이런 비용들을 법인이 지출한 것이 아니고 개인이 지출했기 때문에 법인의 비용으로 처리할 수 없다고 한다면 이 또한 불합리한 것입니다. 따라서 법인이 설립되기 전에 발생한 비용들도 당연히 법인의 비용으로 처리가 가능합니다.

다시 돌아와서 그러면 실무적으로 어떻게 법인의 비용으로 처리를 하게 될까요? 개인이 법인을 위해서 개인카드를 사용하고, 법인에게 카드 영수증을 제시하면서 비용의 결제를 청구합니다. 법인은 증빙을 수취하여 법인의 비용으로 계상하고 개인에게 정산해주면 되는 겁니다. 이때는 지출결의서 등의 서류를 구비해서 정산해주는 편이 좋습니다. 이렇게 품의를 거쳐서 지출 품목과 정산 사유 등을 기재하면 나중에 세무조사 등 과세당국의 조사에서 법인의 비

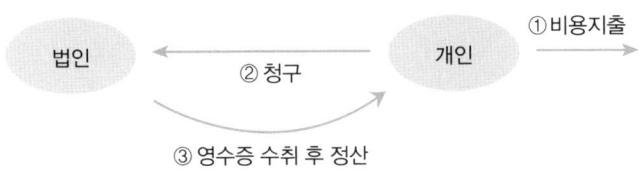

용지출 입증이 쉬워집니다.

이렇게 개인카드를 사용한 경우 연말정산에서 주의해야 할 사항이 있습니다. 직원은 근로소득 연말정산 시에 신용카드사용액공제를 받습니다. 이때 법인의 비용으로 사용된 신용카드사용액은 해당 직원의 공제 대상 신용카드 사용액에서 제외시켜야 합니다. 왜냐하면 그것은 개인의 사용액이 아니라 법인의 비용으로 사용된 사용액이기 때문입니다. 따라서 법인의 비용으로 사용된 개인카드 사용액을 잘 기록해두었다가 연말정산을 할 때 신용카드 사용액에서 차감하여 공제액을 결정할 필요가 있습니다.

개인사업자로 넘어가겠습니다. 개인사업자의 경우 사업자용으로 만들어진 신용카드가 있습니다. 많은 개인사업자들께서 개인사업자의 필요경비는 사업자용 신용카드를 사용해야만 필요경비로 인정을 받을 수 있다고 생각하십니다. 그건 아닙니다. 카드 사용액은 사업과 관련성이 있는 지출이냐 아니냐에 따라서 필요경비 산입여부가 결정되지, 사업용 신용카드를 사용했느냐 아니냐로 결정되는 사항이 아닙니다. 사업용 신용카드를 사용했더라도 가사와 관련해서 사용했다면 경비로 인정받지 못하고, 사업과 관련해서 사용해야만 경비로 인정받을 수 있습니다.

저도 개인사업자입니다. 그래서 저도 사업자용 신용카드가 있습니다. 그리고 사업용 신용카드가 아닌 일반 신용카드도 있습니다. 사무실 근처에 대형마트가 있는데, 사무실에서 사용할 믹스커피나

종이컵 같은 소모품을 살 때 그 대형마트에 가서 사기도 합니다. 그런데 그 대형마트에서는 사업용 신용카드로 구매했을 때보다 일반 신용카드를 사용했을 때 포인트 적립을 더 많이 해줍니다. 그래서 사무실에서 사용할 물품을 살 때 사업용 신용카드를 사용하지 않고 마트용 개인 신용카드를 사용합니다. 그래도 사업소득세를 계산할 때 필요경비로 인정받을 수 있습니다. 결국 어떤 카드를 사용했느냐는 중요하지 않습니다. 사업과 관련해서 사용했느냐 여부가 중요합니다.

여기서도 한 가지 주의할 점이 있습니다. 사업용 신용카드가 아니라 일반 신용카드를 사용했다 하더라도 결제계좌는 사업용계좌로 해야 한다는 것입니다. 복식부기의무자는 사업용계좌를 사용할 의무가 있습니다. 사업용계좌를 사용하지 않으면 사업용계좌를 사용하지 않은 금액의 0.2%에 해당하는 가산세 부과 대상이 됩니다. 복식부기의무자가 아니라면 상관이 없겠지만, 마음 놓고 있다가 나도 모르는 사이 복식부기의무자가 되어 있을 수도 있습니다. 이런 경우에 생각도 못하고 있다가 가산세 대상이 될 수 있습니다. 세율은 0.2%밖에 안 되지만, 미사용금액의 0.2%이므로 금액이 엄청나게 클 수 있습니다. 미리 한 번만 결제계좌를 사업용계좌로 챙겨놓으시면 됩니다.

사업용 신용카드를 사용하든 일반 신용카드를 사용하든 그것은 중요하지 않습니다. 사업용 신용카드도 그냥 일반 신용카드와 다르지 않다고 생각하시면 됩니다. 다만 사업용계좌가 아니라 개인계좌를 통하여 결제를 하게 되면 가산세 부과 대상이 될 수 있으므로, 사업과 관련된 신용카드의 결제 계좌는 반드시 사업용계좌를 사용해야 한다는 점을 주의하시기 바랍니다.

3 증빙 없이 회계장부에 넣은 비용을 세무서가 알까요?

　　　　　　　예전에는 세금 낼 때가 되면 으레 세무대리인이 사장님들에게 이렇게 말을 했습니다. "사장님. 이번에 세금 얼마에 맞춰드릴까요? 얼마 정도 내실 수 있으세요?" 그리고 꼭 이런 말이 따라 붙습니다. "원래대로 하면 세금 ○○○원 정도 나오는데, 제가 △△△원에 맞춰드릴 테니까 줄어든 세금의 □□%는 저에게 주셔야 합니다."

　예전에는 이런 행동이 관행적으로 이루어졌고, 세무대리인은 세금을 계산해주는 사람이 아니라 줄여주는 사람으로 통했습니다. 그리고 결산을 해서 법인세나 소득세를 계산하고 나면 신고서 책자가 나오는데, 공교롭게도 이 책자 이름도 '세무조정계산서'입니다. 원래 세무조정이라는 말은 회계기준에 의해서 만들어진 숫자를 세법의 기준에 맞게 조정한다는 의미입니다. 회계에서 인식하는 기준과 세법에서 인식하는 기준이 다르다 보니 세무조정이라는 과정을 거쳐서 회계장부를 세법의 기준에 맞게 수정하는 것입니다. 그런데 결산서 책자의 제목이 '세무조정계산서'이다 보니 많은 분들이 세금을 얼마로 조정해줬다고 생각합니다.

세금을 줄이려면 어떻게 해야 할까요? 매출이 줄어들거나 비용이 커지면 됩니다. 매출은 이미 부가가치세 신고를 하면서 거의 확정이 되기 때문에 매출을 임의로 줄일 수는 없습니다. 그럼 답은 하나입니다. 비용이 커지면 됩니다. 세금을 얼마에 맞춰준다는 말은 장부에다 가공경비를 넣는다는 말입니다. 가공경비는 증빙 없이 장부상에만 비용으로 계상된 경비입니다. 실제 경비가 발생하지도 않았는데 그냥 경비를 입력하는 것입니다. 이렇게 하면 세금 부담이 줄어들게 됩니다.

만약 회계장부에 임의로 가공경비를 넣게 되면 어떻게 될까요? 만약 세무조사에서 가공경비가 발각되었다면, 가공경비를 넣기 전이라면 나왔을 세금을 계산해서 당초에 신고한 세금과의 차액을 부과합니다. 그리고 가산세가 부과되는데, 부당과소신고가산세로 차액의 40%가 부과됩니다. 그리고 원래 냈어야 할 세금을 늦게 내는 것이기 때문에 '미납 금액×미납 일수×(2.5/10000)'만큼의 납부불성실가산세까지 부과됩니다. 그래서 걸리게 되면 혹 떼려다 혹 붙이는 경우가 발생할 수 있습니다.

그럼 이제 진짜 궁금한 점은 이겁니다. '걸릴까?'입니다. '가공경비를 넣긴 넣었는데…, 과연 이걸 세무서가 알까? 모르고 지나가진 않을까?'

잘 아시다시피 우리나라는 IT 강국입니다. 실무를 하는 저도 가끔 크게 감탄(?)하는 것이 국세청 시스템입니다. 국세청 시스템은 슈퍼컴퓨터와 각종 최첨단 IT장비로 무장한 전산 시스템입니다. 예전에는 공무원들이 수작업으로 하던 많은 일이 전산화 되어 있습니다. 세무공무원들의 말로는 일단 신고서가 들어오면 신고서에 대해서 약 80여개 항목을 전산으로 분석한다고 합니다. 제가 직접 본 것이 아니라 숫자가 맞는지는 모르겠습니다. 하지만 분명한 것은 요즘은 빅 데이터 분석 기술이 엄청나게 발달되어 업종별, 지역별, 규모별로 각 사업자에 대해서 부가율, 소득률, 경비율 등의 비교 분석이 이루어지고 있으며, 특히나 회사의 지출내역 중 가공경비가 어느 정도인지 분석하는 수준까지 이르렀다는 것입니다.

그런데 막상 생각해보면 가공경비를 추정하는 것이 그렇게 어려운 일도 아닙니다. 비용의 대부분을 차지하는 것이 인건비, 세금계산서, 계산서, 카드매출전표, 현금영수증입니다. 인건비는 월별 또는 반기별 원천징수이행상황신고서를 통해서 총액을 신고합니다. 세금계산서, 계산서, 카드매출전표, 현금영수증은 부가가치세 신고할 때 입력이 됩니다. 즉 웬만한 적격증빙은 법인세나 소득세를 신고하기 전에 이미 다 세무서에 자료로 들어가 있습니다. 그 외의 자료는 4대보험료, 감가상각비, 보험료, 이자 비용, 그리고 간이영수증 정도입니다. 4대보험료는 인건비 지출액으로 추정할 수 있고, 감가상각비는 재무상태표의 고정자산의 취득원가로 추정할 수 있고, 보험료와 이자 비용은 각각 보험료 계정과 이자 비용 계정에 있으며, 보험료는 보통 기간귀속을 확정하는 세무조정을 하기 때문에 신고서에 첨부되어 있는 선급비용명세서를 보면 금액을 알 수 있습니다. 게다가 이자 비용은 회사의 재무상태표상 차입금 금액으로 추정이 가능합니다. 그럼 남은 금액은 간이영수증 정도입니다.

예를 들어 매출이 10억이고 세금계산서, 계산서 등 부가가치세로 신고한 매입금액이 5억, 인건비로 신고한 금액이 2억, 기타 추정되는 비용이 1억 정도면, 소득금액은 대략 2억 원 정도가 나와야 합니다. 그런데 신고된 소득금액이 1억 원이라면, 세무서는 '뭐야? 간이영수증이 1억이야? 이거 나가서 한번 봐야겠는데?'라고 생각할 수 있습니다.

얼마 전 뉴스에 보도된 사건이 생각납니다. 약 4000명의 프리랜서 사업자의 소득세 신고를 해준 R 세무사가 구속된 사건이었습니다. R 세무사는 이렇게 많은 프리랜서 사업자의 소득세를 신고해주면서 장부에 다 가공경비를 넣었던 것이었습니다. 세무사에게 믿고 맡겼는데, 내가 무슨 잘못이냐고 국세청 앞에 프리랜서 사업자 수백 명이 모여서 시위를 벌이기도 했습니다. 국세청의 입장은 이

랬습니다. "그럼 제대로 신고서를 작성해서 다시 신고해라. 그럼 그건 인정해주겠다." 약 4000명의 프리랜서들은 적게는 수천만 원에서 많게는 수억 원의 세금을 부과 받았습니다.

실제로 종합소득세 신고 기간이 되면 사업을 좀 오래한 분들은 대놓고 이렇게 물어봅니다. "경비 얼마까지 넣어줄 수 있어요? 다른 데는 얼마까지 넣어준다는데?" 죄송하지만 그렇게는 못해드린다고 말씀드리면 다른 곳으로 옮기는 분도 있습니다.

분명히 말씀드리지만 가공경비의 입력은 같이 망하는 길입니다. 사장님들은 사장님대로 세금 및 가산세를 부담해야 하고, 세무대리인은 탈세 조력자로서 징계를 받게 됩니다. 가공경비를 얼마나 많이 넣어주느냐가 세무대리인의 능력처럼 보이던 시대가 있었습니다. 하지만 이제 시대가 바뀌었습니다. 가공경비를 넣으면 전산으로 거의 걸러집니다. 만약 어떤 세무대리인이 "사장님, 얼마에 맞춰드릴까요?"라고 한다면 사기꾼이거나 현실을 아직 모르는 것입니다. 세상은 점점 투명해지고 있습니다.

> **4** 배우자 명의의 차를 쓰는데, 비용처리 되나요?

　　　　　실무적으로 많이 하시는 질문인데, 사실판단이 개입하는 상황이라 상당히 난해한 문제입니다. 나의 명의가 아니라 다른 사람 명의의 차량을 이용하고 나서 발생한 비용을 처리할 수 있느냐의 문제입니다. 다른 사람 명의의 차량을 이용하는 것은 렌터카도 마찬가지 아니냐고 생각할 수도 있지만, 렌터카는 처음부터 대여를 목적으로 한 차량입니다. 그래서 지인의 차량을 이용하는 상황과는 다릅니다.

　예를 들면 이런 경우입니다. 내 차가 있고 배우자 차량이 있습니다. 내 차는 오래됐거나 사고가 났거나 아니면 차를 두 대나 보유하기가 부담스럽거나 등의 이유로 없애버렸습니다. 개인사업자인 나는 차가 필요하고 배우자는 차가 그다지 많이 필요하지 않습니다. 배우자의 차를 내 명의로 바꾸자니 차량취득세 7%가 부담스럽습니다. 일단 배우자 차를 업무용으로 사용하고는 있는데, 워낙 운행 거리가 길다보니 유류비, 수리비 등도 많이 들어갑니다. 자동차세, 보험료 등도 내가 부담하고 있습니다. 이럴 때 배우자 차량을 이용함으로서 발생하는 비용을 내 사업용 필요경비로 인정받을 수 있을까요?

<u>결론부터 말씀드리면 필요경비로 인정받을 수는 있습니다. 그런데 문제는 세무서에서 이상하게 생각할 수 있다는 것입니다.</u> 세무서에서 보면 이 사장님은 자기 명의의 차도 없는데, 손익계산서에 차량 유지비가 들어가 있습니다. '이거 가공경비 아냐?'라고 생각할 수 있습니다. 그래서 세무서 담당 조사관이 관련 근거 및 자료를 대라고 할 여지가 있습니다.

따라서 지금부터는 대놓고 세법 조문과 유권해석을 소개하도록 하겠습니다. 세무서 담당 조사관이 모를 수도 있습니다. 문제가 발생하면 관련 근거로 소명하시기 바랍니다. 그리고 아래의 조문과 유권해석을 보시고 다른 유사 경우에도 응용하실 수도 있을 것입니다.

먼저 국세기본법 제14조 실질과세의 원칙입니다. ①항은 '과세의 대상이 되는 소득·수익·재산·행위 또는 거래의 귀속이 명의일 뿐이고 사실상 귀속되는 자가 따로 있는 때에는 사실상 귀속되는 자를 납세의무자로 하여 세법을 적용한다.'라고 규정하고 있으며

②항에는 '세법 중 과세표준의 계산에 관한 규정은 소득·수익·재산·행위 또는 거래의 명칭이나 형식에 불구하고 그 실질 내용에 따라 적용한다.'라고 규정하고 있습니다. 즉 명의가 배우자라 하더라도 실질 사용자가 사업자라면 그 실질 내용에 따라 사업자가 사용자라고 보아야 한다는 뜻입니다.

국세기본법기본통칙에도 이런 내용이 있습니다. 국세기본법기본통칙 2-1-4… 14【공부상 명의자와 실질소유자가 다른 경우】에 보면 '공부상 등기·등록 등이 타인의 명의로 되어 있더라도 사실상 당해 사업자가 취득하여 사업에 공하였음이 확인되는 경우에는 이를 사실상 사업용 자산으로 본다.'라고 규정하고 있습니다. 위와 같은 내용이죠.

하지만 위의 내용만으로는 뭔가 부족합니다. 뭔가 확실한 해석이 없을까 생각하게 됩니다. 필요경비를 인정받느냐 못 받느냐의 문제입니다. 위의 조문은 뭔가 너무 두루뭉술해서 경비를 인정받아도 되는지 약간 불안합니다. 하지만 유사한 유권해석이 있습니다.

'소득 46011-2861, 98.10.2'입니다. 내용은 좀 더 있습니다만, 요약하면 다음과 같습니다. '차량등록부상 법인의 명의로 되어 있더라도 사실상 당해 사업자가 취득하여 사업에 공하였음이 확인되는 경우에는 이를 당해 사업자의 사업용 자산으로 보고 감가상각비와 유지비를 필요경비에 산입하는 것이나, 귀 질의가 이에 해당하는지는 관련 증빙 등에 의하여 사실판단할 사항임.'입니다.

이 예규의 사례는 단지 명의만 법인으로 한 차량에 대하여 차량 구입에 따른 공과금과 차량할부금 등 차량 구입 대금 및 사용에 따른 제반 경비를 실질적으로 사업자가 부담하였고, 당해 차량은 사업자가 운영하는 회사의 사업용으로 실질적으로 사용되었던 경우였습니다. 이러한 경우라면 실질과세원칙에 따라서 해당 차량에 대한 감가상각비 및 그 유지비를 필요경비로 계상할 수 있다는 예규입니다.

이제 어느 정도 답변이 됐을 것이라 생각합니다. 물론 여전히 사실판단이 필요한 사항입니다. 차량의 사용에 따른 제반 경비를 사실상 사업자가 부담하였는지 차량을 사실상 사업자가 사용했는지 여부에 대해서 납득할 만한 근거가 있어야 할 것입니다. 이러한 경우 증빙의 종류에 따라 인정 여부가 갈리는 것은 아닙니다. 사실판단 사항은 일반적인 상식에 비추어 납득할 만한 근거가 마련되었다면 인정될 수 있는 사항입니다. 예를 들면 차량과 관련한 비용을 지출하는 데 있어서 사업자가 대신 지급했음을 나타내는 통장거래내역이나 신용카드전표 등을 구비해야 하고, 사업용으로 사용했음을 나타내는 차량 운행일지 등을 통해서 입증할 수 있습니다.

이번 장은 차량의 명의에 따른 필요경비 산입 여부를 설명을 드렸지만, 어찌 보면 실질과세의 원칙을 설명하기 위한 장이기도 합니다. 실질과세의 원칙은 세법의 전반에 걸쳐서 광범위하게 적용되는 원칙입니다. 증빙 편에서 설명한 증빙불비가산세도 실질과세

원칙의 한 예입니다. 증빙을 받지 못했다 하더라도 실질적으로 비용으로 지출한 것이 맞다고 입증할 수 있다면 비용으로 인정해주겠다는 뜻입니다. 다만 증빙을 받지 못한 책임으로 2%의 가산세를 부과하겠다는 거죠. 결국 세법은 실질에 따라 과세합니다. 이런 원칙이 이 책을 읽는 분들에게 독이 되지 않고 도움이 되길 바랍니다.

> **5** 업무용 차량의 운행일지를 써야 할까요?

    2016년 결산부터 적용하게 되었고, 실제로 업계 최대의 이슈 중 하나가 업무용 차량 운행일지 작성입니다. 사실상 운행일지를 작성한다고 매출이 증가하거나 원가가 절감되는 효과는 없는데, 매일매일 운행 거리와 운행 목적을 가계부 적듯이 적어야 하기 때문에 관계자들의 원성이 자자한 이슈입니다. 운전자는 운전자대로 정신없이 지나가게 되고 사무실 경리직원은 월급을 더 주는 것도 아닌데, 일일이 운행일지가 작성되었는지 안 되었는지 확인해야 하므로 새롭게 추가된 업무량이 상당한 것으로 파악되고 있습니다. 그런데 어쩌겠습니까? 안 하면 세금 폭탄을 맞을 수 있으니 해야죠.
  일단 세법의 취지는 이렇습니다. 일부 회사들이 고가의 차량을

구입해서 대표이사의 배우자나 자식들이 타고 다니며 차량과 관련된 비용을 회사 경비로 처리하는 것을 방지하기 위하여 업무용 차량 유지비 손금불산입(비용으로 인정하지 않음) 규정을 신설한 것이었습니다. 사실 기존의 세법규정으로도 업무와 무관한 경비에 대하여 손금불산입을 못하는 것은 아니었습니다. 하지만 이번 규정은 고가의 차량에 대해서 운행일지를 의무적으로 작성하게 함으로서 회사 차량의 사적인 사용을 사전에 방지하고 손금불산입을 하는 근거를 마련하기 위하여 작성된 것입니다.

<u>근데 운행일지를 써야 하는 차량이 있고 운행일지를 안 써도 되는 차량이 있습니다.</u> 우선 이 세법의 대상이 되는 차량부터 알아보겠습니다.

대상 차량은 차량 중에서 매입세액공제가 안 되는 차량입니다. 즉 자동차관리법 3조에 따라서 승용자동차로 분류되는 차량으로, 개별소비세법시행령 별표에 따라서 개별소비세가 부과되는 차량이 대상차량입니다. 반대로 말하면 경차나 화물차, 9인승 이상 승합차는 운행일지를 안 써도 됩니다.

그리고 일반적인 세단 승용차인데도 차량관련비용이 1년에 1,500만 원이 안 되는 차량은 운행일지 안 써도 100% 비용으로 인정받을 수 있습니다. 차량 구입비가 1,500만 원이란 소리가 아닙니다. 1년간 차량과 관련해서 지출하는 비용을 말하는 것입니다. 1년간 차량 관련 비용이 1,500만 원이 안 넘는 차량까지 운행일지를 쓰게 하는 것은 회사에 너무 부담이 될 수 있으므로 1,500만 원이 안 넘는 차량은 그냥 다 인정해주겠다는 뜻입니다. 차량 관련 비용에는 차량 취득과 관련된 감가상각비, 렌트료, 리스료 등의 비용이 있을 수 있고, 유지와 관련된 유류대, 보험료, 자동차세, 수선비 등이 있습니다. 이런 비용들의 차량별(전체 차량의 합계가 아니라) 합계 금액이 1,500만 원이 안 넘으면 괜찮습니다. 대략적으로 차량구입비가 약 5,000만 원 이내의 차량으로서 1년 유지관리비가 500만 원이 안 넘으면 괜찮다고 보시면 됩니다.

그럼 이제 운행일지를 안 써도 되는 차량의 윤곽이 나옵니다. 경차, 화물차, 9인승 이상 승합차 안 써도 됩니다. 그리고 국산차 기준으로 소나타 정도의 차량까지는 운행일지를 안 써도 됩니다. 그 외의 고가 차량은 운행일지를 써야 합니다.

운행일지를 쓰는 주된 목적은 차량의 총 운행 거리에서 업무용 거리와 비업무용 거리(사적 사용)를 구분하기 위해서입니다. 그래서 차량별 관련 비용 중에서 업무사용비율만큼만 비용으로 인정해주

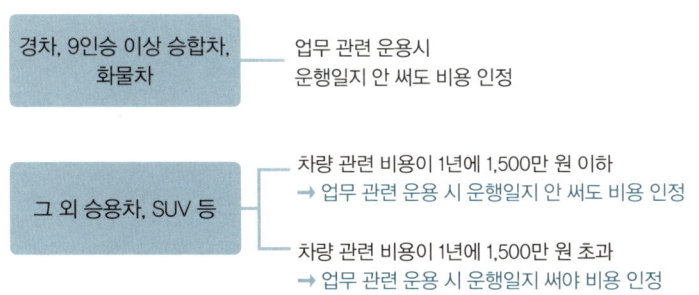

고, 나머지는 손금불산입을 하게 됩니다. 예를 들어 사장님이 외제차를 한 대 뽑아서 타고 다닙니다. 1년간 차량 관련 비용이 3,000만 원 발생했는데, 운행일지 상의 업무 사용 비율이 70%로 계산되었습니다. 그럼 차량관련비용 3,000만 원 중에서 비업무용 비율에 해당하는 900만 원은 비용으로 인정받지 못하게 됩니다.

그럼, 운행일지를 안 쓰면 어떻게 될까요? 그래도 1,500만 원까지는 비용을 인정을 해줍니다. 그러나 1,500만 원을 초과하는 금액은 인정이 안 됩니다. 위의 경우처럼 1년 동안 지출된 차량 관련 비용이 3,000만 원인데 운행일지를 작성하지 않았다면 1,500만 원은 비용으로 인정받지 못하게 됩니다.

"아유, 바빠 죽겠는데, 난 그거 못해! 그냥 세금 조금 더 내지 뭐!" 하실 분이 있을지도 모르겠습니다. 이 문제는 단지 법인세를 조금 더 내는 문제로 끝나지 않습니다. 비업무용으로 사용했다는 것은 개인이 그만큼 회사 소유의 차량을 이용해서 혜택을 봤다는 뜻입니다. 그래서 해당 운전자에게 상여 즉, 근로소득으로 처분하

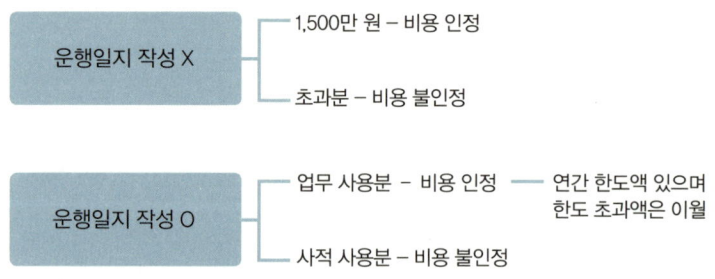

게 됩니다. 회사는 회사대로 법인의 사업과 무관하게 사용한 비용이므로 손금불산입되어 법인세를 내게 되고, 개인은 사적인 용도로 사용함에 따라 추가적인 소득세를 내게 됩니다. 하나의 처분으로 법인세와 소득세, 양쪽으로 세금을 내게 되는 것입니다.

운행일지를 가짜로 쓰면 세무서가 알까요? 즉 그냥 업무 사용 비율 100%로 쓰면 문제가 될까요? 이건 저도 모릅니다. 답을 몰라서 대답을 못하는 사항이 아니라 답이 없어서 대답을 못하는 사항입니다. 이 부분은 누구 하나 섣불리 대답할 수 없습니다. 이것을 어떤 방식으로 조사할지 아직 밝혀진 바가 없기 때문입니다. 제 생각에는 업무의 특성상 출장이 별로 없는 분들은 출퇴근 외에는 인정받지 못하므로 문제가 발생할 수 있을 것 같습니다. 예를 들면 의사 선생님들은 좀 불리할 수도 있겠죠.

추가적으로 한 가지 더 유의해야 할 사항이 있습니다. 이것은 법인사업자의 차량만 해당되는 사항입니다. **법인사업자의 차량은 임직원 전용 자동차보험에 가입되어야만 합니다. 임직원 전용 자동차보험은 회사의 임직원이 운행을 했을 때만 보장을 해주고, 다른 사람이 운행하면 보장을 해주지 않는 차량입니다.** 쉽게 말해서, 회사에서 근무하지도 않는 사장님의 아들이 회사 차를 가지고 나가서 사고를 내면 이 차는 무보험차량이 되어버립니다. **모든 법인의 차량은 임직원 전용 자동차보험에 가입되어야만 차량 관련 비용이 손금으로 인정받을 수 있습니다.**

사실 내용은 좀 더 복잡합니다. '업무 사용 비율에 해당하는 비용 중에서 감가상각비 또는 감가상각비 상당액의 한도액인 800만 원을 초과하는 비용은 어쩌고저쩌고… 이월 금액은 향후 10년간 어쩌고저쩌고….' 등의 복잡한 내용이 더 많이 있습니다. 하지만 지금 여기서는 이정도만 알고 있으면 됩니다.

요약하면 내 차가 고가의 승용차이면서 차량 관련 비용을 사업 경비로 처리하고자 한다면 운행일지를 써야 합니다. 운행일지에서 비업무용으로 사용된 비율만큼의 비용은 무조건 인정받지 못합니다. 향후 이 규정은 더 강화될 수 있습니다. 비용을 인정해주는 한도액을 더욱 줄인다는 말이 나오고 있습니다. 따라서 업무용 차량은 가능한 업무와 관련해서만 사용하여 슬기롭게 대처하여야 할 것입니다.

6 리스하면 비용처리 된다던데, 리스가 좋아요? 렌트가 좋아요?

차를 새로 구입하려고 하는 사업주분들 중 차를 꼭 리스로 구입해야 한다고 생각하시는 경우가 많습니다. 리스하면 비용처리가 된다는 말을 리스 광고에서 너무 많이 했기 때문이라고 생각됩니다. 하지만 그 말에는 두 가지 맹점이 있습니다. 첫 번째는 리스를 해도 업무와 관련해서 차를 사용하지 않으면 비용처리가 안 된다는 점이고, 두 번째는 자동차 비용처리 방법이 꼭 리스만 있는 것은 아니라는 점입니다.

차를 사용하는 방법에는 차를 구입해서 내 차로 소유하는 방법과 차를 빌려서 사용하는 방법이 있습니다. 일부 여유가 있는 분들은 자동차 값을 다 주고 일시불로 사는 경우가 있지만 대부분은 금융회사를 이용해서 차를 할부로 구입합니다. 리스를 차를 빌려 쓰는 개념으로 생각하는 분이 많은데, 리스는 오히려 차량 할부 구입과 유사한 점이 많습니다.

일단 리스는 금융회사가 운용합니다. 보통 ○○캐피탈이란 회사가 리스를 많이 합니다. 즉 리스는 금융상품이라는 것입니다. 리스는 빌려 쓰는 개념이 아니고 금융상품이기 때문에 면세상품입니다. 따라서 리스를 이용하면 세금계산서가 발행되지 않고, 면세상품을 구입할 때처럼 계산서가 발급됩니다.

리스를 운용할 때 자동차 보험은 운전자 개인의 보험료율이 적용됩니다. 그리고 운전자의 보험 경력이 유지가 됩니다. 사고가 나면 보험료가 할증되고 사고가 안 나면 보험료가 떨어집니다. 이는 차량을 구입해서 몰고 다니는 경우에도 동일합니다. 리스는 또한 차량 할부와 마찬가지로 대출로 인식됩니다. 즉 그만큼 금융권에서 인식하는 부채가 늘어난다고 보시면 됩니다. 다시 말해 리스한 자동차는 리스 회사가 소유하고 있지만 차량 할부와 유사한 점이 더 많습니다.

렌트는 리스와 다릅니다. 렌트는 진짜 빌려 쓰는 방법입니다. 렌트는 임대이므로 세금계산서가 발급됩니다. 우리가 사무실을 빌려 쓸 때 임대료를 내고 세금계산서를 받듯 렌터카를 이용하면 차량 임대에 따른 세금계산서를 발급해줍니다.

렌터카를 이용하면 자동차보험은 렌터카 회사의 보험료율이 적용됩니다. 그리고 운전자의 보험 경력이 유지되지 않습니다. 렌터카를 이용하다가 사고가 나도 보험료의 할증이 없습니다. 운전자는 사고를 내도 사고에 따른 자기부담금만 내면 됩니다.

그리고 렌터카는 차를 임대하는 형식이기 때문에 대출과는 관련이 없습니다. 따라서 개인의 신용도에 영향을 미치지 않습니다.

대신에 렌터카는 차량이 완전히 렌터카 회사의 소유이기 때문에 차량 번호가 일반 번호판이 아니라 '하/허/호'로 시작하는 번호판을 사용해야 합니다. 예전에는 '하/허/호'로 시작하는 번호판이 렌터카라는 인식 때문에 품위가 떨어지지 않을까 걱정하시는 분도 많았습니다만 이제는 '하/허/호' 번호판을 대기업 임원들이 많이 타고 다니면서 일반인들의 인식 전환이 많이 이루어졌습니다.

리스나 렌트나 둘 다 업무용으로 사용한다면 사업소득상의 비용으로 처리할 수 있습니다. 리스는 리스료에 대한 계산서, 렌트는 임대료에 대한 세금계산서로 비용처리할 수 있습니다. 리스는 면세거래로서 계산서가 발급되므로 당연히 부가가치세 공제는 안 됩니다. 렌트는 세금계산서가 발급이 되지만 부가가치세법상의 이유로 1000cc이하의 경차나 9인승 이상 승합차, 화물차가 아닌 이상 부가가치세 매입세액이 공제되지 않습니다. 일반 세단 차량을 렌트로 이용하신다면 렌트료에 부가가치세 매입세액을 포함한 금액을 비용처리하게 됩니다.

물론 차량을 구입하는 방법으로도 사업소득상의 비용 처리가 가능합니다. 그러나 오해하면 안 되는 부분이 차량 할부금을 갚아가

<u>는 금액은 비용처리가 안 됩니다. 차량 할부금을 갚는 것은 단순히 부채를 상환하는 개념입니다.</u> 차량을 구입하면 장부상 차량운반구라는 유형자산이 계상되고, 해당 차량운반구가 세법에서 정한 방법에 따라 감가상각됨으로써 비용처리 되는 것입니다.

그럼 결론적으로 리스를 할까요? 렌트를 할까요? 차를 구입할까요? 그건 각 조건에 따라 보증금, 월 납입금, 이자율 등을 따져서 각자의 상황에 맞추어 판단할 사항입니다. 리스도 렌트도 회사마다 상품마다 각기 조건이 다릅니다. 어떤 차를 어떤 방식으로 계약하는 편이 가장 저렴하게 이용하는 방법인지 따져보아야 합니다.

사고 경력이 많아서 보험료 할증이 많은 경우라면 렌터카가 유리할 수 있습니다. 왜냐하면 보험료가 개인의 요율이 아니라 렌터카의 보험료율을 이용하기 때문입니다. 몇 년 이용해서 사고 이력을 정리하기에는 렌트가 좋습니다. 그리고 사업주뿐만 아니라 직원들도 차를 이용하게 하고 싶은 경우에도 렌트가 좋습니다. 보통 개인사업자 렌터카의 경우 대표자와 직원들도 운전할 수 있게 보험이 설계되어 있는 경우가 많습니다.

그러나 혼자만 운전을 하고 무사고 경력이 많아서 보험료가 얼마 되지 않으신 분들은 리스가 더 유리할 수도 있습니다. 그런 분들은 부담하는 보험료도 얼마 되지 않고, 장기 렌트를 하게 되면 개인 보험 경력이 모두 사라지기 때문입니다.

리스나 렌트 둘 다 다양한 차량 구매 방법 중의 하나입니다. 리스와 렌트의 차이점을 잘 확인하고, 각종 조건 및 계약 내용을 잘 보고 상황에 맞게 효율적으로 사용하시면 됩니다.

쉬어가는 페이지

상권 분석 노하우

 유동인구는 어떻게 파악하죠?

 "장사는 목이고 목은 돈이다."라는 말을 많이 들어보셨을 것입니다. 맞는 말입니다. 장사를 잘하는 고수들의 성공은 여러 가지 노력의 결과이기도 하지만, 상권이라는 요소도 무시할 수 없습니다. 같은 상권인 경우에도 점포의 위치가 횡단보도 앞에 있느냐 아니냐에 따라서 매출 차이가 날 수도 있습니다. 유동인구가 이동하는 과정에서 횡단보도에서 한 번 멈춘다는 이유로 매출 차이가 나는 것입니다. 아무리 장비를 잘 갖춰도 고기가 움직이는 길에 그물을 쳐야지 아무 곳에나 그물을 치면 고기를 잡을 수 없습니다.

상권을 판단하는 데 있어서 유동인구는 매우 중요한 요소입니다. 아무리 아이템이 좋아도 지나다니는 사람이 적으면 아무 소용이 없기 때문입니다. 유동인구는 주변 환경으로만 섣불리 판단해서는 안 됩니다. 자칫하면 투자한 돈을 몽땅 까먹는 사태가 발생할 수도 있습니다.

유동인구 파악의 실패 사례를 한 번 보겠습니다. 경기도에 대형 아파트형 공장 단지가 하나 생겼습니다. 5개 동의 커다란 아파트형 공장이 하나의 단지를 형성하고 있으며, 듣기로는 단일 아파트형 공장 단지로는 한국에서 두 번째로 큰 단지라고 합니다. 그 단지의 근린생활시설을 분양하였습니다. 가까운 구로디지털단지나 가산디지털단지를 보면 아파트형 공장 내의 근린생활시설은 대부분 가게마다 손님이 북적댑니다. 구로디지털단지나 가산디지털단지의 아파트형 공장은 대략적인 근린생활시설비율이 10% 정도인데, 그 단지의 근린생활시설비율은 약 5%여서 더 경쟁력이 있었습니다. 게다가 단지 주변은 전부 아파트로 둘러싸여 있어서 배후 수요도 많을 것으로 예상되었습니다. 뿐만 아닙니다. 단지 바로 옆에 대규모 자동차 공장도 있습니다. 거기에 근무하는 분들이 회식이라도 하러 오면 한꺼번에 엄청난 수의 손님들이 몰려올 것으로 예상됩니다. 아파트형 공장 자체의 수요도 많겠지만 주변의 수요도 많이 몰릴 것으로 예상되니 투자가치는 충분하다고 판단되었습니다.

그런데 막상 뚜껑을 열어보니 상황은 달랐습니다. 아파트형 공장 내의 유동인구가 예상치의 절반에도 못 미치는 것이었습니다. 아직 입주가 덜 돼서 그런가? 좀 더 버티면 나아질까? 하고 기대했지만 시간이 지나도 나아질 기미가 보이지 않습니다. 유동인구가 적은 원인은 아파트형 공장에 입주한 기업들의 업종 때문이었습니다.

구로디지털단지나 가산디지털단지 내의 입주 기업들은 대부분 IT기업이나 벤처기업입니다. 그래서 건물에 사람들이 꽉꽉 들어차 있습니다. 이런 사람들이 사무실에 있다가 점심시간만 되면 우르르 몰려나오고 퇴근 시간이 되면 우르르 몰려나옵니다. 실제로 출퇴근 시간에 구로디지털단지역이나 가산디지털단지역에 가보면 압니다. 신도림은 환승하는 사람들로 바글바글

하지만 구로디지털단지역이나 가산디지털단지역은 타고 내리는 사람들로 바글바글합니다.

하지만 이 아파트형 공장은 달랐습니다. 입주 기업들이 제조업 위주로 편성되었습니다. 즉 건물의 공간을 사람이 아니라 기계가 채우고 있었던 것입니다. 사람은 기계들을 작동시키거나 단순 조립 작업 등을 수행하는 생산직 근로자들 위주로 구성되어 있었습니다. 이러니 최초에 예상했던 유동인구량보다 훨씬 못 미쳤던 것입니다.

게다가 주변의 아파트에서 입주민들이 들어올 만한 요인도 별로 없습니다. 아파트형 공장의 근린생활시설에 특별한 것이 있는 것은 아닙니다. 저녁을 한 번 먹어도 그 다음에 갈 곳이 없습니다. 고깃집에서 고기를 먹고 나면 이후에는 할 일이 없습니다. 옆에 다른 상가건물이라도 있으면 구색이라도 맞출 수 있을 텐데, 옆에 다른 시설이 없으니 밥 한 번 먹겠다고 10여분을 길 건너오기도 애매합니다.

옆의 대형 자동차 공장의 유입도 뜸합니다. 회식이 자주 있는 것도 아닌 데다가 요즘은 회식 문화도 바뀌어 단체로 움직이는 경우도 드물어졌습니다. 더 큰 문제는 자동차 공장의 근무 시간 변동이었습니다. 노조와 사측의 합의로 근무 시간이 대폭 앞당겨졌습니다. 즉 새벽에 근무를 시작해서 오후 3시가 되면 퇴근하는 형태로 바뀌게 된 것이었습니다. 오후 3시에 끝나니 늦은 점심을 먹기도 애매하고 저녁을 먹기도 애매합니다. '일찍 끝난 김에 그냥 집에 가서 저녁을 해결하자.'로 바뀌어버렸습니다. 엎친 데 덮친 격이었습니다.

분양가가 적지 않았음에도 불구하고 분양은 잘 되었습니다. 하지만 몇 년이 흐른 지금까지 근린생활시설에 가게가 꽉 차 있었던 적이 없었으며, 지금까지 임차인이 한 번도 들어오지 않아서 처음 모습 그대로 비어 있는 호실도 있습니다.

물론 유동인구가 상권의 전부라고 할 수는 없습니다. 하지만 유동인구는 상권을 파악하는 데 있어서 매우 중요한 요소 중의 하나입니다. 모 게임 명언 중에 '물량에 장사 없다.'라는 말이 있는데, 반대로 말하면 물량이 없으면 할 수 있는 게 별로 없다는 뜻이기도 합니다. 유동인구의 명확한 체크는 정말로 중요합니다. 창업은 돈이 먼저 투자되는 만큼 철저한 준비로 성공 확률을 높여야 합니다.

상권에 맞는 아이템은 어떻게 찾나요?

상권에 대한 이야기는 아무리 강조해도 부족하지 않습니다. 만약 온라인 사업을 한다면 상권의 영향은 거의 없습니다. 하지만 현장에서 일반 소비자를 대상으로 사업을 하는 분들에게 상권은 사업의 성패를 가르는 중요한 요인입니다.

상권에서 유동인구는 매우 중요한 요소 중 하나입니다만, 유동인구만 고려해서는 안 됩니다. 주된 소비자층이 누구냐에 따라서 상권에 어울리는 업종이 달라질 수 있습니다. 초보자는 아이템을 선택하고 상권을 고르지만, 고수는 상권을 먼저 보고 거기에 맞는 아이템을 고른다는 말이 있습니다.

반드시 그렇지는 않습니다만 대략적인 상권을 보면 이에 맞는 업종이 나옵니다. 예를 들면 노량진 수산시장이나 탑골공원에는 파스타 가게가 어울리지 않습니다. 노량진 수산시장에 오는 사람들은 신선한 회나 얼큰한 매운탕을 기대하고 오는 것이기 때문에 횟집이 어울립니다. 탑골공원에는 연세가 지긋한 어르신이 많이 계시기 때문에 국밥집이나 칼국수집이 어울립니다.

사무실 밀집 지역이라면 대부분이 요식업 위주로 업종이 편성되어 있습니다. 보통의 상권과 차이가 있는 점은 토요일과 일요일 그리고 공휴일에는 유동인구가 현저하게 떨어질 수 있다는 사실입니다. 또한 점심 장사와 저녁 장사가 구분되어야 할 필요성도 있습니다. 점심에 판매할 수 있는 메뉴와 저녁에 판매할 수 있는 메뉴를 달리하는 경우도 있으며, 식사 위주의 장사를 할 예정인지 단체 손님 유치를 할 것인지에 따라 매장의 규모와 메뉴도 달라져야 합니다. 더불어 마케팅이나 메뉴 등에 대해서도 지속적으로 변화를 주어야 할 필요성도 있습니다.

사무실 밀집지역의 경우 커피숍이 잘될 수 있지만 아파트 상권의 경우 일반적으로 커피숍 입점에 신중을 기할 필요가 있습니다. 아파트 상권도 많은 유동인구를 보유하고 있습니다만 그 유동인구가 커피를 사 마시는 유동인구는 아니기 때문입니다. 아침 출근길에 커피를 사 들고 대중교통을 타기는 쉽지 않습니다. 또한 퇴근길에 커피를 사 들고 집에 들어가지도 않습니다.

이외에도 상권별로 특성을 알면 성공이 보입니다. 지하철역 역세권 상권은 유동인구가 매우 많은 상권 중의 하나입니다. 통행 인구의 연령대와 습성과 특징을 고려하여야 합니다. 지하철역 역세권 상권은 일반적으로 고가의 브랜드는 어울리지 않습니다. 빠르게 지나가며 쉽게 선택할 수 있는 중·저가형 상품을 취급하는 편이 좋습니다.

학교 주변 상권은 타깃층이 명확한 상권입니다. 판매 대상이 고정적이며 구매력 역시 고정적입니다. 학생의 취향과 구매 형태를 고려한 전문점이 필요합니다. 고가품보다는 가성비 위주의 합리적이고 효율적인 상품을 취급하는 것이 좋습니다.

상권에 대해서 좀 더 체계적으로 검토해보고 싶으신가요? 우선 소상공인시장진흥공단에서 운영하는 '소상공인상권정보시스템(sg.sbiz.or.kr)'이 있습니다. 여기는 예비 창업자, 기존 사업자 및 업종 전환자를 위한 지도 기반 데이터 서비스를 제공하고 있습니다. 일단 기본적으로 지도에 원하는 상권을 그린 후 업종을 선택하면 선택한 상권 내의 다양한 분석보고서를 받아볼 수 있는데, 상권의 개요 및 업종 분석, 매출 분석, 인구 분석 및 지역 분석 등 정보가 다채롭습니다. 이 뿐만 아니라 사업자 경영 평가, 창업 타당성 평가, 과밀지수, 점포 이력 등의 정보도 확인할 수 있어서 사업을 계획하시는 분들께는 정말 유용한 사이트가 아닐 수 없습니다.

또한 네이버 검색어를 기반으로 검색어를 분석하고 통계를 내주는 유용한 툴인 '네이버 데이터랩(datalab.naver.com)'이 있습니다. 이는 지역별 상권 분석뿐만 아니라 각종 검색어를 이용하여 현재 떠오르는 검색 및 검색과 관련된 데이터를 개방하고, 이를 사용자가 쉽게 이용할 수 있게 구성한 서비스입니다.

대기업들은 진작부터 빅 데이터를 활용해서 전략을 세워왔습니다. 하지만 소위 소상공인들은 그럴만한 자금도 여력도 지식도 없는 것이 현실입니다. 하지만 이제 우리들도 대기업들이 하는 빅 데이터 분석을 쉽게 할 수 있습니다. 게다가 이 사이트들은 모두 공짜입니다.

Chapter 5

절세가 보이는 사업 체질 개선

❶ CEO플랜이 뭐예요?
❷ 자료상이 뭐예요?
❸ 사업용 신용카드는 어떻게 등록하나요?
❹ 연구 활동으로 세금을 줄일 수 있다는대요?
❺ 세무조사 나오면 어떻게 하나요?
❻ 저희는 현금거래만 해요. 문제 있을까요?

! 세무조사에 대응하는 가장 좋은 방법은 세무조사가 안 나오게 하는 것입니다. 신고서를 실수 없이 작성하고, 정당한 근거 자료에 의해서 신고하여 성실도를 높이는 것이 세무조사를 받지 않는 방법입니다. 그래도 세무조사 대상이 되었다면, 정당한 근거 자료에 의해서 문제가 없음을 적극적으로 소명해야 합니다. 말로 소명하는 것은 인정받기가 어렵습니다. 서류가 말을 하는 것입니다. 사업자는 모든 근거 자료를 잘 보관할 의무가 있습니다. 자료는 곧 돈입니다. 그리고 성실한 신고가 궁극적인 절세입니다.

1 CEO플랜이 뭐예요?

거래처 사장님들이 종종 이런 질문을 하십니다. "김 회계사, 요새 보험설계사들이 찾아와서 CEO플랜, CEO플랜 하는데…, 그게 뭐요? 아주 귀찮아 죽겠어…. 좋은 건지 안 좋은 건지 구분도 못하겠고…. 결국 보험 하나 가입하라는 거 아닌가?"

회사를 경영하시는 분들은 한번쯤 CEO플랜에 대해 들어보셨을 것입니다. 보험설계사들이 회사를 찾아다니면서 사장님들께 CEO플랜에 대해 설득하다보니 거부감을 느끼는 분들도 많이 있습니다. 보험설계사들이 와서 이것저것 설명을 하면서 CEO플랜을 지금 가입하지 않으면 큰일 날 것처럼 설명을 하니 일단 들어야 할 것 같기는 한데, 결국 상품 하나 팔자고 오는 것도 같습니다. 뭔가 반박을 하고 싶어도 잘 몰라서 반박도 못하겠습니다. 그래서 CEO플랜에 대해서 설명도 다 듣지 않고 일단 마음부터 닫아버리시는 분들도 많이 있습니다.

CEO플랜을 쉽게 설명하면 이런 겁니다. 법인사업자가 열심히 사업을 해서 돈을 많이 벌었습니다. 근데 이 돈은 법인 명의의 돈입니다. 법인의 대표자인 개인이 기업에 기여한 만큼 보상도 받고 상속 및 증여를 포함한 기업승계전략도 세워야 하는데, 그러려면 법인으로부터 배당이나 급여로 돈을 가져와야 합니다. 그럼 소득세가 많이 나오겠죠? '어떻게 절세 차원에서 세금을 적게 내면서 법인에 쌓여 있는 돈을 가져올 수 없을까?' 하는 생각에서 생겨난 개념이 CEO플랜입니다.

개인이 법인으로부터 돈을 가져올 때 가장 적은 세금을 내고 가져오는 방법 중 하나가 퇴직금입니다. 그런데 직원과 달리 임원의 퇴직금은 별도의 퇴직금 규정을 마련하고 가져와야 합니다. 상법상 임원의 보수는 정관에 규정이 있거나 주주총회에서 결의를 해야 하니까요. 그래서 정관을 먼저 손봐서 퇴직금 규정을 설계합니다. 임원의 퇴직금 규정을 설계할 때 보통의 일반적인 퇴직금 정도로 가져가도록 설계하지는 않습니다. 임원의 퇴직금 지급배수를 수정해서 임원이 퇴직금을 일반적인 경우보다 좀 더 많이 가져갈 수 있게 설계를 합니다. 그리고 이를 정관에 반영하고 공증을 받습니다.

퇴직금 규정을 설계만 하면 끝날까요? 아닙니다. 퇴직금을 가져가기 위해서는 회사가 자금을 마련해야 합니다. 아무리 좋은 플랜

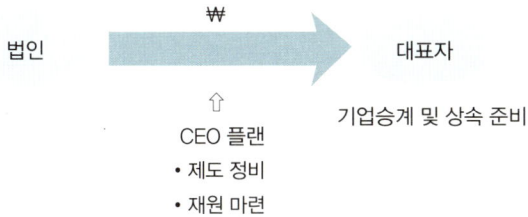

이 있어도 실행할 수 있는 자금이 없으면 무의미합니다. 이때 보험이 들어갑니다. 나중에 대표자가 퇴직을 할 때 퇴직금을 주기 위해서 회사가 부동산이나 기계를 팔지 않고, 아름답게(?) 자금을 마련할 수 있도록 보험상품에 가입하는 것입니다.

그럼 왜 보험일까요? 보험설계사들은 보험의 많은 이점에 대해 설명합니다. 물론 다른 금융상품이 주지 못하는 혜택을 보험상품이 줄 수 있습니다. 하지만 장점이 있는 만큼 단점도 있습니다. 하나씩 검토해보겠습니다.

(1) 법인세 절세효과

CEO플랜을 권하는 분들이 자주 언급하는 부분입니다. 보험상품은 납부하는 보험료 중 일부가 보험 사업비로 빠져나가기 때문에 법인세 계산 시 이 부분이 비용으로 처리가 됩니다. 따라서 절세효과가 있다고 합니다. 틀린 말은 아닙니다만 이건 장점이 아니라 단점입니다. CEO플랜은 법인의 절세효과보다는 재원 마련의 수단이 되어야 합니다. 퇴직금, 특히 임원의 퇴직금은 장기 설계이고 그

금액이 거액인 경우가 많으므로 재원 마련을 위하여 준비되어야 합니다. 이런 경우라면 보험은 오히려 다른 금융상품보다 불리합니다. 단기적인 관점에서 보면 보험 계약은 다른 금융상품과 달리 사업비로 인하여 원금을 회복하는 데 수년이 걸리므로 법인 자금으로 보험 계약을 체결하는 경우 유동성 등을 고려하여 신중히 결정해야 합니다.

(2) 계약자와 수익자의 변경 가능

보험 계약은 다른 금융상품과 달리 계약자와 수익자의 변경이 가능합니다. 처음에 CEO플랜을 가입할 때 법인이 계약자 및 수익자를 법인으로, 임원을 피보험자로 하는 보험에 가입하고, 임원 퇴직 시 보험 계약의 계약자 및 수익자를 법인에서 퇴직하는 임원으로 변경하여 보험 계약 자체를 임원의 금융상품으로 변경할 수 있습니다. 이 경우 수년 동안 적립하여 누적된 적립금의 보험 차익을 퇴직하는 임원에게 귀속시킬 수 있는 장점이 있습니다.

그런데 이 부분이 요즈음에는 다소 효과가 희석된 측면이 있습니다. 원래 소득세법에서 최초 납입일부터 만기일 또는 중도해지일까지의 기간이 10년 이상인 월 적립식 저축성보험 계약의 보험 차익은 비과세입니다. 예전에는 법인에서 10년 이상 계약을 유지하거나 또는 10년을 못 채우더라도 개인에게 넘어가서 나머지 기간만 채우면 보험 차익이 비과세 되었습니다. 그런데 이제 법이 개정

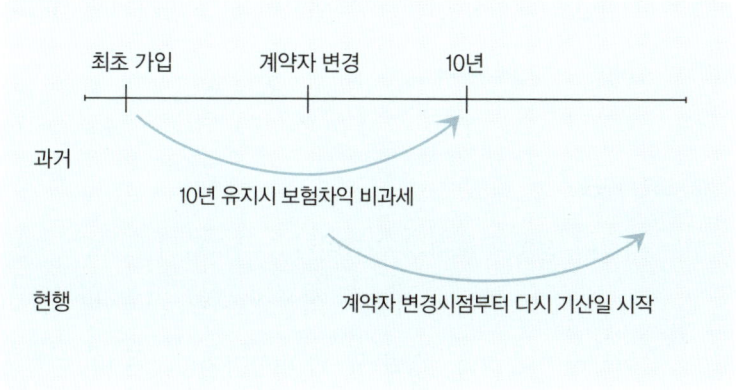

돼서 2013년 2월 15일 이후 계약한 보험인 경우 과세 회피를 방지하기 위하여 개인으로 명의가 변경된 경우 명의가 변경된 시점부터 다시 10년 이상 비과세 여부를 판단합니다. 따라서 보험 차익에 대한 비과세를 받기 위해서는 명의 변경 후 다시 10년을 유지하여야만 비과세 혜택을 받을 수 있습니다.

(3) 중도 인출 가능

이것은 보험 계약의 장점입니다. 회사의 유동성이 갑자기 악화되어 갑자기 상당한 금액의 긴급 자금이 필요한 경우가 생긴다면 보험은 중도 인출이 가능하여 긴급 자금으로 사용할 수 있습니다. 적금의 경우 중도에 해지해도 원금의 손실은 없는 반면 중도 인출은 불가하여 유동성 위기가 생긴 경우 해약을 하여야 합니다. 하지만 보험은 계약을 해지하지 않고도 보험약관대출이라는 제도를 이용하여 적립된 재원을 인출할 수 있으며 이를 유사시에 긴급자금으로 활용할 수 있습니다.

(4) 보장 기능

저는 이것이 진정한 보험의 역할이라고 생각합니다. 보험 계약은 다른 금융상품과 달리 여러 가지 위험으로부터 보호받을 수 있는 보장 기능이 있습니다. 우리나라의 비상장기업 CEO의 현실을 보면 모든 기업의 책임이 CEO에게 집중되어 있습니다. 이러한 경우에 사고로 인하여 CEO가 갑자기 경영을 할 수 없는 상황에 이르게 된다면 회사는 유동성 위기 등의 여러 가지 위험에 빠지게 됩니다. 이때 법인이 계약자이고 수익자이며, 대표자가 피보험자인 보장성보험 계약이 있다면 회사를 경영하는 동안 경영상의 위험을 예방하는 데 큰 도움이 될 것입니다. 적금은 월 납입금을 1번만 내고 해지하면 원금을 돌려주고 끝나지만, 보험은 보험료를 1번만 내도 사고가 났을 때 보장을 해줍니다. 이것이 보험 계약을 하는 진정한 목적이라고 할 수 있겠습니다.

가끔은 아직 개념이 정립되지 않은 상태에서 단지 보험상품을 팔기 위해서 CEO플랜을 제시하는 설계사들도 있습니다. 임원이 아닌 단지 주주일 뿐인 분에게 CEO플랜이 가능하다고 하는 경우도 있었습니다. 임원과 주주의 개념을 구분하지 못해서 온 실수입니다. 이런 분들 말만 믿고 덜컥 가입했다가는 원금만 손해 보고 끝날 수도 있습니다.

  그럼에도 불구하고 저는 개인적으로 CEO플랜을 세우는 것은 나쁘지 않다고 생각합니다. 미래를 위해서 금융상품을 준비하는 것에 반대할 이유는 없습니다. 다만 CEO플랜은 장기적인 관점에서 재원 마련의 수단을 위해서 설계가 이루어져야 한다고 생각합니다. 의사결정은 사장님 본인이 하시는 것입니다. 꼼꼼히 검토해보고 목적에 부합하는 플래닝을 하시기 바랍니다.

2 자료상이 뭐예요?

　　　　　사업하시는 분들은 '자료상'이란 말을 심심치 않게 듣게 됩니다. 사업을 조금 해본 사업주들은 자료상이 무엇인지 어느 정도 아시는데, 처음 사업을 하는 분들은 생소한 단어이기도 합니다. 저도 처음 회계사가 되었을 때는 자료상이 뭔지 궁금했습니다. 뭔가 뉘앙스가 안 좋아서 나쁜 것 같기는 한데, 자료상이 뭔지 물어보기에는 체면이 안 서고…. 시간이 지나면서 자연스럽게 알게 되기는 했지만, 어찌됐든 양성적으로 드러나는 개념은 아니기에 전혀 접하지 못 하고 사업을 하시는 분들도 많이 있습니다. 일단 개념만 알아둡시다.

　　자료상이라는 말은 뉘앙스뿐 아니라 실제로도 안 좋은 개념입니다. 자료상은 실제로 재화나 용역의 공급이 없이 허위의 세금계산서를 발급하는 사람을 말합니다. 자료상이라는 단어에서 알 수 있듯이 재화나 용역을 파는 사람이 아니라 자료(세금계산서)를 일정 금액의 수수료를 받고 파는 사람입니다.

우선 자료상이 존재하는 이유부터 알아야겠죠? 수요가 있어야 공급이 있듯이 자료상은 위험을 무릅쓰고서라도 세금계산서를 받기를 원하는 사람이 있기 때문에 존재하게 됩니다. 왜 세금계산서를 받기를 원할까요? 크게 두 가지 이유가 있습니다.

첫 번째로 자료상으로부터 세금계산서를 받게 되면 매입으로 쓸 수 있으므로 부가가치세 및 소득세가 줄어들게 됩니다. 사업아이템이 좋아서 마진율이 좋아지면 그만큼 소득 비율이 높아집니다. 즉 매출은 큰데 이에 대응되는 비용이 적어서 세금이 많이 나오게 되는 것입니다. "에이~ 돈 많이 벌었으면 세금 많이 내면 되지!"라고 생각하는 분들이 있을지도 모릅니다. 그런데 실제로 사업을 하다 보면, 장부상의 소득금액과 내 손에 들어오는 현금은 차이가 있습니다. 물건은 많이 나갔는데 미수채권에 돈이 묶여 있고, 물건을 매입은 했는데 아직 팔리지 않아서 재고자산에 돈이 묶여 있을 수도 있습니다. 이익은 발생했지만 내 수중에 돈은 없는 상황이 있습니다. 회계장부상 이익은 발생되었기 때문에 세금은 납부해야 하는데, 실제로 세금을 낼 돈은 없습니다. 그럼 억지로라도 세금을 줄이기 위해 가공의 세금계산서를 사게 되는 것입니다.

두 번째로 비자금을 만들기 위해서 가공의 세금계산서를 사는 경우가 있습니다. 법인사업자의 경우 법인의 자금을 가져오기 위해서는 인건비나 배당을 받아야 합니다. 그러면 필연적으로 개인 입장에서 내야 하는 소득세가 발생합니다. 이런 소득세를 내기는 싫고 법인의 자금은 가져와야겠고…. 이럴 때 가공의 세금계산서를 이용합니다. 세금계산서를 통해서 매입을 잡고 매입대금을 결제하는 방식으로 법인의 자금을 인출하는 것입니다. 실제로 물건이 들어온 것은 아니기에 일정 금액의 수수료만 지급하면 법인의 자금을 인출해서 비자금으로 활용할 수 있게 되는 것입니다.

예전에는 정말 가공의 세금계산서를 팔기 위해서 사업자등록을 하는 사람들이 있었습니다. 내 명의가 아니라 타인의 명의로 사업자등록을 하고 매출을 마구 일으킵니다. 그리고 세금 납부 시기가 도래하면 폐업하고 자취를 감춥니다. 즉 자료만 팔고 사라지는 것입니다. 그런데 이 방법은 이제는 없다고 보시면 됩니다. 통상 짧은 기간에 거액의 자료를 발생시키고 폐업하므로 쉽게 파악이 가능하며 자료상과 거래한 사업주는 나중에 철저하게 세무조사를 받게 되므로 이런 형태의 자료 거래 행위가 적발되지 않고 넘어가기란 사실상 불가능하다고 보셔야 합니다.

요즘은 자료상이 조금 다른 형태로 나타납니다. 처음에는 정상적인 사업자로서 사업을 영위합니다. 그런데 사업을 하다 보면 매입자료는 넉넉한데 매출은 드러나지 않는 현금 거래가 많다 보니 매출자료는 많이 발생하지 않게 되는 경우가 있습니다. '어라? 매출 끊어준 것 보다 매입이 더 많아서 자료가 남네?' 이렇게 되는 것입니다. 손실로 인식할 수도 있겠지만, 그것도 한두 번이지 매번 손실이 나면 세무서가 매출 누락을 의심할 수 있기 때문에 '어차피 매출로 인식할 거 매출자료를 팔아보자!' 하면서 자료상이 되는 경우가 있습니다. 예를 들어 컴퓨터를 제작해서 파는데, 컴퓨터 부품은 거래처들로부터 전부 세금계산서를 받아서 매입자료는 넉넉합니다. 그런데 정작 완성된 컴퓨터는 일반 소비자들에게 현금을 받고 팔게 되면 매출자료가 남게 되는 것입니다. 그래서 수수료를 받고 가공의 세금계산서를 팔아 부수 수입을 챙기는 것입니다.

예전에 정말 황당했던 사례가 있었습니다. 음식점을 하는 사장님이었는데, 부가세 신고를 하려고 세금계산서를 챙겨서 오셨습니다. 당황스러웠던 것은 세금계산서 품목이 컴퓨터 30대였다는 것입니다. PC방도 아니고 식당에서 컴퓨터 30대를 왜 샀을까요? 뻔히 보이는 가공의 세금계산서였던 것입니다. 잘 설득해서 서로 합의하에 찢어버리는 것으로 마무리한 적이 있었습니다.

국세청은 가공의 세금계산서를 사고파는 행위에 대해서 내부 시스템을 통해 철저하게 관리하고 있습니다. 특히 요즘에는 거의 대부분의 신고 내용이 전산으로 처리되고 있으므로, 연도별 신고 추세, 같은 업종의 다른 사업자의 신고 상황, 업종 간 거래 내역, 거래처의 신고 내역 등을 시스템으로 분석하여 자료상을 적발하고 있습니다. 특히 자료를 산 사람은 매입세액불공제 및 각종 가산세,

소득세 또는 법인세 비용 불인정으로 인한 본세 및 가산세 등으로 감당해야 할 불이익이 상당합니다. 또한 세무조사 실시 및 조세범 처벌 등으로 인해 사업 자체의 존폐 위기까지 올 수 있습니다. 따라서 가공자료 매입의 유혹이 있다하더라도 물리치고, 눈앞의 작은 이익을 쫓다가 나중에 큰 손해를 보는 일이 없도록 주의해야겠습니다.

3. 사업용 신용카드는 어떻게 등록하나요?

 엄밀히 말하자면 사업용 신용카드를 등록하는 것은 세법과 관련된 이슈는 아닙니다. 세법에 사업용계좌를 누가 등록해야 하고, 안 하면 어떤 가산세가 있는지에 대한 내용은 있습니다. 하지만 사업용 신용카드를 누가 등록해야 하고 사업용 신용카드를 안 쓰면 어떻게 되는지에 대한 내용은 없습니다. 사업용 신용카드를 등록하고 사용하는 것은 다분히 실무적인 선택의 문제입니다. 즉 사업용 신용카드를 사용하지 않았다고 해서 세법상 제재가 있지는 않습니다만 납세자에게 편의를 제공하기 위한 제도라고 생각하시면 됩니다.

 먼저 사업용 신용카드 등록제도는 개인사업자가 사업용 물품을 구입하는 데 사용할 신용카드를 국세청 홈텍스 사이트에 등록하는 제도를 말합니다. 직불카드나 가족카드는 등록 불가로, 사업자 본인 명의로 발급받은 신용카드만 등록할 수 있으며 등록을 했을 경우 카드 사용내역을 홈텍스 사이트에서 조회가 가능합니다. 또 부가세 신고 시 합계액만 기재하면 부가세 매입세액공제를 받을 수 있습니다. 법인사업자의 경우 법인카드가 법인 명의로 발급된 경우에는 별도의 등록 절차 없이 카드가 등록됩니다.

사업용 신용카드를 등록하면 카드명세서나 카드전표를 따로 챙길 필요 없이 카드 사용내역을 국세청 홈텍스 사이트에서 다운받을 수 있습니다. 무엇보다 파워풀한 기능은 카드 사용내역 중에서 부가가치세를 공제받을 수 있는 항목 및 금액을 쉽게 분류할 수 있다는 점입니다. 카드로 매입한 물건의 부가가치세 매입세액을 공제받기 위해서는 상대방 사업자가 간이사업자나 면세사업자가 아니어야 합니다. 그리고 총 금액에서 공급가액과 부가가치세가 따로 구분되어야 합니다. 사업용 신용카드를 등록하면 이런 것을 홈텍스 사이트에서 알아서 분류해준다는 장점이 있습니다. 보통 카드사에서 사업용 카드라고 분류하는 카드들은 카드사 홈페이지에서 이러한 기능을 제공하고 있습니다. 하지만 홈텍스 사이트에서는 사업용 카드든 일반 카드든 상관하지 않고 등록만 하면 상대방 사업자의 과세 유형과 공급가액, 부가가치세, 합계 금액을 분류하여 제공하고 있습니다.

실무적으로 사업용 신용카드를 등록하지 않고 엄청난 양의 카드전표를 가지고 오셔서 카드 매입액에 포함되어 있는 부가가치세를 공제받을 수 있냐고 물어보시면 상당히 난감합니다. 세금계산서와는 다르게 카드전표는 간이과세자나 면세사업자도 발급할 수 있습니다. 그럼 공제가능 여부를 판단하기 위해 카드전표에 있는 사업자에 대해 일일이 사업자 유형을 조회해야 합니다. 조회한 결과 일반과세자로서 매입세액이 공제가능하다고 판단되면 카드번호를 별도로 다 등록하고, 상대방 사업자도 등록하고, 공급가액과 세액을 구분하며 입력하면서 카드 번호와 매칭을 시켜줘야 합니다. 저도 해봤는데, 카드전표 하나 입력하는데 많은 시간이 걸립니다. 카드 사용 건수는 많고 시간은 오래 걸리고…. 물리적으로 카드전표 입력하다가 다른 신고서는 손도 못 대는 경우가 발생할 수 있습니다.

하지만 사업용 신용카드를 사전에 등록하신다면 이 모든 내용을 회계 프로그램에서 다 구분하여 다운로드 받을 수 있습니다. 사용일자, 카드번호, 상대방 사업자번호, 상대방 과세유형, 공급가액, 부가가치세, 합계 금액 등의 다양한 정보를 일괄 다운로드 할 수 있기 때문에 몇백 건이 되는 정보도 상대적으로 손쉽게 처리할 수 있습니다.

사업용 신용카드는 어떻게 등록할까요? 먼저 국세청 홈텍스 (www.hometax.go.kr)에 회원가입을 합니다. 로그인을 하면 바로가기 메뉴에서 조회/발급→현금영수증→사업용 신용카드→사업용 신용카드 등록 메뉴에서 등록할 수 있는데, 최대 50개까지 가능합니다.

　예전에는 공인인증서로만 사업용 신용카드가 등록 가능해서 공인인증서를 발급받고, 등록하고, 로그인을 해야만 등록할 수 있었습니다. 하지만 이제 조금 간편하게 바뀌어 인증서 등록 없이 로그인 상태에서도 사업용 신용카드를 등록할 수 있습니다.

　홈텍스에 등록한 사업용 신용카드의 사용내역은 부가가치세 신고 기간 중에 조회가 가능합니다. 예전에는 개인사업자와 법인사업자의 사용내역 제공 빈도가 달랐으나 이제는 개인사업자나 법인사업자 모두 부가가치세 예정신고 기간과 확정신고 기간인 1월, 4월, 7월, 10월 중순에 조회가 가능합니다.

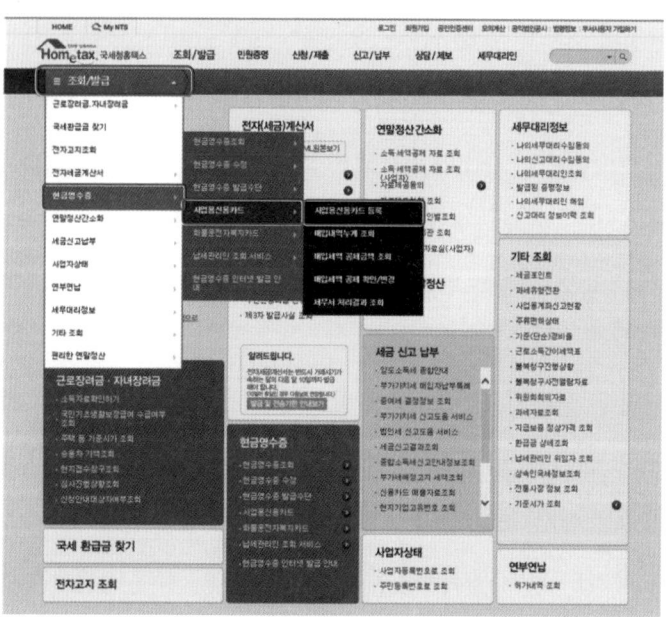

세무회계사무소에는 홈택스의 아이디와 비밀번호만을 알려주시면 됩니다. 요즈음에는 세무회계사무소의 회계 프로그램에 아이디와 비밀번호만 등록하면 회계 프로그램에서 사이트에 접속하여 사용내역을 다운로드 합니다.

실무적으로 카드 사용내역에 붙어 있는 매입세액이 부가가치세를 드라마틱하게 줄여주지는 않습니다. 그래도 분명 절세에 도움이 되는 것은 사실입니다. 소액이라도 쌓이면 몇십만 원의 절세가 가능합니다. 사업용으로 카드를 주로 사용하는 분들은 사업용 신용카드를 등록하여 절세 혜택을 누리시기 바랍니다.

4 연구 활동으로 세금을 줄일 수 있다는대요?

　　　　　　맞는 말입니다. 기업이 연구 활동을 하면 세금을 줄일 수 있습니다. 바로 연구인력개발비 세액공제입니다. 일반적으로 자본력보다 기술로 승부하는 중소벤처기업의 경우 R&D활동이라고 불리는 연구개발 활동이 왕성하게 일어납니다. 이러한 기업의 경우 얼마나 연구 활동에 집중하느냐에 따라 사업의 성패가 좌우되기도 합니다. 지속적인 연구개발 활동을 통한 핵심원천기술을 바탕으로 시장에서 인정받을 수 있는 아이템을 공급하면 회사의 경쟁력이 자연스럽게 생기는 것입니다.

　　연구인력개발비 세액공제는 일반적으로 연구인력개발비의 일정비율만큼 세금에서 깎아주는데, 이 비율이 최소 25%에서 최대 50%까지입니다. 실제로 이 비율은 엄청난 혜택으로 만약 회사가 연구 활동으로 인건비와 연구용 견본품 등 비용으로 5,000만 원을 썼다면 5,000만 원은 그대로 회사의 비용으로 인정받으면서 세금 또한 최소 1,250만 원을 줄일 수 있게 됩니다. 연구인력개발비 세액공제는 기업의 연구 및 인력 개발을 장려하기 위한 제도로서 현재 기업이 적용받을 수 있는 세액공제 또는 세액감면 중에서 가장 강력한 제도 중의 하나입니다.

  그럼 회사는 어떻게 연구인력개발비 세액공제를 받을 수 있을까요? 회사가 무턱대고 열심히 연구 활동을 수행한다고 해서 세액공제를 받을 수 있는 것은 아닙니다. 연구인력개발비 세액공제를 받기 위해서는 이에 합당한 조건을 갖추고 있어야 합니다.

  연구인력개발비 세액공제를 받기 위해서는 기본적으로 한국산업기술진흥협회에 연구개발전담부서 또는 기업부설연구소 설립인가를 받아야 합니다. 연구개발전담부서 및 기업부설연구소의 설립인가 요건은 한국산업기술진흥협회(KOITA) 사이트(www.rnd.or.kr)에서 상세한 내용을 조회해볼 수 있습니다. 기업은 이 사이트에 기재된 인적 요건과 물적 요건을 갖춘 후 웹사이트에서 신규 설립 신고를 할 수 있습니다. 그럼 협회의 심사 과정을 거쳐서 인정서가 발급됩니다. 이렇게 설립된 연구전담부서나 기업부설연구소에서 발생한 전담연구원의 인건비, 연구개발 업무를 위하여 사용하는 견본품, 부품, 원재료 외 시약류 구입비 등은 연구개발비로 인정받을 수 있으며 세액공제를 위해서는 연구 내용 등의 증빙자료를 구비하여 입증할 수 있어야 합니다.

하지만 이렇게 강력하게 세금을 줄일 수 있는 제도도 잘 활용을 해야지, 단지 세금만 줄이려는 목적으로 활용했다가 나중에 큰코 다칠 수 있습니다. 워낙 세금 감면 효과가 큰 항목인지라 국세청에서 부당세액공제에 대해 집중적으로 사후 검증하는 항목이기도 하거니와 한국산업기술진흥협회에서도 사후 현장실사를 강화해서 부당세액공제에 대한 검증을 강화하고 있습니다. 즉 연구전담부서나 기업부설연구소의 설립인가를 받았느냐 아니냐가 중요한 것이 아니라 사후 관리를 얼마나 잘하고 있느냐가 더 중요합니다.

실무적으로 수만 개에 이르는 국내의 중소기업 기업부설연구소가 있고, 그중엔 제대로 운영되지 못하는 경우가 허다합니다. 연구전담인원이 연구를 전담해야 하는데 생산 활동에 투입되기도 하고 아예 연구소 이름만 걸어놓고 연구는 하지도 않는 기업부설연구소도 있습니다. 이러한 경우 협회의 실사를 통해서 인가가 취소되고, 부당세액공제가 문제가 되어 세무조사를 받게 되는 경우도 많습니다. 또한 이러한 세무조사 과정에서 다른 회사 경비까지 문제가 되어 회사가 휘청거리는 사례까지 있으므로 조심해야 합니다.

기업부설연구소 설립을 대행해주고 연구인력개발비 세액공제를 받게 해주겠다는 컨설팅회사도 많이 있습니다. 그런 컨설팅회사가 나쁘다는 뜻이 아닙니다. 실제로 회사가 연구 활동을 수행하고 있는데, 기업부설연구소 또는 연구전담부서를 어떻게 설립하는지 알지 못하는 경우라면 이런 분들의 도움을 받아서 연구소도 설립하고 세액공제도 받을 수 있습니다. 하지만 실제로 연구 활동을 수행할 생각이나 아이템이 없는데도 이런 컨설팅회사의 부추김에 연구소만 만들어두었다가 나중에 사후 검증으로 문제가 되는 경우도 있습니다.

주의할 점은 꼭 실제 연구소를 운영하는 것을 목적으로 하여야 한다는 겁니다. 또한 연구 결과물이 중요합니다. 현지 실사로 인한 취소가 빈번하기 때문입니다. 연구소의 인력 관리도 매우 중요합니다. 연구 인력이 퇴사할 경우 연구전담인원의 충원과 협회 신고에 신경을 써야 합니다.

단순히 세액공제 효과만을 목적으로 연구소를 설립하면 사실상 운영이 쉽지 않습니다. 연구소의 본래 목적은 제품의 품질 개선과 새로운 성장 동력을 찾는 것입니다. 연구소의 본질적인 측면에 집중하면 더 큰 혜택이 자연스럽게 찾아오게 될 것입니다.

5 세무조사 나오면 어떻게 하나요?

　　　　　　세무조사란 말만 들어도 일단 불안감이 확 밀려옵니다. 내가 뭐 잘못했나? 무슨 문제가 있어서 나왔나? 얼마나 내야 하나? 무슨 방법 없나? 등등 온갖 생각이 떠오르게 됩니다. 일반인에게 세무조사는 이렇듯 두려운 존재입니다.

　세무조사는 왜 나올까요? 세금에는 정부나 지방자치단체가 일방적으로 고지하는 것도 있지만 법인세, 소득세, 부가가치세처럼 납세자가 자신이 내야 할 세금을 직접 계산해서 내는 세금도 있습니다. 납세자가 자신이 내야 할 세금을 직접 계산하기 때문에 세무서는 납세자가 성실하게 잘 계산했는지 검토할 필요가 있습니다. 전혀 검토를 하지 않는다면 납세자가 자기 마음대로 세금을 계산해서 낼 수 있기 때문입니다.

특히 법인세나 소득세의 경우 다양한 첨부서식이 포함된 신고서가 신고 기한까지 신고 되지만 사실 회계장부나 각종 영수증까지 신고하지는 않습니다. 장부는 회사가 보관하고 있는 것이고, 장부로부터 만들어진 요약된 재무제표와 신고서가 세무서에 들어가는 것입니다. 따라서 세무서는 회사의 신고서가 문제는 없는지 영수증은 실제로 있는지를 앉아서는 알 수가 없습니다. 그래서 직접 나와 회사의 장부를 받아보고 영수증도 맞춰보고 하는 것입니다.

세무조사는 세금이 제대로 계산이 되었는지, 내야 되는데 안 낸 세금은 없는지를 보는 조사입니다. 따라서 세무조사를 나오게 되면 중점적으로 보는 것이 매출이 누락되지는 않았는지, 비용이 과다하게 계상되지는 않았는지, 비용 중에서 업무와 관련 없는 비용이 있지는 않은지, 각종 세무 상 의무규정 중에서 준수하지 않은 것은 없는지를 보게 됩니다.

참고로 비슷한 것 같지만 다른 것으로 회계감사가 있습니다. 세무조사는 세무공무원들이 나와서 세금이 누락되지 않았는지를 보는 것인 반면, 회계감사는 기업의 재무제표가 회계 기준에 따라서 적정하게 작성되었는지 공인회계사가 나와서 검토하는 것입니다. 기업의 재무제표는 투자자나 은행 등에서 기업의 재무 상태를 파악하기 위해서 꼭 필요한데, 이 또한 기업 스스로가 작성하는 것이므로 회사와 이해관계가 없는 외부의 회계전문가인 공인회계사가 재무제표를 감사하여 그 적정성을 검증하는 것입니다. 그래서 세무조사와 회계감사는 그 목적이 다르다고 생각하면 되겠습니다.

그럼 세무조사는 누가 받게 될까요? 일단 세무서가 보기에 세무신고가 불성실하다고 판단되는 업체가 받게 됩니다. 동종 업종에 비해서 소득률이 낮거나, 이상하게 신고서가 계속 수정돼서 들어오거나, 세무서가 가지고 있는 자료와 신고서가 잘 맞지 않는 등의 이유가 있을 때 주로 세무조사의 대상이 됩니다. 예를 들어 똑같은 업종의 다른 회사는 소득률이 15%인데, 이 업체만 소득률이 5%인 경우, '이 업체는 가공경비를 넣은 것 아냐?'라고 생각하고 나올 수 있습니다. 또 세무서에서는 이 업체의 매출이 더 있을 것 같은데, 실제로 신고서에 기재되어 있는 매출이 더 적다면 '가서 한번 보자!' 하고 나올 수 있습니다. 실제로 신고서가 실질 거래에 맞춰서 적정하게 작성되어 있을 수도 있습니다. 그럼 문제없이 지나가는 것이고, 세무조사 나와서 봤는데 진짜로 문제가 있었다면 시쳇말로 '세금을 때려 맞게' 되는 겁니다.

<u>세무조사를 받을 때 조사하러 나온 세무공무원들과 협상이 가능할까요?</u> 이것도 많이들 궁금해하는 부분입니다. 세무조사 나왔을 때 세무대리인이 협상을 어떻게 하느냐에 따라서 세금이 달라질 것이라고 생각하시는 분들이 많이 있습니다. 예전에는 세무공무원을 상대로 일정 금액의 성의 표시(?)를 하고 세금을 줄여달라고 요청하는 경우가 많았습니다. '이번에 세금을 7,000만 원 내야 하는데, 내가 1,000만 원 줄 테니 4,000만 원으로 줄여주시죠.' 하는 형태의

요청이었죠. 아직도 이런 형태의 거래가 전혀 없다고 단정할 수는 없습니다만, 분명한 것은 이제는 시대가 많이 바뀌었다는 겁니다.

일단 세무조사를 하러 혼자서 나오지 않습니다. 최소한 3명이 함께 나오기 때문에 은밀하게 뒷돈거래를 할 수가 없습니다. 또한 세무공무원도 나중에 자신이 한 세무조사에 대하여 사후적으로 감사를 받습니다. 만약 문제점이 있는데 덮어주었다면 이분들도 나중에 징계를 받을 수 있습니다. 세무공무원도 직장인입니다. 만약 뒷돈거래를 해서 세금을 적게 낼 수 있도록 도와주었다가 걸리기라도 하면 더 이상 직장생활을 하기 힘들어집니다.

저도 세무조사를 몇 번 받아봤지만, 오히려 적극적으로 근거 자료를 제시하고 논리적으로 문제가 없음을 소명하는 편이 서로에게 좋습니다. 인정할 부분이 있으면 인정하고 인정할 수 없는 부분이 있으면 그에 맞는 자료와 세법 조항을 가지고 대응을 해야 합니다. 그래야 담당 세무공무원도 문제가 있는지 없는지에 대해서 확신을 가지고 일처리를 빨리 진행할 수 있습니다. '커피나 한 잔 하시죠? 술은 좋아하세요? 내가 거기 팀장을 아는데!'라고 해봤자 실제 일하는 세무공무원에게 전혀 도움이 되지 않습니다.

실제로 어떤 회사가 세무조사를 받았는데, 담당 세무사가 회의실에 최고급 노트북 3대를 가져다놓고 '고생하시는데, 이걸로 일하시고 끝나면 가져가세요.'라고 했다고 합니다. 조사 나온 공무원들은 노트북에는 손도 안 대고 조사하고 나서 '3,000만 원 내세요!' 하고 휙 가버렸다고 합니다.

또 다른 예로 국회의원도 소속되어 있고 각종 정부 조직에 영향력 있는 변호사 몇 명이 소속되어 있는 법무법인이 세무조사를 받게 되었다고 합니다. 법무법인에서는 세무조사 나온 세무공무원들의 신상과 과거 이력을 모두 조사해서 영향력을 행사하려고 했었습니다. 어떻게 됐을까요? 오히려 세무공무원들의 공분을 사서 더욱 강도 높은 조사를 받았다고 합니다. 지금은 실무자가 문제 있다고 하는데 위에서 덮으라고 해서 덮어지는 세상이 아닙니다.

세무조사에 대응하는 가장 좋은 방법은 신고서를 실수 없이 작성하고, 정당한 근거 자료에 의해서 신고하여 성실도를 높이는 것입니다. 그래도 세무조사 대상이 되었다면, 정당한 근거 자료에 의해서 문제가 없음을 적극적으로 소명해야 합니다. 말로 소명하는 것은 인정받기가 어렵습니다. 서류가 말을 하는 것입니다. 사업자는 모든 근거 자료를 잘 보관할 의무가 있습니다. 자료는 곧 돈입니다. 그리고 성실한 신고가 궁극적인 절세입니다.

6. 저희는 현금 거래만 해요. 문제 있을까요?

예전에 소개로 상담 요청을 받고 인천에 있는 사업주를 찾아뵌 적이 있었습니다. 상당히 크고 오래된 상가 건물이었는데, 각 층마다 소규모의 동종업종이 모여 있는 건물이었습니다. 몇 층인지는 잘 기억이 안 나는데 온갖 슬롯머신이 가득한 층에서 사장님을 만났습니다. 간판도 광고도 없고, 책상 두 개, 소파 하나가 있는 조그만 사무실에서 상담을 진행했습니다. 사장님은 "우리는 사업자등록도 없고, 모든 거래를 현금으로만 해요. 이거 나중에 무슨 문제가 있을까요?"라고 물었습니다.

모든 사업자는 세금을 납부해야 할 의무가 있습니다. 이는 사업자등록 유무와는 상관이 없습니다. 사업자등록을 했기 때문에 세금을 납부하고, 사업자등록을 하지 않으면 세금을 납부할 필요가 없는 것이 아닙니다. 사업상 독립적으로 재화나 용역을 공급하면서 그 공급 행위가 '계속적·반복적'으로 이루어진다면 사업자입니다. 예를 들어 집에서 안 쓰는 물건을 중고시장에 한 번 파는 행위를 가지고 사업자라고 할 수는 없을 것입니다. 하지만 계속적·반복적으로 재화를 시장(중고시장 포함)에 내다파는 사람이라면 이는 사업자라고 볼 수 있습니다.

사업자등록을 하지 않고 사업을 하면 어떻게 될까요? 세금 문제는 둘째 치고 우선 발생된 거래에 대하여 증빙을 발행할 수가 없습니다. 즉 사업자등록이 없기 때문에 카드단말기를 설치할 수도 없습니다. 또한 적법한 세금계산서도 발행할 수도 없습니다. 거래를 원하는 상대방 입장에서는 매입한 재화나 제공받은 서비스에 대하여 비용처리를 하기 위하여 세금계산서 등을 수령하기 원할 것입니다. 하지만 사업자가 아니기 때문에 적법한 증빙을 줄 수가 없고 따라서 대량 거래나 지속적인 거래 관계를 유지하기는 힘들 것입니다.

사업상 거래를 현금으로만 하면 나중에 적발이 될까요? 사실상 현금 거래를 적발하기는 쉽지 않습니다. 하지만 꼬리가 길면 잡히기 마련입니다. 사실 모든 거래를 현찰을 찾아서 하기는 쉽지 않고, 계좌이체를 통해서 이루어지는 경우가 많습니다. 그리고 상대방 입장에서 계좌로 인출된 거래내역이 남을 수도 있습니다. 또 최근 국세청은 다양한 기관에서 다양한 방법으로 자료를 받고 있습니다. 이를 바탕으로 빅 데이터 분석을 통해 과세 자료를 추출하고 있으므로 지속적으로 사업을 하면서 흔적을 남기지 않는 것은 사실상 불가능합니다. 따라서 사업을 계속 영위하길 원한다면 당당하게 사업자등록을 하고 사업을 하시는 편이 안전합니다.

세금 측면에서 사업자등록을 하지 않으면 어떠한 문제가 발생할까요? 우선 사업자등록미등록가산세가 있습니다. 사업자가 사업개시일로부터 20일 이내에 등록을 신청하지 아니한 경우, 사업개시일로부터 등록을 신청한 날 직전 일까지의 공급가액 1%에 해당하는 금액을 미등록가산세로 내셔야 합니다.

또한 누락된 매출액의 10%에 해당하는 부가가치세 본세를 납부해야 합니다. 그리고 무신고가산세로 본세의 20%의 가산세가 붙습니다. 만약 장부와 기록의 파괴 등 부정행위로 인하여 신고하지 않은 경우라면 무신고가산세가 본세의 40%로 올라갑니다. 또 제때 납부하지 않았으므로 납부불성실가산세가 '본세 × 지연일수 × (2.5/10,000)'만큼 추가적으로 부과됩니다. 게다가 누락된 매출액의 2%에 해당하는 세금계산서미발급가산세가 추가로 부과될 수 있습니다.

게다가 종합소득세 누락도 있습니다. 사업을 했기 때문에 사업소득은 있는데, 종합소득세 신고가 안 되어 있기 때문입니다. 게다가 매출은 적발이 됐는데 현금 거래만 했기 때문에 적법한 매입도 없습니다. 즉 매출은 있으나 매입을 증명하지 못하는 결과가 됩니다. 따라서 비용은 없고 매출만 있는 종합소득세가 기다리고 있습니다. 종합소득세도 부가가치세와 마찬가지로 무신고가산세와 납부불성실가산세가 있습니다. 본세도 무지막지할 텐데 가산세까지 더해지면, 실로 엄청난 액수가 부과되게 됩니다.

문제는 여기서 끝이 아닙니다. 업종이 현금영수증 의무발행업종이라면, 1만 원 이상의 금액이 지급되었을 때 현금영수증을 발행해야 합니다. 그렇지 않을 경우 현금영수증을 발급하지 않은 금액의 20%가 현금영수증미발급과태료로 부과됩니다. 위에서 말한 부가가치세와 소득세의 본세, 가산세에 현금영수증미발행과태료 20%까지 더해지면 그야말로 무시무시한 세금폭탄이 되어버리는 거죠.

현금 거래만 하는 행위는 이렇게 무서운 것입니다. 적발되는 즉시 엄청난 세금이 기다리고 있습니다. 이는 어디 가서 하소연도 못합니다. 조세불복을 한다고 해도 이길 수 없습니다. 소탐대실이 되지 않기 위해서는 정당하게 사업자등록을 하고, 정당하게 과세자료를 생성하고, 정당하게 세금을 내면서 사업을 하시는 편이 궁극적으로 최선의 선택입니다.

영업과 관리의 밸런스를 맞춰라

숫자만 보면 두드러기가 나는 사장님들이 있습니다. 영업력은 뛰어난데 숫자만 나오면 고개를 절레절레 흔드는 거죠. 물론 영업은 중요합니다. 회사는 매출이 나와야 굴러가니까요. 그래서인지 대부분의 사장님들은 관리보다는 영업에 집중하는 경향이 있습니다.

하지만 실제로 사업을 크게 키워가는 분들은 관리의 중요성을 누구보다도 더 잘 알고 있습니다. 회사가 어떻게 돌아가고 있는지, 지금 자금 여력이 얼마나 되는지, 미수채권은 어떻게 되는지, 미지급금은 얼마나 있는지 머릿속에 꿰뚫고 있는 분들의 회사는 새는 돈이 없습니다. '먹고 살기 바빠 죽겠는데, 관리는 무슨!'이라고 생각하는 분도 있지만, 나중에 영업은 열심히 했는데 그 돈이 다 어디로 갔는지, 원인조차 파악하지 못하는 결과가 초래될 수 있습니다. 관리에 조금 더 신경을 쓰는 그 순간부터 회사의 구멍은 서서히 메워져 간다는 사실을 명심하세요!

쉬어가는 페이지

눈에 보이지 않는 자산

 어떻게 하면 '멘탈 갑'이 될 수 있나요?

한동안 멘탈이 큰 이슈가 된 적이 있었습니다. 작은 일에도 쉽게 휘둘리고 주변 환경의 변화에 견디지 못하여 쉽게 자신감을 잃어버리는 사람을 멘탈이 약한 사람이라고 하곤 합니다. 그래서 '멘탈이 강한 사람이 대세다.'라고 하면서 어떻게 하면 멘탈이 강해질 수 있는지에 대하여 많은 글이 올라오곤 했었습니다. 특히 소위 '멘탈갑'이라고 불리는 김연아 선수가 빙상에서 금메달을 따는 등 승승장구할 때, 제 실력을 발휘하지 못하는 아사다 마오 선수를 보면서 '두부멘탈'이 원인이라는 말이 돌기도 했었습니다. 저도 새로이 창업을 하시는 분들 중에서 사업 경험이 없으신 분들에게는 꼭 멘탈이 중요하니, 멘탈이 무너지지 않도록 잘 관리하셔야 한다고 말씀을 드리곤 합니다. 내가 이성적으로는 열심히 해야 한다고 생각은 하면서도 의욕이 사라지면, 몸이 따라주지 않습니다. 직원도 아니고 창업자인 사장님의 멘탈이 무너지면 사업은 표류할 수밖에 없습니다. 개인마다 차이는 있을 수 있겠지만 적지 않은 돈을 투자해서 시작한 사업인데 멘탈 때문에 사업이 무너져서는 안 됩니다.

몇 년 전에 세무 상담을 진행했던 케이스입니다. 사장님은 회사를 다니다가 퇴직을 하고 배우자와 함께 프랜차이즈 분식점을 오픈했습니다. 그동안 월급만 받아봤지 실제로 자신의 사업을 해본 적은 없던 분이셨습니다. 막상 사업을 시작하려고 보니 해야 할 일이 너무 많았습니다. 가게 위치 찾아다니고, 임대차계약 체결하고, 인테리어 일정 세우고, 집기비품 구매하고…. 실제로 매달 들어오는 돈은 끊겼는데, 제법 큰돈이 뭉텅이로 나가기 시작하니 통장의 잔고가 금세 줄어듭니다. '장사가 잘될까? 손님은 많이 올까? 망하면 어떡하지?' 하는 생각이 자꾸 들면서 불안감도 스멀스멀 올라옵니다. 직원도 구해야 하는데, 일단은 부부가 사업에 올인하기로 했습니다. 어찌됐든 사업이 시작은 되었습니다. 개업일이 지나고 2일 뒤 근처를 지나갈 일이 있어서 인사도 드릴 겸 찾아뵈었는데, 사장님이 안 보입니다. 사모님께 물어보니 몸살이 나서 집에 누워 있다고 합니다. 개업을 하고 이틀 만에 몸져 누워버리고만 것이었습니다.

회사 다니는 근육과 장사하는 근육은 다릅니다. 장사를 하시는 분은 장사하는 근육이 생길 때까지 고생을 할 수밖에 없습니다. 별것 아닌 것처럼 느껴질 수 있어도, 하루 종일 손님을 받으면서 편히 의자에 앉아 있지도 못하는 긴장감 속에 있으면, 몸이 느끼는 피로감은 무시무시합니다. 그 상태에서 소위 진상 고객의 생떼라도 듣게 되면, 그때는 멘탈이 확 무너지게 됩니다. '아~ 내가 이 짓을 계속 해야 하나? 내가 이러려고 장사를 시작했나? 장사를 계속하면 계속 이렇게 지내야 하나?' 이런 자괴감이 들면서 다 때려치우고 도망치고 싶다는 생각이 슬그머니 머릿속에 들어오게 됩니다.

저도 멘탈 관리에 어려움을 많이 느꼈습니다. 저는 회계사로서 제 또래의 다른 직장인보다 훨씬 더 많은 월급을 받으며 회계법인에 다녔습니다. 그때는 감사인 또는 컨설턴트로서 수천억 또는 수십조의 자산을 가진 회사들을 컨설팅하러 다녔습니다. 고객사에 가서 '아~ 이러시면 안 되죠!', '이건 이게 맞는 거예요!' 하면서 소위 전문가로서의 삶을 살고 있었습니다. 하지만 그 회사들이 저의 거래처는 아니었죠. 막상 개인 사무실을 개업하고 보니 완전히 정글 속에 혼자 떨어진 어린 아이와 같았습니다. 거래처는 없는데, 임대료와 직원 월급은 나가야 하고, 그렇다고 영업이 쉬운 것도 아니었습니다. 영업을 한다고 무작정 돌아다녀봤지만 문전박대 당하기 일쑤였습니다. 어렵사리 사무실 문을 열고 들어가 문 앞에 서 있는데 아무도 쳐다보지 않아 한참 서 있다가 그냥 나와야 했으며, 제 눈앞에서 명함이 쓰레기통에 버려지는 모습을 본 적도 있었습니다. 새벽부터 지하철역에 나가 전단지를 뿌리다가 역무원에게 쫓겨났으며, 길가에 버려진 우리 사무실 전단지를 보면서 가슴이 먹먹했습니다.

돈이 없으니 정말 서러웠습니다. 회계법인 다닐 때는 주말마다 마트에 가서 카트에 먹고 싶은 것을 가득 담고 집에 돌아와 먹는 재미가 있었습니다. 하지만 개업하고 돈이 없으니 마트를 가질 못하겠더라고요. 그 흔한 생수를 살 돈도 없어서 수돗물을 끓여먹고, 구두가 다 헤어져도 새로 살 돈이 없어서 예전에 잘못 산 사이즈가 맞지 않은 구두를 신고 다니기도 했습니다. 그때는 돈이 없어서 끼니도 거르기 일쑤였습니다. 저녁에 야근을 해야 하는데 저녁 사먹을 돈이 없어서 굶으면서 일을 했고, 지하철이 끊기기 전에 일을 끝내던지 아니면 새벽에 지하철이 다시 다닐 때까지 사무실에서 버티기도 했습니다.

그래도 그럭저럭 잘 버텼는데 한 번 크게 멘탈이 무너진 기억이 있습니다. 저는 교회에서 성가대를 하고 있는데요, 조만간 있을 연주회를 준비해야 했습니다. 한창 연습을 하던 중 갑자기 단체로 하얀색 턱시도를 맞추게 되었는데 그 비용이 11만 원이었습니다. 근데 돈이 없더라고요. 차마 돈이 없어서 연주회를 참석할 수 없다는 말을 못해서 다른 핑계를 대려고 했는데, 저보다 일곱 살 어린 부파트장에게 무심코 턱시도 살 돈이 없다는 말을 내뱉고 말았습니다. 그 순간 가슴 깊은 곳에서 복받쳐 올라오는 서러움에 저도 모르게 복도에 주저앉아 엉엉 울어버렸습니다.

제가 '**멘탈은 이렇게 관리하여야 합니다!**'라고 말하는 것은 의미가 없다고 생각됩니다. 시중에 멘탈을 단련시키는 방법을 소개하는 훌륭한 책은 많습니다. 마음이 무너질 때 이런 책의 도움을 받는 방법도 좋다고 생각합니다. 저는 개인적으로 긍정적인 힘을 주는 책을 많이 읽었습니다. 일종의 '말하는 대로, 생각하는 대로, 이루어진다!'라고 하는 책들의 도움을 많이 받았습니다. 그런 책을 읽으면서, 그래! 언젠가 잘 될 거야!라고 힘을 얻곤 했습니다. 부끄러운 이야기지만, 그때는 늦은 밤에 혼자서 높은 곳에 올라가 시내의 수많은 불빛들을 내려다보며 '이 셀 수 없는 불빛들을 봐라! 내 거래처가 이 불빛들처럼 많아질 거다!'라고 (속으로) 외쳐대곤 했었습니다. 원래 수많은 별빛을 보면서 하고 싶었는데, 별빛은 잘 안 보이더라고요.

일단 사업을 시작한 이상 쉽게 망해서는 안 됩니다. 외부적인 요인이라면 어쩔 수 없겠지만, 내부적인 요인 때문에 망해서는 절대 안 됩니다. 바깥의 날씨는 내가 어쩔 수 없지만, 내 마음의 날씨는 내 스스로 조정할 수 있습니다. 내 마음 속의 환경은 내가 절대자입니다. 내 의지에 따라서 내 마음속에

비가 내릴 수도 있고, 화창한 햇볕이 내리쬘 수도 있습니다. 육체적인 건강만이 아닌 정신적인 건강으로 어려움을 우직하게 헤쳐나가시는 사장님이 되시기를 간절히 바랍니다.

 **업체와 대화할 때마다 상처 받아요.**

 정말 마음이 강해서 상대방이 무슨 험한 말을 해도 크게 상처를 받지 않거나, 자신에게 싫은 소리를 하는 사람과 잘 싸우는 사람들이 있습니다. 반면 상대방에게 싫은 소리를 듣게 되면 정신이 아득해지고 대꾸도 못하면서 나중에 혼자서 상처를 받아 잠도 잘 이루지 못하는 사람도 있습니다. 이런 사람들은 '왜 그때 이렇게 말하지 못했을까?' 하는 후회와 함께 자신이 미워지고, 그 스트레스가 고스란히 마음 한구석에 차곡차곡 쌓여서 나중에 스트레스 자체를 감당하지 못하는 경우가 많습니다.

특히나 고객을 자주 응대해야 하는 직업을 가진 사람이 이런 성격이라면 더욱 더 힘들어집니다. 고객이 불만이라도 제기하는 날에는 너무나 속상하고 괴로워하며 견디지 못합니다. 고객의 목소리 톤이라도 바뀌는 날에는 '내가 (또는 직원이) 뭐 잘못했나?'라는 두려움이 먼저 밀려옵니다. 서서히 고객의 컴플레인이 두려워져서 나중에는 고객의 전화도 두려워지고 전화벨 소리에도 스트레스를 받게 됩니다. 이런 스트레스를 견디지 못하고 '난 이제 그만두어야겠다.'라고 금세 직업을 포기하기도 합니다.

이런 사람들은 스스로를 '난 마음이 약해.'라고 생각하고 있습니다. 그래서 마음이 강해지도록 단련하려고 합니다. 그럼 마음이 강해지는 것은 무엇인가요? 단지 다른 사람이 불만을 무시하는 것이 강해지는 것일까요? 다른 사람과 말싸움을 잘하고, 하고 싶은 말을 돌려 말하지 않고 직설적으로 말하면 강해지는 것일까요? 저는 그렇게 생각하지 않습니다.

　극단적으로 반대의 경우를 말해보겠습니다. 다른 사람이 아무리 뭐라고 하든지 나의 마음은 변화가 없습니다. 다른 사람이 울면서 고통을 호소해도 나의 마음은 평안합니다. 장례식장에서 다른 사람은 다 울고 있는데 다른 사람의 슬픔에 전혀 공감이 되지 않습니다. 이런 사람을 우리는 일명 소시오패스라고 합니다. 소시오패스는 공감능력이 결여된 사람을 말합니다. 다른 사람의 감정에 전혀 공감이 되지 않는 것입니다. 이런 사람들은 타인의 감정이나 권리가 대수롭지 않게 느껴지고 항상 자신만의 세계에서 살아갑니다.

　다시 돌아와서 여러분이 타인의 싫은 소리에 상처를 잘 받으신다면 그것은 마음이 약한 사람이기 때문이 아니고 공감능력이 뛰어난 사람이기 때문입니다. 공감능력이 뛰어나기 때문에 타인의 감정에 쉽게 동화되는 거죠. 즉 고객이 제기하는 불편한 감정이 공감이 되기 때문에 나도 마음이 불편해지는 것입니다.

　마음이 약하다고 생각하여 강해지려고 하지 마시기 바랍니다. 여러분은 마음이 약한 사람이 아닙니다. 여러분은 공감능력이 뛰어난 사람입니다. 결국 여러분은 마음이 따뜻한 사람입니다. 고객의 불편한 감정을 두려워하지 마시기 바랍니다. 포용하시기 바랍니다. 그럼 고객의 불만을 한 단계 위에서 내려다볼 수 있게 될 것입니다.

꼭 알아두어야 할 절세 기술

Chapter 6
아는 만큼 줄어드는 기본 절세 테크닉

❶ 사업자등록 하기 전의 매입세액도 공제되나요?
❷ 세금계산서는 언제 받아야 하나요?
❸ 음식점을 경영하는 경우, 면세물품 구입도 부가가치세를 공제받을 수 있나요?
❹ 부가가치세 매입세액을 공제받지 못하는 경우도 있을까요?
❺ 신고를 안하면 무슨 일이 생기죠?
❻ 아는 사람하고 거래하는 데 꼭 시가대로 해야 하나요?
❼ 소득공제와 세액공제는 어떻게 활용하나요?
❽ 대금지급은 왜 금융회사를 통해서 해야 하죠?

! 통장거래내역은 다방면에서 유용한 수단입니다. 만약 세금계산서를 자료상으로부터 매입했다면 세금계산서와 수수료만 주고받고 물품대금을 주고받지는 않았을 것입니다. 상대방이 자료상으로 판단되었는데, 그 사람과 거래한 사람이 '우리는 물품대금을 현찰로 주고받았어요!'라고 주장해봤자 인정이 되지 않습니다. 실제로 거래가 있었다는 사실을 입증할 책임은 납세자에게 있습니다. 거래가 있었다면 물품대금은 꼭 금융회사를 통해서 지급하세요. 그래야 여러 면에서 사업주가 보호받을 수 있습니다.

1 사업자등록 하기 전의 매입세액도 공제되나요?

어떤 업종은 처음 사업자등록을 하고 매장을 오픈하면, 소위 '개업발' 효과로 초기에 매출이 확 나오기도 합니다. 반대로 어떤 업종은 처음부터 매출을 올리기 쉽지 않죠. 입소문이나 업력이 필요한 사업의 경우 짧게는 몇 달, 길게는 1년까지 이렇다 할 매출 없이 기반을 쌓아야 할 수도 있습니다.

이러한 경우에 실제로 매출이 손이 잡히기까지 사업자등록을 차일피일 미루게 되는 경우가 있습니다. 하지만 그런 경우에도 소소하게 지출하는 비용은 쌓이게 됩니다. 꼭 필요한 장비를 구입하거나 웹사이트를 만드는 등 지출되는 비용이 생각보다 많은 경우도 허다합니다. 이런 비용이 쌓이다 보면 몇 백만 원이 순식간에 날아가기도 합니다. 그런데 이러한 경우 사업자등록이 되지 않아 지출하는 비용에 대한 부가가치세 매입세액을 공제받지 못하는 경우가 많습니다. 사업자등록을 미리 하지 않아서 매입세액을 공제받지 못한다면 이 또한 억울한 일이 아닐 수 없습니다.

앞에서도 언급했지만 사업 준비 단계에서는 지출한 비용이라 할지라도 사업과 관련해서 지출한 비용이라면 당연히 그 매입세액은 공제받을 수 있습니다. 매출이 발생하기 전에 발생하는 사업장 인테리어, 비품 구입비, 웹사이트 개설비 등도 세금계산서를 받아두면 관련된 매입세액을 공제받을 수 있는 것입니다.

그런데 사업자등록을 하기 전에 사업자등록번호가 없는데 어떻게 세금계산서를 받을 수 있을까요? 세금계산서는 원래 공급하는 자와 공급받는 자의 사업자등록번호가 기재되어야 하지만, 이러한 경우 공급받는 자의 사업자등록번호 대신에 주민등록번호를 기재하여 세금계산서를 받으면 매입세액을 공제받을 수 있습니다. 따라서 매입세액을 공제받지 못하는 불이익을 받지 않기 위해서는 사업자등록을 하기 전에 인테리어 공사 대금이나 비품을 구입한 경우에도 사업자의 주민등록번호를 기재하여 세금계산서를 받아야 합니다.

물론 아무리 사업자등록 전 매입세액이라고 하더라도 무한정 사업과 관련되었다고 인정을 해주는 것은 아니고 일정한 기간 내의 것만 인정해줍니다. 사업하기 5년 전에 산 프린터의 매입세액을 공제해주는 것은 아닙니다. 그건 개인 용도로 샀을 가능성이 훨씬 크겠죠.

많은 분들이 사업자등록 신청일로부터 역산해서 20일 이내에 지출한 비용은 매입세액공제를 받을 수 있다고 알고 계시는데, 이건 옛날 규정입니다. 지금은 공제를 해주는 기간이 더 많이 늘어났습니다. 지금은 공급 시기가 속하는 과세기간이 끝난 후 20일 이내에 사업자등록을 신청한 경우 등록신청일로부터 공급 시기가 속하는 그 과세기간 내 매입세액은 공제가 가능합니다. 무슨 말인지 모르시겠죠? 다음의 그림을 보시죠.

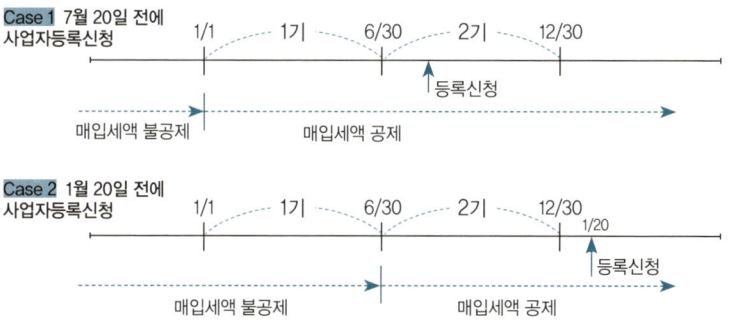

부가가치세법상 과세기간은 상반기 6개월, 하반기 6개월입니다. 따라서 이제는 최대 사업자등록 신청일로부터 역산해서 6개월 20일의 기간 동안 받은 세금계산서에 대해서 매입세액공제가 가능하도록 세법이 개정되었습니다. 그렇다고 시간 여유가 있으니 사업자등록을 천천히 해도 되겠다는 생각은 하지 마시고, 사업과 관련해서 지출이 되는 시점부터 바로 사업자등록을 하시는 편이 바람직합니다. 조금만 부지런하면 세금은 많이 줄일 수 있습니다.

2. 세금계산서는 언제 받아야 하나요?

세금계산서는 언제 주고받아야 할까요? 돈을 줄 때? 아닙니다. 부가가치세법은 세금계산서 발급 시기, 즉 재화나 용역의 공급 시기에 대해서 따로 규정하고 있습니다. 읽어보면 복잡한데요, 특이한 것 몇 가지를 제외하고, 물건 주고받았을 때 그리고 일을 다 해줬을 때입니다. 즉 내가 할 일을 다 해줬으면 돈을 주고받은 것을 떠나서 세금계산서를 발급하라는 것입니다.

"아니 내가 물건을 팔고나서 돈도 못 받았는데, 세금계산서만 발급하면 세금만 내는 꼴 아닙니까?"라고 말하는 분도 있습니다. 저도 그 말에 일부 동의합니다만, 세법은 "할 일을 다 해줬으면 돈을 받을 수 있는 권리, 채권이 생기는 것 아닙니까? 채권이 생겼다는 것 자체가 수익이 발생했다는 뜻입니다. 채권이 나중에 현금으로 회수되는 것과는 별개로 수익이 생겼으므로 과세가 되는 것이 맞습니다."라고 말하고 있습니다.

그럼 이제 궁금한 것은 '세금계산서를 제때 주고받지 못하면 어떻게 되느냐.'입니다. 일단 두 가지 케이스로 나누어 볼 수 있습니다.

첫 번째로 '공급 시기가 속한 과세기간의 확정신고 기한 내에 발급받는 경우'입니다. 세금계산서를 제때 주고받은 경우는 아무 문제가 없습니다. 늦게 발급받은 경우 중에서 과세기간의 확정신고 기한 내에 발급받은 경우를 말합니다. 이게 무슨 뜻이냐면, 세금계산서를 늦게 발급받기는 했는데, 1월부터 6월까지 물품 구매한 것을 7월 25일까지 발급받거나, 7월부터 12월까지 물품을 구매한 것을 다음 연도 1월 25일까지 세금계산서를 발급받은 케이스입니다. 이런 경우에는 판매자나 매입자 모두에게 가산세가 부과됩니다.

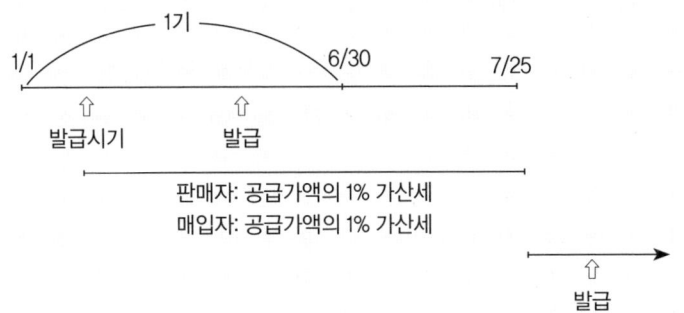

가산세는 공급가액(총 금액 중에서 부가가치세를 제외한 금액)의 1%입니다.

두 번째는 좀 더 심각한 케이스입니다. '공급 시기가 속한 과세 시간의 확정신고 기한을 지나서 발급받는 경우'입니다. 즉 1월부터 6월까지 물품을 구매한 것을 7월 25일을 지나서 세금계산서를 발급받거나, 7월부터 12월까지 물품을 구매한 것을 다음 연도 1월 25일을 지나서 세금계산서를 발급받은 케이스입니다. 이런 경우에는 판매자에게는 공급가액의 2%의 가산세가 부과됩니다. 더 큰 문제는 매입자입니다. 매입자는 가산세는 없으나 아예 매입세액공제를 받지 못합니다. 매입세액은 공급가액의 10%입니다. 가산세를 내더라도 매입세액을 공제받는 편이 유리하지만, 매입자는 아예 매입세액공제가 안 됩니다.

예전에 수기세금계산서를 사용할 때는 늦게 발급해도 어차피 날짜를 손으로 썼기 때문에 실제로 언제 발행한 세금계산서인지 알 수가 없었었습니다. 하지만 이제 거의 대부분이 전자세금계산서로 발행되기 때문에, 언제 세금계산서를 발행했는지 알 수 있습니다.

또한 요즘은 국세청이 워낙 다양한 부분에서 자료를 취합하여 분석하기 때문에 건물이 언제 완공되었는데, 이에 대한 세금계산서가 언제 발급이 되었는지, 어떤 특정한 업체와 거래가 1건 있었는데, 이에 대한 세금계산서가 마치 월합세금계산서처럼 다음 달 10일에 발급된 것은 없는지 등을 분석합니다.

국세청의 사후 검증으로 뜻하지 않은 가산세가 부과되거나 매입세액을 공제받지 못하는 경우도 발생할 수 있습니다. 만약 매입자가 세금계산서를 지연수취하여 매입세액공제를 받지 못한다는 사실을 인지하지 못하고, 매입세액공제를 신청하여 공제를 받았다면 매입자는 부가가치세를 추가적으로 납부할 뿐만 아니라 매입세액의 10%의 신고불성실가산세, 공급가액의 1%에 해당하는 매입처별 세금계산서합계표불성실가산세, 과소 납부금액에 대한 납부불성실가산세까지 부담하게 됩니다.

위와 같이 어처구니없는 불이익을 당하지 않기 위해서는 세금계산서는 반드시 공급 시기에 주고받아야 합니다. 설령 대금을 지급하지 못하더라도 세금계산서는 제때 주고받아야 한다는 사실을 명심하시기 바랍니다.

3. 음식점을 경영하는 경우, 면세물품 구입도 부가가치세를 공제받을 수 있나요?

　　　　　　　미가공식료품은 부가가치세가 과세되지 않습니다. 왜냐하면 미가공식료품에 부가가치세를 부과하면 그만큼 가격이 상승해서 서민의 삶이 팍팍해지기 때문입니다. 그래서 미가공식료품을 살 때는 부가가치세를 부담하지 않고 살 수 있습니다. 즉 매입세액을 내지 않고 살 수 있습니다.

　그럼 음식점을 경영하는 경우는 어떻게 될까요? 음식점은 주로 미가공식료품을 구입해서 음식을 만들어서 고객들에게 제공합니다. 만들어진 음식은 과세입니다. 따라서 음식점은 매입세액을 부담하지 않고, 원재료를 구매해서 식사를 제공하면서 부가가치세를 받게 됩니다.

　"그럼 좋은 거 아냐?"라고 생각하실 수도 있는데, 부가가치세를 납부할 때가 되면 부가가치세금 부담이 상당합니다. 매출세액은 있는데 공제받을 수 있는 매입세액은 별로 없으니 납부세액이 커지게 됩니다. 분기별로 부가가치세를 내야 하는데, 한꺼번에 목돈이 나가서 음식점의 경우 자금 압박에 시달릴 수 있습니다. 인건비 주고, 임대료 내고, 재료 사느라 부가가치세 낼 자금을 확보해놓기가 쉽지 않은데, 목돈이다 보니 납부 자체가 부담으로 다가올 수 있게 됩니다.

실제로 음식점을 기장하면서 부가가치세 신고서를 만들다 보면 매출세액에서 공제할 수 있는 세금계산서가 다른 도소매나 제조업에 비해서 적다는 것을 알 수 있습니다. 세금계산서는 주로 임대료, 주류, 가공된 식료품 일부입니다. 주재료인 쌀, 고기, 야채 등은 부가가치세가 과세되지 않는 계산서를 받게 됩니다.

세법은 이러한 부담을 줄여주기 위해서 '의제매입세액공제'라는 공제 항목을 만들었습니다. 비록 미가공식료품을 구매할 때 부가가치세를 부담하지 않았지만, 면세품목으로 과세품목을 만들어 부가가치세를 창출하므로 면세매입가액의 일정 비율만큼 부가가치세를 공제해주는 항목을 만든 것입니다. 이 의제매입세액공제가 의외로 쏠쏠하게 부가가치세를 줄여줍니다. 의제매입세액을 잘 활용하면 부담하지도 않은 부가가치세를 공제받을 수 있으므로, 그야말로 공짜 절세 혜택을 받을 수 있습니다.

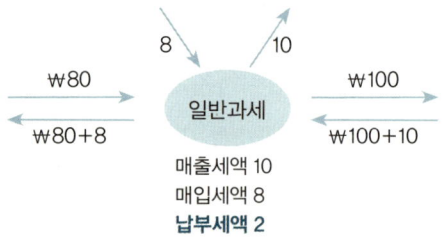

세법의 규정을 말씀 안 드릴 수 없겠죠? 세법에서 말하는 공제 요건을 말씀드리겠습니다. 면세 농산물 등을 구입하여 사용할 경우 의제매입세액공제 요건은 다음과 같습니다.

① 사업자등록이 된 부가가치세 과세사업자(간이과세자는 음식점과 제조업에 한함)이어야 함.
② 부가가치세 면세로 공급받은 농산물, 축산물, 수산물, 임산물이어야 함.
③ 농산물 등을 원재료로 하여 재화를 제조·가공 또는 용역을 창출하여야 함.
④ 제조·가공한 재화 또는 창출한 용역의 공급이 부가가치세가 과세되어야 함.

세법의 규정을 잘 보면 간이과세자는 음식점과 제조업에 한하지만, 일반과세자는 꼭 음식점이 아니더라도 공제 요건에 해당하면 의제매입세액공제를 받을 수 있습니다. 예를 들어 면세가 되는 나무, 꽃 등으로 화단을 만들어주고 세금계산서를 발급했다면 의제매입세액공제를 받을 수 있습니다.

또 농산물 등을 원재료로 하면서 해당 재화의 제조·가공에 직접적으로 사용되어야 합니다. 예를 들어 음식점에서 면세 재화나 용역을 제공받지만 제조·가공에 직접적으로 사용되지 않은 교육용역, 보건용역 등은 의제매입세액공제를 받을 수 없습니다.

의제매입세액공제율에 대해서 말씀드리겠습니다. 좀 복잡하긴 합니다. 일단 음식점을 경영하는 법인은 면세매입금액의 6/106 만큼 공제해줍니다. 음식점을 경영하는 개인사업자는 면세매입금액의 개인은 8/108 or 9/109(6개월 매출 2억 이하인 경우) 만큼 공제해줍니다. 과자점업, 도정업, 제분업 및 떡류 제조업 중 떡방앗간을 경영하는 개인사업자는 6/106 만큼을, 기타 제조업은 4/104 만큼 (중소기업 및 개인사업자) 나머지는 2/102 만큼 공제해줍니다.

예전에는 없었지만, 2014년 1월 1일부터는 공제 한도가 생겼습

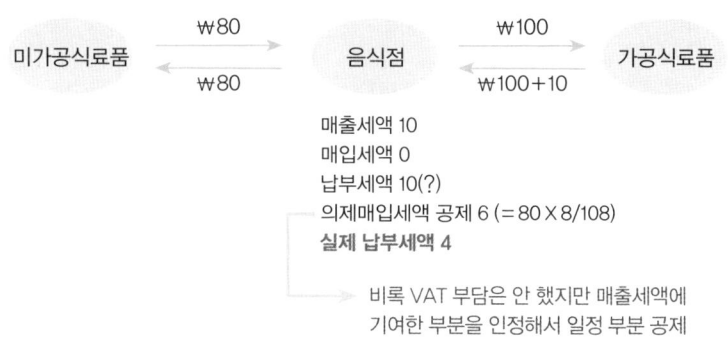

구분		한도금액	우대율 (2021년 말까지)	
		모든업종	음식점	일반업종
법인사업자		30%	40%	
개인 사업자	과세표준 1억 이하	50%	65%	55%
	과세표준 1억 초과~2억 이하		60%	
	과세표준 2억 초과	40%	50%	45%

니다. 무작정 공제를 다 해주지는 않겠다는 뜻입니다. 세율은 안 올랐지만 실질적 증세인 경우입니다. 이 부분은 표를 먼저 보겠습니다.

표의 맨 처음에 있는 법인사업자는 면세매입금액이 과세표준의 30%를 넘으면 그 넘는 금액은 의제매입세액공제를 해주지 않겠다는 뜻입니다. 우대율은 이러한 경우 공제 한도율 적용으로 부가가치세 부담이 급증한다는 반발이 있으니 2021년까지 적용받는 한도율입니다. 원래는 2018년까지만 우대율을 적용하기로 했는데, 우대율을 계속적으로 연장하여 2021년까지 연장하기로 했습니다. 2021년이 끝날 때 쯤 다시 연장되지 않으면 2022년부터는 기본율로 한도가 조정될 것입니다.

의제매입세액을 공제받기 위해서는 공급받은 사실을 증명하는 서류를 제출하여야 하므로 면세사업자로부터 원재료를 구입하고 난 후, 계산서나 신용카드 영수증(또는 직불카드 영수증)을 받아야 합니다. 그리고 매입처별 계산서합계, 신용카드 매출전표 등 수령명세서와 함께 의제매입세액공제신고서를 제출하여야 합니다.

요즈음에는 신용카드 사용이 보편화돼서 매출액이 그대로 노출됩니다. 따라서 부가가치세 부담이 많이 늘어났습니다. 앞서도 말씀드렸듯이 의제매입세액공제는 매입세액을 부담하지 않고 공제를 받는 꽤 쏠쏠한 공제 제도입니다. 개인사업자가 고기, 야채를 1,00만 원어치 구매하면 약 74만 원 공제받을 수 있습니다. 고기, 야채 등 미가공식료품을 구매할 때마다 계산서를 꼬박꼬박 받아서 의제매입세액공제를 적극 활용하시기 바랍니다.

4 부가가치세 매입세액을 공제받지 못하는 경우도 있을까요?

　　　　　　　이 책의 대부분의 내용이 어떻게 하면 세금을 줄일 수 있는지에 대한 것인데, 이번에는 세금을 줄이지 못하는 항목을 보고자 합니다. 세법에는 세금을 줄이는 항목에 대한 기술도 있지만 세금을 줄이지 못하는 항목에 대한 기술도 있기 때문입니다.

　특히 이번에는 내가 물건을 사거나 서비스를 제공받고 부담한 부가가치세 매입세액 중에서 공제를 받지 못하는 항목에 대해 하나씩 보도록 하겠습니다. 여기서 오해하면 안 되는 사항이 있습니다. 다음에 기술한 내용은 매입세액을 공제받지 못하기 때문에 세금계산서나 신용카드 매출전표를 받을 필요가 없을까요? 반드시 그런 것은 아닙니다. 세금계산서나 신용카드 매출전표를 받을 필요가 없는 항목도 있지만, 정책적 또는 논리적으로 공제받지 못하는 항목이 있기 때문에 소득세 또는 법인세의 비용처리를 위해서 증빙을 받아야 하는 항목도 있습니다.

우선 첫 번째로 당연한 이야기지만, 세금계산서를 미수취하거나 세금계산서의 내용이 부실하게 기재된 경우, 또 부가가치세 신고서에 매입처별 세금계산서 합계표를 미제출하거나 부실기제하면 부가가치세 매입세액을 공제받지 못합니다. 처리를 대신 해주는 세무대리인이 있다면 알아서 체크를 해줄 테지만, 혼자서 신고서를 만드시는 분들은 조심하셔야 할 사항입니다.

두 번째로 사업과 관련 없는 지출에 대한 매입세액은 부가가치세를 공제받지 못합니다. 예를 들어서 사무실에서 사용하기 위해서 구입한 컴퓨터는 매입세액공제가 가능하지만, 집에서 사용하기 위해서 구입한 컴퓨터는 매입세액공제가 안 됩니다. 물론 이는 사실판단을 해야 하는 상황입니다. 신고서를 만들다 보면 사업주가 신용카드 매출 전표를 가지고 오는데, 업무와 관련 없이 지방에 여행 가서 사용한 비용이 들어오는 경우도 종종 있습니다. 이런 비용들은 매입세액공제가 안 됩니다. 물론 이런 비용들은 나중에 소득세나 법인세 신고 시에도 비용처리가 안 됩니다.

세 번째로 비영업용 소형 승용차의 구입과 임차 및 유지에 관한 매입세액은 부가가치세를 공제받지 못합니다. 일반 세단 승용차를 생각하시면 되겠습니다. 1,000cc이하 경차, 9인승 이상 승합차, 화물차 등의 구입비 및 유지비(주유비, 수리비 등), 렌트 비용에 포함되어 있는 매입세액은 공제가 됩니다만, 일반 승용차의 위와 같은 비용은 부가가치세를 공제받지 못합니다. "난 내 승용차로 거래처 영업 다니고, 배달도 다니는 데요?" 해도 공제가 안 됩니다. 동 비용은 소득세나 법인세 신고 시에 부가가치세 매입세액을 포함해서 비용처리는 할 수 있습니다. 이는 국내 도로 여건상 개별소비세 과세대상 차량까지 부가가치세 매입세액을 공제해줄 필요가 있겠냐는 입법취지로 보입니다. 일부 학술대회에서 부가가치세를 공제해줘야 한다는 취지의 주장들이 있었지만 개정될 여지는 없어 보입니다.

　네 번째로 접대비 관련 매입세액도 부가가치세 공제가 안 됩니다. 접대비도 회사의 매출에 기여하는 지출이므로 소득세 및 법인세 계산 시 비용으로 계상이 가능한 항목입니다. 다만 동 비용은 사회통념상 건전한 비용으로 인식이 되지 않는 항목이므로 매입세액까지 공제를 해주지는 않습니다. 소득세나 법인세 신고 시에 매입세액을 포함하여 비용처리는 가능합니다. 다만 비용처리할 때도 접대비는 한도 내에서만 인정해줍니다. 비용으로 인정은 해주지만 너무 많이 쓰지는 말라는 취지입니다.

　다섯 번째로 면세사업 관련 매입세액은 부가가치세 공제가 안 됩니다. 면세사업자는 부가가치세 과세사업과 관련이 없는 사업자입니다. 면세사업자도 사무실을 임차하거나 비품 등을 구매할 때 부가가치세를 부담하지만, 면세사업자는 부가가치세를 납부하지 않으므로 부가가치세를 공제해주지 않습니다.

나머지는 다른 장에서도 말씀드렸던 내용입니다. 사업자등록을 신청하기 전의 매입세액은 공제받지 못합니다. 공급 시기가 속하는 과세기간이 끝난 후 20일 이내에 등록 신청한 경우 그 과세기간 내 매입세액은 공제받을 수 있습니다(241쪽 참조). 그리고 세금계산서를 지연수취하면 공제받지 못합니다. 즉 지연수취했지만 동일 과세기간의 확정신고 기한 내에 지연수취한 경우에는 매입세액을 공제받고 가산세를 부담하지만, 그 이후에 지연수취한 경우에는 매입세액을 공제받지 못합니다. 이 경우 가산세는 없습니다(244쪽 참조).

매입세액을 공제받지 못하는 경우들을 살펴보았습니다. 내가 잘못해서 공제받지 못하는 경우(세금계산서 미수취, 부실 기재 등), 사업과 관련 없는 지출, 내가 잘못한 건 없지만 정책적으로 공제받지 못하는 항목(비영업용 소형승용차, 접대비 등)들이 있습니다. 이러한 항목들은 세금계산서를 받아도 매입세액을 공제받지 못하므로, 부가가치세 납부를 준비하는 분들은 이러한 항목 때문에 부가가치세가 생각보다 더 나올 수 있다는 사실을 인지하고 준비해야 합니다.

> **5** 신고를 안 하면 무슨 일이 생기죠?

　　　　　　　　납부할 세금 자체가 없다면? 사업을 하는데 매출이 아예 '0'원이라면? 사업을 야심차게 시작했는데, 아직 시제품이 나오지 않았고, 부동산 임대업을 하는데 계속 공실로 있다면? 일단 가슴이 아프죠. 이런 경우에도 세무서는 신고를 하라고 하지만, 신고를 하지 않았다 하더라도 특별한 제재는 없습니다. 세법상 각종 의무사항 위반으로 인한 가산세는 본세의 몇 %가 붙는 방식으로 과세가 되는데, 본세가 0원이면 가산세도 0원이기 때문입니다.

　하지만 납부할 세금이 없어도 신고를 해야 하는 경우도 있습니다. 신고를 하는 편이 유리하기 때문이죠. 그리고 세금은 나올 것 같은데, 세금 낼 돈이 없는 경우라면 최소한 신고만이라도 해두어야 합니다. 왜냐하면 신고를 하지 않으면 추가적으로 내야할 금액이 더 커지기 때문입니다. 이번 장에서는 신고를 하지 않으면 어떻게 되는지에 대해 법인세, 종합소득세, 부가가치세, 공통 사항의 측면에서 알아보겠습니다.

법인사업자입장에서는 세금이 나오든 안 나오든 신고를 해야 한다고 생각하시면 됩니다. 법인은 주주가 출자한 자본금을 가지고 대표이사가 관리하는 개념입니다. 대표이사는 관리 결과를 보고할 책임이 있습니다. 그리고 법인사업자의 재무제표는 전기 재무제표상의 기말 금액이 이월되어 기초 금액을 형성합니다. 결산이 안 되면 다음 기수에 시작할 수 있는 숫자가 없습니다. 나중에 하려고 과거치 결산부터 다시 해야 하는데, 과거에도 결산이 안 된 것을 나중에 하려고 하면 보통 어려운 일이 아닙니다. 따라서 법인은 어찌됐든 결산을 하고 세무당국에 신고를 해야 한다고 보셔야 합니다.

개인사업자의 종합소득세 측면에서 보겠습니다. **개인사업자가 매출은 없는데 비용만 발생한 경우, 또는 매출보다 비용이 더 큰 경우에는 신고를 하는 편이 좋습니다.** 사업과 관련된 결손이 '이월결손금'이라는 이름으로 이월되어 향후 발생하는 소득에서 차감될 수 있기 때문입니다. 이 이월결손금은 발생한 년도로부터 10년간 이월됩니다. 따라서 세금이 없어도 결손이 발생한 경우에는 결손이 났다고 신고를 하는 편이 유리합니다.

이제 부가가치세 측면에서 보겠습니다. 우선 당연한 이야기지만 신고를 안 하면 신고서에 첨부되어 같이 신고하는 세금계산서 합계표가 안 들어갈 것입니다. 이 세금계산서합계표미제출가산세가 있습니다. 매출처별 세금계산서미제출가산세가 공급가액의 0.5% 부과됩니다. 별것 아니라고 생각하실 수 있지만, 마진율이 박한 이 시대에 매출액의 0.5%는 결코 적은 금액이 아닙니다. 또한 세원 관리를 위해서 부동산업, 전문서비스업(예를 들어 의사, 변호사, 회계사 등), 보건업, 그밖에 개인서비스업(예를 들어 부동산중개업자 등)의 경우 부가가치세 신고를 할 때 현금매출명세서를 제출하는데, 현금매출명세서미제출가산세가 공급가액의 1% 부과됩니다.

이제 공통 사항입니다. 이 공통 사항은 납부할 세금이 있는 경우에 부과되는 사항입니다. 세금 납부할 돈이 없어도 일단 신고는 하셔야 한다는 차원에서 말씀드립니다. 납부할 세금이 있는데 신고를 안 하면 신고불성실가산세와 납부불성실가산세가 한 세트로 붙습니다. 그런데 이 중에서 신고를 하고 납부를 안 하면 신고불성실가산세가 없어지고 납부불성실가산세만 붙습니다. 즉 어차피 납부를 못 할 거면 신고만이라도 해서 신고불성실가산세라도 줄이는 편이 좋습니다.

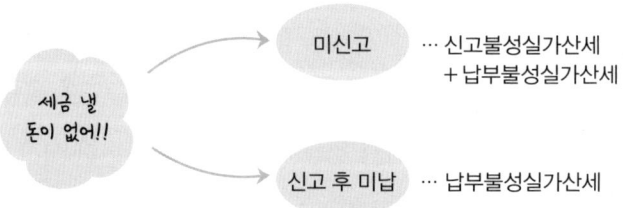

신고불성실가산세는 부당무신고가산세와 일반무신고가산세 두 가지가 있습니다. 부당무신고가산세만 알면 나머지는 일반무신고가산세입니다. 부당무신고가산세는 이중장부 작성 등 장부의 허위 기장, 허위 증빙 또는 허위 문서의 작성, 허위 증빙의 수취, 장부와 기록의 파기, 재산을 은닉하거나 소득·수익·행위·거래의 조작 또는 은폐, 그 밖에 국세를 포탈하거나 환급·공제받기 위한 사기나 기타 부정한 행위로 인한 무신고의 경우에 적용되며, 이는 납부세액의 40%가 부과됩니다. 일반무신고가산세는 부당무신고의 사유가 아닌 무신고로 인한 가산세로서 납부세액의 20%가 부과됩니다.

신고 기간에 깜박 잊고 신고를 못하신 경우 "에이, 어차피 늦은 거 나중에 하지 뭐…."라고 생각하면 안 됩니다. 기한 후 신고의 경우 신고를 언제 했느냐에 따라서 신고불성실가산세가 줄어들 수도 있습니다. 법정 신고 기한이 지난 후 1개월 이내에 기한 후 신고를 하면 무신고가산세의 50%가 감면됩니다. 예를 들면, 40%가 20%로, 20%가 10%로 줄어듭니다. 그리고 1개월 초과 3개월 이내에 기한 후 신고를 하게 되면 무신고가산세의 30%가, 3개월 초과 6개월 이내인 경우 20%가 감면됩니다. 그러니 깜박 잊으셨다 하더라도 빨리 신고를 하시는 편이 절세 차원에서 유리합니다.

참고로 납부불성실가산세는 신고 기한까지 납부하지 아니한 경우 미납일수만큼 붙는 가산세입니다. 어찌 보면 지연 이자 같은 성격입니다. 납부불성실가산세는 '납부세액×미납일수×0.025%'만큼 붙습니다. 연이자율로 치면 9.125%에 해당하는 엄청난 금액입니다. 원래 납부불성실가산세는 하루에 0.03%로 연이자율로 따지면 10.95%에 해당하는 금액이었습니다. 납부불성실가산세 요율은 2012년에 만들어진 규정인데, 2019년에 들어서야 조금 낮아졌습니다. 금액이 납부할 때까지 매일매일 늘어나게 되니 여유가 있으면 조금이라도 빨리 세금을 납부하는 편이 좋습니다.

6 아는 사람하고 거래하는 데 꼭 시가대로 해야 하나요?

사실 지인한테 물건 값을 다 받고 팔기가 좀 궁색하긴 합니다. 물건을 살 때도 마찬가지입니다. 필요한 물건을 지인한테 가서 사는 이유도 혹시나 다른 곳에서 구매하는 것보다는 조금이나마 저렴하게 살 수 있지 않을까 하는 기대 심리도 작용하고 있기 때문입니다.

하지만 세법에서는 특수관계자 간의 거래에서 정상적인 금액으로 거래가 이루어지지 않고, 왜곡된 금액으로 이루어져 어느 한쪽의 세금 부담이 적어지게 되면 이를 부당 행위로 보아 과세하는 제도를 운영하고 있습니다. 오해하면 안 되는 부분이 특수관계자 간 거래를 하지 말라는 뜻은 아닙니다. 거래를 할 수 있으나, 시가대로 거래하라는 뜻입니다. 그리고 거래 자체를 인정하지 않겠다는 뜻도 아닙니다. 거래 자체는 유효하지만 세법이 세금 계산을 시가를 적용해서 다시 하겠다는 뜻입니다.

예를 들어보겠습니다. 삼촌이 가지고 있는 주식을 조카에게 판다고 가정해보겠습니다. 이 주식의 시가는 주당 10,000원이고, 액면가는 5,000원입니다. 삼촌이 조카에게 10,000주를 팔면서 "네가 무슨 돈이 있겠냐. 내가 처음에 액면가로 샀으니까, 너한테도 액면가인 5,000원에 넘겨줄게!"라고 액면가에 팔게 되면 세법상 부당 행위가 되는 것입니다. 삼촌은 원래 1억원(10,000주×10,000원)에 팔 수 있는 주식을 5,000만 원(10,000주×5,000원)에 팔게 되어 결

▌특수관계자 간 거래

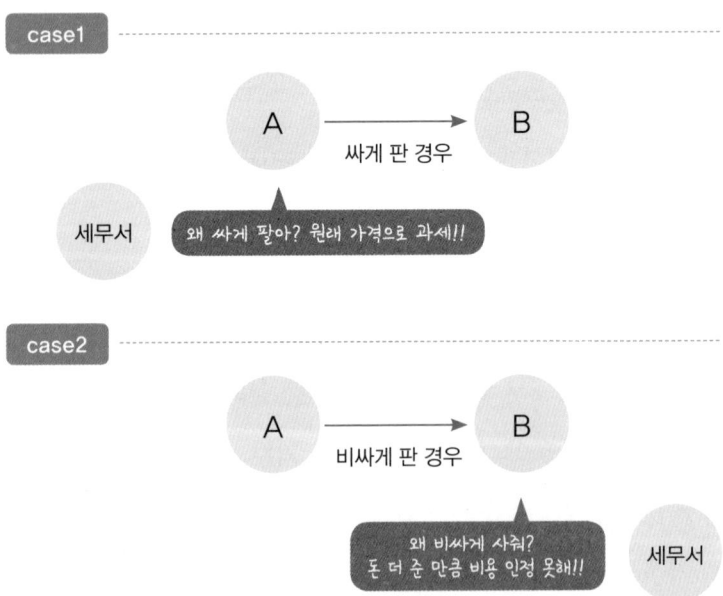

국 5,000만 원에 대한 양도소득세를 부담하지 않게 되었기 때문입니다. 따라서 세법은 이에 대해 부당행위계산부인규정을 적용하여 시가인 1억 원에 판 것으로 가정하고 세금을 계산하게 됩니다.

거래에 부당행위계산부인규정을 적용했다고 해서 주식을 양도한 거래 자체가 부정되는 것은 아닙니다. 주식은 그대로 조카의 소유가 됩니다. 다만 세금은 1억 원을 기준으로 다시 계산하게 됩니다.

부당행위계산부정은 여러 곳에 적용됩니다. 아버지 소유의 상가에서 아들이 임대료를 내지 않고 장사를 하게 되면 어떻게 될까요? 사실 아버지가 아들에게 임대료를 받지 않았다고 누가 뭐라 할 사람은 없을 것입니다. 하지만 세법의 입장에서는 아버지가 특수관계자인 아들에게 무상으로 부동산임대용역을 제공함으로써 임대료에 대한 부가가치세와 소득세를 누락한 것으로 판단합니다. 그래서 이에 대하여 부당행위계산부인규정을 적용해서 부가가치세와 소득세, 그리고 가산세까지 부과하게 됩니다.

다만 주택은 달리 적용됩니다. 직계존비속(위로는 아버지 및 할아버지, 밑으로는 자녀, 손자녀)에게 주택을 무상으로 사용하게 하고, 직계존비속이 그 주택에 실제 거주하는 경우는 제외합니다. 주택은 살아가는데 꼭 필요한 것인데, 아버지가 소유하고 있는 주택에 아들이 무상으로 주거하고 있다고 부당행위계산부인을 적용하지는 않습니다.

특수관계자의 범위는 다음과 같습니다.

1. 해당 거주자의 친족
2. 해당 거주자의 종업원 또는 그 종업원과 생계를 같이하는 친족
3. 해당 거주자의 종업원 외의 자로서 해당 거주자의 금전 기타 자산에 의하여 생계를 유지하는 자와 이들과 생계를 같이하는 친족
4. 해당 거주자 및 그와 제1호부터 제3호까지에 규정하는 자가 소유한 주식 또는 출자지분의 합계가 총 발행주식수 또는 총 출자지분의 100분의 30 이상이거나 해당 거주자가 대표자인 법인
5. 해당 거주자와 제1호부터 제3호까지에 규정하는 자가 이사의 과반수이거나 출연금(설립을 위한 출연금에 한한다)의 100분의 30 이상을 출연하고 그 중 1인이 설립자로 되어 있는 비영리법인
6. 제4호 또는 제5호에 해당하는 법인이 총 발행주식수 또는 총 출자지분의 100분의 30 이상을 출자하고 있는 법인

위에서 친족은 6촌 이내의 혈족, 4촌 이내의 인척, 배우자(사실상의 혼인관계에 있는 자를 포함), 친생자로서 다른 사람에게 친양자 입양된 자 및 그 배우자·직계비속을 말합니다.

복잡하죠? 쉽게 '내가 친척이라고 부르는 사람들과 종업원의 친척, 내가 대표자인 법인과 주식을 30% 이상 소유한 법인 정도까지 특수관계자가 되겠구나.'라고 생각하시면 됩니다.

조세금 부담을 부당하게 감소시킨 경우는 다음과 같습니다.

1. 특수관계자로부터 시가보다 높은 가격으로 자산을 매입하거나 특수관계자에게 시가보다 낮은 가격으로 자산을 양도하는 경우
2. 특수관계자에게 금전 기타 자산 또는 용역을 무상 또는 낮은 이율 등으로 대부하거나 제공한 때
3. 특수관계자로부터 금전 기타 자산 또는 용역을 높은 이율 등으로 차용하거나 제공받는 경우
4. 특수관계자로부터 무수익자산을 매입하여 그 자산에 대한 비용을 부담하는 경우
5. 기타 특수관계자와의 거래로 인하여 당해 연도의 총 수입금액 또는 필요경비의 계산에 있어서 조세의 부담을 부당하게 감소시킨 것으로 인정되는 경우

여기서 '시가'는 당해 거래와 유사한 상황에서, 특수관계자 외의 불특정 다수인과 계속적으로 거래한 가격 또는 특수관계자가 아닌 제3자 간에 일반적으로 거래되는 가격을 말합니다. 그리고 조세금 부담을 부당하게 감소시킨 경우에서 시가와의 거래금액의 차액이 3억 원 이상이거나 시가의 5%에 상당하는 금액 이상인 경우에 부당행위계산부인규정을 적용합니다.

특수관계자와의 거래가 있으면 아무래도 과세당국은 부당 행위가 있지는 않은지 다시 한 번 돌아보게 됩니다. 이때 시쳇말로 '꼬

투리 잡히지 않으려면' 다른 사람과 거래하는 금액 그대로 거래하시면 됩니다. 아무리 특수관계자라도 거래가 필요하면 해야 합니다.

특수관계자와의 거래는 시세대로! 잊으시면 안 됩니다.

> ### 7 소득공제와 세액공제는 어떻게 활용하나요?

　　　　　　　　　　종합소득세 신고서를 만들다보면 소득금액은 큰데 소득공제에서 공제를 많이 받아서 세금을 줄이시는 분들을 가끔 보게 됩니다. 이런 분들이야 말로 사업을 잘해서 돈도 많이 버시고 세금도 적게 내시는 분들입니다. 저도 가끔 소득공제의 혜택을 톡톡히 받으셔서 세금 줄이시는 분들이 부러울 때가 있습니다.
　예전에 어떤 사업주분의 결산을 해드릴 때의 일입니다. 사업을 잘하셔서 돈도 많이 버신 분이었습니다. 그런데 5월 종합소득세가 좀 부담스러웠는지 어떻게 줄일 수 있는 방법이 없느냐고 자꾸 물어보셨습니다. 결산 숫자를 조정해볼 여지가 있는지 여러 각도로 봐도 당최 길이 잘 보이지 않았습니다. 필요경비 자료가 더 있는지 여쭤보아도 더 이상의 자료는 없다고 한 상태였습니다. 고민하다가 혹시 부양가족이 없는지 물어보았습니다. 그러자 그분께서 그럼 부양가족을 알아보겠다고 하시더니, 다음날 사업주 본인의 아버지, 어머니, 장인어른, 장모님까지 부양가족으로 포함시킬 수 있다고 하였습니다. 아마 그 전에는 다른 형제들이 부양가족으로 포함시키셨는데, 이번에 그 사업주의 부양가족으로 포함시키기로 했던 모양이었습니다.

4명 모두 소득이 없어 기본공제대상자일 뿐만 아니라, 연세도 많아 경로우대자공제까지 받을 수 있었습니다. 게다가 1명은 장애인으로 등록까지 되어 있어서 순식간에 소득공제금액만 1,200만 원이 증가하였습니다. {(기본공제 150만 원+경로우대자공제 100만 원)×4명 + 장애인공제 200만 원} 부양가족 4명을 신고서에 포함시킨 덕분에 그 사업주는 소득세 부담을 크게 줄일 수 있었습니다.

어떤 여자 사업주는 남편도 없이 혼자서 식당을 운영하는데, 어머니와 조부모님이 다 살아계시고 전부 다 장애인 등록이 되어 있어 소득세를 거의 안내는 경우도 있습니다. 어르신들을 부양하느라 고생하시는데, 소득세 혜택이라도 받을 수 있어 얼마나 다행인지 모릅니다.

<u>사업소득자는 근로소득자에 비해서 적용할 수 있는 소득공제 및 세액공제 항목이 적습니다. 하지만 사업소득자도 받을 수 있는 소득공제나 세액공제 항목을 찾아보면 의외로 세금을 줄일 수 있는 포인트가 많다는 것을 알게 됩니다.</u>

우선 사업소득자도 인적공제와 관련된 항목은 다 받을 수 있습니다. 소득공제 중에서 기본공제는 본인, 배우자 및 생계를 같이하는 부양가족(연간 소득금액(퇴직·양도소득 포함) 100만 원 이하)에 대해 1명당 연 150만 원을 공제(총 급여액 500만 원 이하의 근로소득만 있는 배우자 또는 부양가족 포함)받을 수 있습니다. 기본공제대상자는 아래의 나이 조건을 만족하여야 하며 장애인은 나이 요건이 없습니다.

부양가족	직계존속	직계비속	형제자매	위탁아동	수급자
나이 요건	60세 이상	20세 이하	20세 이하, 60세 이상	6개월 이상 직접 양육	제한 없음

그리고 위의 기본공제대상자가 다음에 해당하는 경우에는 기재된 금액을 추가적으로 공제받을 수 있습니다.

공제대상	경로우대	장애인	부녀자	한부모공제
공제금액	100만 원	200만 원	50만 원	100만 원

경로우대자공제는 기본공제대상자 중에서 만 70세 이상인 분이 계실 때 받을 수 있으며 부녀자공제는 종합소득금액이 3,000만 원 이하(여성 소득 기준)인 남편이 있는 여성(남편이 소득이 있어도 공제됨)이거나, 종합소득금액이 3,000만 원 이하인 배우자가 없는 여성으로서 부양가족이 있는 세대주의 경우 받을 수 있습니다. 한부모

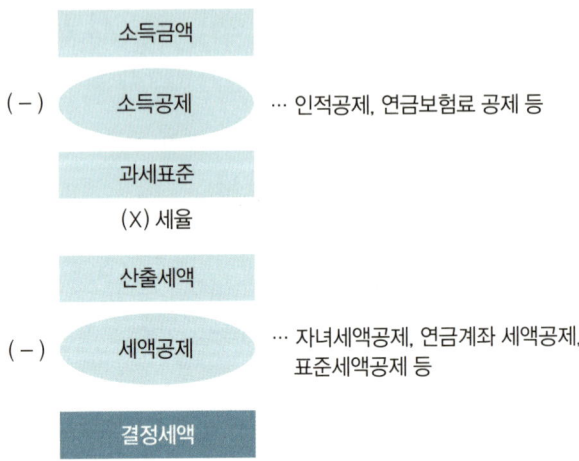

공제는 배우자가 없는 사업주로 기본공제대상자인 직계비속 또는 입양자가 있는 경우에 받을 수 있으며, 부녀자공제와 중복으로 공제되지는 않습니다.

그 밖에 국민연금보험료 전액을 소득공제 받을 수 있으며, 소기업·소상공인공제(노란우산 등)에 가입하여 납입하는 공제부금에 대해서 해당 연도의 소기업·소상공인 공제부금 납부액 중 최대 500만 원 이내의 금액을 소득공제 받을 수 있습니다.

이제 세액공제를 한번 확인해보겠습니다. 사업자는 자녀세액공제, 연금계좌세액공제, 표준세액공제를 받을 수 있습니다.

우리는 수험생이 아니기 때문에 위의 항목들을 달달 외울 필요는 없습니다. 그냥 '이런 항목들이 있구나.' 정도로만 읽고, 나중에 종합소득세 신고서 작성할 때 '그때 이런 걸 본 적이 있었던 것 같던

세액공제명	금액 및 세액공제액
자녀세액공제	• 기본금액(손자, 손녀 제외) : 1인(15만 원), 2인(30만 원), 3인 이상(30만 원+2인 초과 1인당 30만 원) • 출생, 입양: 첫째 30만 원, 둘째, 50만 원, 셋째 70만 원
연금계좌세액공제	• 연금계좌 납입액의 12%(기본) 또는 15%(종합소득 4천만 원 이하인 경우), 한도는 400만 원(종합소득 1억 초과시 300만원, 퇴직연금 포함시 한도 700만원)
표준세액공제	• 근로소득이 없는 거주자로서 종합소득이 있는 경우 7만 원 • 의료비 · 교육비 · 월세액세액공제를 신청하지 아니한 성실 신고사업자 12만 원

데….' 정도만 기억하면 됩니다.

내용을 보면 아시겠지만 생각보다 공제 항목이 많습니다. 위의 항목 중에서 연금계좌세액공제는 적극적으로 불입하면 공제받을 수 있는 항목이며 나중에 연금을 받으실 수 있으니 최대한 활용하면 좋을 듯합니다. 당연히 공제받을 수 있는데 몰라서 못 받는 경우도 있을 수 있습니다. 신고서를 작성할 때 내가 받을 수 있는 소득공제나 세액공제 항목은 없는지 한 번 더 체크해보면 절세에 큰 도움이 될 것입니다.

8 대금지급은 왜 금융회사를 통해서 해야 하죠?

　　　　　　사무실로 어떤 사업주께서 찾아오셨습니다. 종합소득세 신고를 직접 하셨는데, 세무서에서 그분이 작성한 필요경비를 인정할 수 없으니 세금을 부과하겠다고 통지서를 보낸 것이었습니다. 당시 신고서상 매출액이 3억 5,000만 원, 매입액이 3억 원 정도였습니다.

　사실관계를 파악해보니 그 사업주는 3군데 업체로부터 상품을 매입해서 판매하셨는데, 세금계산서를 하나도 받지 않았던 것이었습니다. 하지만 그분은 매출과 매입이 둘 다 사실대로 이루어졌고 그대로 신고서를 작성했다고 주장하셨습니다. 그래서 제가 "혹시 매입이 있었다는 사실을 증명할 만한 자료가 있나요?"라고 물어보았습니다. 그러자 매입이 있을 때마다 거래명세서를 받았고 물품

대금을 통장으로 송금했다고 말씀하셨습니다.

결국 꼼꼼하게 자료를 챙겨두신 그 사장님의 승리였습니다. 자료를 살펴본 결과 비록 세금계산서를 받지 않으셨지만, 거래가 있었다는 사실을 입증할 수 있는 거래명세서와 거래가 있었을 때마다 송금한 대금지급증빙이 다 일치한다는 사실을 알 수 있었습니다. 결국 그분은 세무서로부터 실제로 매입이 있었다는 것을 인정받게 되었습니다. 만약 그분에게 자료가 없었다면 꼼짝없이 가산세 포함해서 1억이 훨씬 넘는 세금을 낼 뻔했습니다. 비록 세금계산서를 못 받은 책임, 즉 증빙불비가산세 약 600만 원을 냈지만 그것으로 종결할 수 있었습니다.

실제로 거래가 있었다는 사실을 입증하는데 통장거래내역만큼 파워풀한 자료도 없습니다. 부가가치세 신고서를 작성하고 보면 일반과세자들이 사업 초기에 인테리어를 하거나 재고를 많이 매입해서 환급세액이 나오는 경우가 종종 있습니다. 그럼 세무서에서 환급을 하기 전에 환급 심사를 하게 되는데, 이때 주로 달라고 하는

자료가 통장거래내역입니다. 환급을 해주기 전에 실제로 거래가 있었고, 부가가치세 매입세액을 부담하였는지 검토하기 위해서입니다.

이런 경우도 있습니다. A업체가 B업체로부터 물건을 여러 차례 매입하고 물품대금을 지급하였습니다. 그런데 B업체가 세무서에 세금을 체납하게 되었습니다. 그러면 세무서에서는 B업체의 채권을 압류합니다. 그리고 A업체로 연락을 해서 'B업체가 세금을 체납해서 채권을 압류했으니 B업체로 송금할 금액을 세무서로 송금하시오.'라고 합니다. 그러면 A업체는 '나는 이미 물품대금을 다 송금했는데 무슨 말이냐? 줄 돈 없다!'라고 주장해야 하는데, 이때 주장할 수 있는 근거가 바로 통장거래내역입니다.

이와 같이 통장거래내역은 다방면에서 유용한 수단입니다. 만약 세금계산서를 자료상으로부터 매입했다면 세금계산서와 수수료만 주고받고 물품대금을 주고받지는 않았을 것입니다. 상대방이 자료

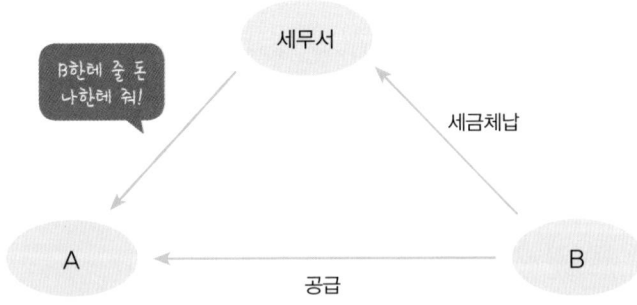

상으로 판단되었는데, 그 사람과 거래한 사람이 '우리는 물품대금을 현찰로 주고받았어요!'라고 주장해봤자 인정이 되지 않습니다.

실제로 거래가 있었다는 사실을 입증할 책임은 납세자에게 있습니다. 거래가 있었다면 물품대금은 꼭 금융회사를 통해서 지급하세요. 그래야 여러 면에서 사업주가 보호받을 수 있습니다.

쉬어가는 페이지

노무리스크 관리 방법

 **사람 관계가 제일 힘들어요!**

 제가 하고 있는 일이 기업의 회계와 세무를 관리해드리는 것이기에 전문적으로 말씀드릴 수 있는 영역은 아닙니다만, 요즘은 인사관리의 중요성도 무시할 수 없을 정도로 커지고 있습니다. 세무리스크도 관리하셔야 하지만, 노무리스크에 대한 대비도 충분히 되어 있지 않으면 나중에 큰 낭패를 볼 수 있습니다.

   중소기업의 인사관리는 말 그대로 주먹구구식입니다. 중소기업은 일반적으로 인사나 노무를 담당할 전문 인력을 영입할 정도의 여유가 없으며, 당장 돈이 나가는 일도 아니기에 사업주가 그 필요성을 느끼지 못하는 경우도 많습니다. 예전에는 그냥 넘어갈 수 있었을지 모르지만, 이제는 상황이 달라졌습니다. 요즘은 워낙 인터넷이 발달해서 조금만 검색해보면 웬만한 노동법 관련 사항은 조회가 가능합니다. 지금은 직원들이 시키는 대로 고분고분 일하고 주는 대로 받는 시대가 아닙니다. 평소에 말 잘 듣고 일 잘한다고 생각하던 직원이 퇴사하고 나서 사장님께 부당한 대우를 받았다고 신고하는 경우가 많습니다. 많은 사업주들이 관련 규정을 숙지하지 못한 상태로 직원

을 관리하다가 고용노동부에 출석하고 큰돈을 물어내는 경우도 부지기수입니다.

그럼, 직원과 올바른 관계를 유지하기 위해서는 어떻게 해야 할까요? 가장 먼저 챙겨야 할 포인트는 최저임금을 준수하는 것입니다. 요즘은 기본적인 근로기준법을 모두 숙지하고 있는 젊은이들이 대다수입니다.

또 일부 불성실하거나 기대에 못 미치는 아르바이트생을 겪은 사장님일수록 아르바이트생을 소모품으로 취급하는 경우가 많습니다. 특히나 인격적인 모독은 피해야 합니다. 다른 직원들 앞이나 손님 앞에서 직원을 공개적으로 모욕하는 경우 모욕죄가 성립될 수도 있습니다. 작은 실수가 법적인 문제로 이어지지 않도록 조심해야 합니다.

무엇보다 중요한 것은 사장님부터 모범을 보여야 한다는 것입니다. 직원들은 기본적으로 사장님을 본받습니다. 사장님이 매사에 솔선수범하고 열정적으로 일하면 직원들도 거기에 맞추어 움직이게 되어 있습니다. 다만 사장님이 열심히 하는데도 불만만 표시하며 따라오지 않는 직원이 있다면 해고하는 편이 좋습니다. 불성실하고 부정적인 모습은 금세 전염됩니다.

직접 인사관리를 챙기기 힘들다면 노무사의 도움을 받기 바랍니다. 저도 사업 초기에 좋은 노무사님을 만나서 쉽게 문제를 해결할 수 있었습니다. 급여 설계부터 각종 인사 규정 정비, 직원의 입·퇴사와 4대보험, 노무분쟁까지 인사와 관련된 많은 부분을 노무사가 해결해줄 수 있습니다.

한번은 제가 노무사님께 이런 질문을 했습니다.

"노무사님은 사장님들 편입니까? 직원들 편입니까?"

그때 노무사님이 명쾌하게 답을 주셨습니다.

"우린 돈 주는 사람 편입니다."

Chapter 7
기초를 넘어선 절세 포인트

❶ M&A도 부가가치세가 과세되나요?
❷ 거래처가 의심스러울 때는 어떻게 하나요?
❸ 부동산을 임대하는 경우, 기장을 할까요? 추계신고를 할까요?
❹ 주택임대소득 과세 규정이 어떻게 되죠?
❺ 부부 중에 임대업은 누가 하는 게 좋아요?
❻ 중간에 퇴직해서 연말정산공제를 제대로 못 받았어요
❼ 직원도 아니고, 그렇다고 사업자도 아닌데···
❽ 중소기업 세제혜택에는 뭐가 있죠?

! 근로소득이나 사업소득 등 다른 소득이 있는 상태에서 임대용 상가를 취득할 경우에는 증여세가 과세되지 않는 범위 내에서 다른 소득이 없거나 적은 배우자의 명의로 분할하여 취득하면 소득세를 절감할 수 있습니다. 다만 4대보험이 추가될 수 있다는 점만 유의하면 되겠습니다.

1 M&A도 부가가치세가 과세되나요?

사업을 시작하는 방법에는 처음부터 새로운 비즈니스를 디자인하는 방법이 있고, 기존의 비즈니스를 인수하는 방법이 있습니다. 기존의 비즈니스를 인수하는 방법은 초기 자금은 많이 소요될 수 있지만, 비즈니스가 어떻게 운영되고 있었는지 파악하고 시작할 수 있어 리스크가 적다는 장점이 있습니다. 이렇게 기존의 비즈니스를 인수하는 방법을 우리는 사업의 포괄양수도 또는 M&A라고 부릅니다.

부가가치세법은 재화나 용역의 공급거래에 대하여 부가가치세를 과세하고 있습니다. 여기서 '사업'이라는 것도 재화로 볼 수 있을까요? 일반적인 사업의 양도양수는 부가가치세 과세 대상이므로 자산 중 부가가치세 과세 대상인 것에 대해서는 세금계산서를 발급하고 부가가치세를 신고·납부하는 것이 원칙입니다. 하지만 사업의 포괄적 양도·양수는 부가가치세 과세 대상에 해당하지 않아 세금계산서 발급 및 신고·납부의무가 없습니다.

'사업의 포괄적 양도·양수'란 사업장별로 사업용 자산을 비롯한 인적시설 및 권리, 의무 등을 포괄적으로 승계하여 양도하는 것을 말합니다. 사업의 포괄적 양도·양수가 되기 위해서는 다음과 같은 요건을 갖추어야 합니다.

<u>첫째로 사업 양도·양수 계약서 등에 의거 사업의 포괄적 양도 사실이 확인되어야 하며, 계약서에 따라서 사업장별로 그 사업에 관한 모든 권리와 의무가 포괄적으로 승계되어야 합니다.</u> 사업에 관한 인적 설비(종업원)와 물적 설비(기계장치 등)를 전부 승계하는 것을 원칙으로 하며, 사업의 일반적인 거래에서 발생된 것이 아닌 미

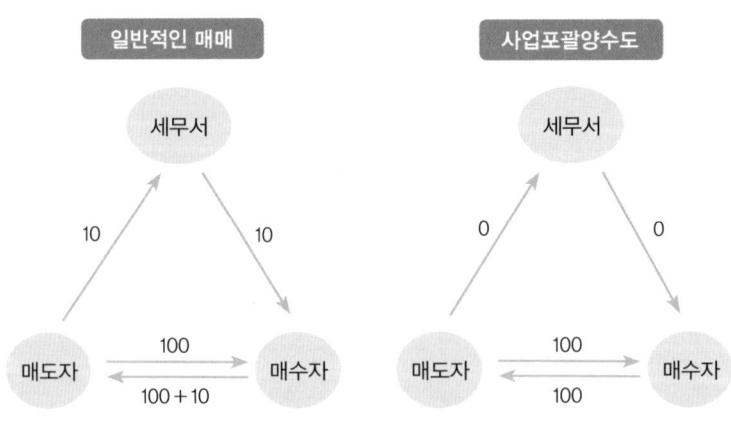

VAT 부담 없이 사업의 매수 가능

수금 또는 미지급금과 사업과 직접적으로 관계없는 부동산은 제외되어도 됩니다.

둘째로 양도자 및 양수자가 과세사업자이어야 합니다. 사업의 양수도 시점에는 양수도자 간 동일 업종이 유지되어야 하며, 과세사업의 범위 내에서 포괄 양수도 후에 사업 양수자가 포괄 양수도 받은 사업 이외에 새로운 사업을 추가(면세사업 제외)하거나 사업의 종류를 변경하는 경우에도 포괄 양수도로 보고 있습니다.

셋째로 사업 양도 후 '사업양도신고서'를 제출해야 합니다. 포괄 양수도일 경우에는 양수도 하는 자산에 대하여 세금계산서 발급 의무가 없으므로 해당 과세기간의 부가가치세를 폐업일이 속하는 달의 말일로부터 25일 이내에 신고납부하면 됩니다. 이 경우 사업 양도 신고서 및 사업 양도·양수 계약서를 확정신고와 함께 제출하여야 하지만 미제출한다고 해서 포괄 양도를 인정받지 못하는 것은 아닙니다.

부가가치세는 왜 과세하지 않을까요? 이는 사업 양수자에 대해서 부가가치세를 과세해도 세금 징수 효과가 없기 때문입니다. 한쪽은 납부를 하고 다른 한쪽은 고스란히 환급을 받으니 징수 효과가 없습니다. 그런데도 부가가치세 과세를 강행하면 부가가치세만큼 양수도 가액이 증가되어 불필요한 M&A 저해요소가 됩니다.

사업의 포괄 양수도를 한다고 해서 사업자등록번호가 유지되는 것은 아닙니다. 여전히 기존의 사업자는 폐업을 하고, 신규사업자는 개업을 하는 것입니다. 사업자의 명의가 바뀌기 때문에 사업자 등록번호를 유지시키지는 못합니다. 다만 사업의 양수도로 인한 부가가치세는 줄일 수 있습니다. 따라서 잘 운영되는 가게를 인수하거나 임차인이 있는 상가를 매입하는 경우에는 포괄 양수도의 방법으로 인수하는 방법을 택하는 편이 부가가치세의 부담 없이 사업을 시작할 수 있는 좋은 방법이 될 수 있습니다.

2 거래처가 의심스러울 때는 어떻게 하나요?

여러 사업주의 신고서를 만들다 보면 가끔 어처구니없는 일이 생기곤 합니다. 예를 들어 사업주가 재화를 매입하고 열심히 세금계산서를 받아왔습니다. 대금도 다 결제했고, 이분은 이 세금계산서로 매입세액공제가 될 것으로 예상하였습니다. 그런데 막상 세금계산서를 입력하고 보니 상대방이 간이과세자였습니다. 간이과세자는 세금계산서를 발행하지 못합니다. 그런데 간이과세자가 세금계산서를 발행했다면 이는 정당한 세금계산서가 아닙니다. 따라서 간이과세자가 발행한 세금계산서로는 매입세액공제를 받을 수가 없습니다. 이 세금계산서로는 증빙을 할 수 없습니다. 어쩔 수 없이 이분은 매입세액공제를 받지 못하고, 부가가치세를 많이 낼 수밖에 없게 되었습니다.

이런 경우도 있습니다. 평소에 거래를 하던 사람은 아니었는데, 시세보다 싸게 물건을 대줄 수 있다는 제의가 들어온 경우입니다. 세금계산서 발행이 안 되면 거래를 안 하겠다고 했더니, 세금계산서도 발행해줄 수 있다고 합니다. '그럼 문제될 게 없겠네.' 하고 덥석 거래를 하고 세금계산서를 받고 입금도 했는데, 예전에 폐업한 사람이었습니다.

이런 경우에 한 번쯤은 의심해볼 필요가 있습니다. 과연 저 사람은 정상 사업자인가? 저 사람이 발행해준다고 하는 세금계산서가 정당한 세금계산서인가? 지금 발행해주는 세금계산서의 사업자가 혹시 폐업자는 아닐까? 저 사람 혹시 다른 사람 명의로 세금계산서를 발행하는 것은 아닐까?

거래를 시작할 때 상대방이 의심스러운 경우가 발생하면 세금계산서를 받을 때 다음 사항을 확인해보시는 것이 좋습니다.

첫째, 물건을 판 사업자가 발급하는 세금계산서인지 확인해야 합니다. 물건을 판매하는 사업자가 자신의 매출을 숨기기 위해 다른 사업자의 명의로 세금계산서를 발급하는 경우가 종종 있습니다. 이런 세금계산서를 가공세금계산서라고 합니다. 가공세금계산서를 받은 경우에는 매입세액을 공제받을 수 없습니다.

둘째, 세금계산서 발급이 가능한 정상사업자인지 확인해야 합니다. 폐업자나, 간이과세자 또는 면세사업자는 세금계산서를 발급할 수 없습니다. 따라서 이러한 사업자들이 발급한 세금계산서를 정당한 세금계산서가 아니므로, 세금계산서의 효력이 없어 매입세액을 공제받을 수 없습니다.

특히나 폐업을 하고나서 남아 있는 재고를 처분하는 과정에서 종전의 사업자등록번호로 세금계산서를 발행하는 경우가 있습니다. 이러한 경우에도 정당한 세금계산서가 아니므로 확인해볼 필요가 있습니다.

거래 상대방이 세금계산서를 발급할 수 있는 일반과세자인지 확인하고 싶다면 홈텍스 사이트를 통해서 확인할 수 있습니다. 로그인을 할 필요도 없이, 홈텍스 사이트에서 '조회/발급' 메뉴를 클릭하고, '사업자 상태'라는 네모박스에서 '사업자등록번호로 조회'를 클릭하면 사업자의 유형 및 폐업 유무를 확인할 수 있습니다.

해당 사업자가 신용도가 좋은지 자금 여력이 되는지까지는 파악할 수 없지만 내가 받은 증빙이 정당한 증빙인지 여부를 확인할 필요가 있을 때는 유용하게 사용할 수 있으므로 활용하면 도움이 되실 것입니다.

> **3** 부동산을 임대하는 경우, 기장을 할까요?
> 추계신고를 할까요?

　　　　　　상가 한 칸을 분양받아서 부동산 임대사업을 시작하려는 분들이 가끔 사무실로 찾아와서 기장을 해야 하는 것 아닌지 물어볼 때가 있습니다. 가끔은 다른 세무회계사무실에서 상담을 받아보고 저희 사무실로 한 번 더 찾아오는 경우도 있습니다. 장부기장을 해야 한다는 말은 들었는데 기장료가 부담이 되기도 하고, 하는 게 맞는지 고민이 되어서 찾아왔다고 하는 분도 있습니다. 그런 경우 저는 "기장을 하면 전 좋지만 사장님은 부담이 되실 수 있습니다. 매달 세금계산서 한 장 발행하시고 끝난다면 그냥 신고 기간에 찾아오셔도 충분합니다."라고 말씀드리고 돌려보냅니다.

　물론 부동산 임대업체 중에는 아주 복잡한 임대업도 있습니다.

커다란 상가 건물을 통째로 소유하고, 관리사무소 업무를 하는 경우입니다. 매달 임대료와 관리비뿐만 아니라 전기요금·가스요금·수도요금 정산을 하고, 건물을 관리하는 용역 직원의 인건비와 각종 수수료와 소모품비, 수선비도 많이 나갑니다. 이런 사업의 형태라면 당연히 기장을 해서 관리를 받는 편이 유리합니다.

하지만 위와 같은 형태가 아니고 일반 상가 한 칸을 분양받아서 매달 세금계산서 한 장을 발행하는 임대업 사장님은 사실 기장할 내용이 별로 없습니다. 매출은 1년에 세금계산서 12장이 전부이고, 필요경비는 이자 비용이나 재산세 등이고, 가끔 있을 수도 있는 부동산 중개 수수료, 수선비가 다입니다. 이 업종은 상품매입비용도 없고, 인건비도 없고, 복리후생비, 여비교통비 등의 비용이 발생할 일이 없습니다. 이런 부동산 임대업을 하는 사업주는 종합소득세를 신고하는 5월에 자료만 잘 챙겨 오면 금방 장부를 작성할 수 있습니다. 한 달에 세금계산서 1장, 이자 비용 1건 입력하고 재산세 같은 가끔 발생하는 비용을 입력하는 데 그렇게 긴 시간이 걸리지 않습니다. 이런 상황에서 굳이 매달 기장료를 몇 만 원씩 부담하면서 기장할 필요는 없다고 판단됩니다.

이제 고민하실 부분은 기장으로 신고를 할지 추계신고를 할지입니다. 추계신고를 하면 임대료에서 일정 비율만큼의 경비율(경비율은 임대 물건에 따라 다르며 매년 변동이 있을 수 있음)을 필요경비로 인정해줍니다. 그럼 이자 비용 등의 일부 경비를 입력한 후의 소득금

기장신고 시	추계신고 시
매출	매출
(-) 실제 경비	(-) 추계에 의한 필요경비
(이자 비용, 재산세, 수리비 등)	
소득	소득

← 비교해서 유리한 방향으로!! →

액과 추계신고에 의한 소득금액을 비교하면 됩니다. 이자 비용이 많은 사업주는 기장에 의한 소득금액이 더 적을 수도 있고, 이자 비용이 없거나 적은 사업주는 추계신고에 의한 소득금액이 더 적을 수 있습니다.

물론 추계신고를 하게 되면 간주임대료만큼 수입금액이 늘어나긴 합니다. 하지만 일반적으로 간주임대료 금액은 크지 않습니다. 간주임대료만큼 수입금액이 늘어나는 것을 막기 위해서 매달 기장료를 내는 것은 배보다 배꼽이 더 큰 일입니다. 세금으로 나가든 기장료로 나가든 사업주의 주머니에서 더 적은 돈이 나가는 것이 중요합니다. 전략적으로 세금을 더 내더라도 기장료를 적게 내는 것이 더 좋을 수도 있습니다.

물론 이는 케이스마다 다르게 접근하여야 합니다. 제가 지금까지 말씀드린 사항은 타 사업소득이 없이 부동산 임대소득만 일부 있는 사업주를 대상으로 한 것입니다. 상가 하나를 분양받았지만, 다른 사업소득이 있어 복식부기의무자인 사람은 무기장가산세를 부담하지 않기 위해서 무조건 기장을 하는 편이 유리할 수 있습니다. 그러니 본인의 상황에 맞게 기장을 하는 편이 유리한지 추계신고를 하는 편이 유리한지 신고 전에 미리 전문가와 상담을 통해서 전략을 잘 세우시기 바랍니다.

4 주택임대소득 과세 규정이 어떻게 되죠?

우리나라 부동산 시장에 대해서 말할 때 항상 빼놓지 않고 나오는 이야기가 전셋값의 변동, 월세의 변동 등입니다. 집 한 채 없는 사람들의 입장에서는 꿈 같은 이야기일 수도 있는데 실제로 집을 여러 채 소유하면서 전세나 월세 자금으로 사는 분도 꽤 많은 것으로 알고 있습니다. 대단지 아파트를 지나가다보면 우리나라에 집이 이렇게 많은데도 아직 자신의 집을 가지지 못하는 사람들이 있다는 사실이 새삼 안타깝기도 하고, 아파트 가격을 보면 아파트가 이렇게 비싼데 여기에 사는 사람들은 어떤 사람들인가 싶기도 합니다.

주택을 임대해도 세금을 낼 수 있습니다. 사실 어찌 보면 당연한 이야기인데 이 부분은 조심해서 접근해야 할 필요성이 있습니다.

왜냐하면 자신의 주택이 없어서 남의 주택에 사는 사람들은 일단 재산이나 소득이 적은 사람들입니다. 그런데 주택의 소유자에게 주택임대소득에 대한 소득세를 부과하면 소득세 부담이 세입자에게 전이가 됩니다. 즉 소득세 부담이 늘어난 만큼 임대료가 더 비싸질 것입니다. 그러면 결과적으로 집이 없어서 남의 주택에 사는 사람들의 삶은 더 팍팍해질 우려가 있습니다.

그리고 주택임대에 대해서 소득세를 부과하게 되면 주택임대 시장이 위축될 우려도 있습니다. 즉 건설사가 아파트를 신규 분양하게 되면 소위 '돈 있는 사람들'이 분양 물량을 어느 정도 소화하고 이를 다시 주택임대 시장에 내놓게 됩니다. 이는 한편으로는 건설 경기가 죽지 않고 계속 유지되게 하는 역할을 수행하며, 또 한편으로는 서민들에게 상대적으로 저렴한 가격으로 주택을 공급하게 되는 역할을 수행하게 됩니다. 그런데 주택임대소득에 대해서 소득세를 부과하게 되면 '돈 있는 사람들'이 주택의 구입을 망설이게 되고, 따라서 건설 경기와 주택임대 시장의 위축을 가져오게 될 우려가 있습니다.

그렇다고 소득이 있는데 세금을 부과하지 않을 수도 없습니다. 상가의 임대소득은 과세하는데 주택의 임대소득을 과세하지 않으면 형평성에 위배됩니다. 또한 우리나라 주택의 가격이 상당히 높은 편이라 주택을 많이 소유한 사람은 '부자'라고 불리는 사람들입니다. 이런 사람들이 세금도 안 내고 소득을 올린다는 사실을 세법에서는 용납할 수 없습니다. 따라서 어느 정도는 절충안이 마련되어야 할 필요성이 있습니다.

그래서 세법은 일정한 기준에 충족되는 경우에만 소득세를 부과하도록 하고 있습니다. 하나씩 보겠습니다.

먼저 고가주택을 임대하는 경우입니다. 여기서 고가주택이라 함은 과세기간 종료일(12월 31일) 또는 당해 주택의 양도일 현재 기준시가가 9억 원을 초과하는 주택을 말합니다. 일반적인 부동산 시세를 말하는 것이 아니라 기준시가를 말하는 것이기 때문에 일반적으로 실제 시세는 10억 원이 넘는 주택을 말합니다. 이런 주택의 임대는 소득세 과세입니다. 이런 주택을 보유한 임대인도 부자지만, 빌려서 살고 있는 임차인도 사실은 서민이 아닐 가능성이 높습니다.

국외주택을 임대하는 경우에도 과세입니다. 내가 만약 해외에 주택을 소유하고 있으며 그 주택을 임대하고 월세를 받고 있다면 이는 과세입니다. 주택의 임대소득을 과세하는 것이 조심스러운 이유는 우리나라 국민 중에서 서민들의 삶이 팍팍해지는 것을 막고자 하는 취지입니다. 그런데 국외주택을 임대하는 경우에는 남의 나라 국민이 임차인이므로, 사실 세금 부담이 전이돼도 크게 상관할 바는 아닙니다.

2개 이상의 주택을 소유한 자가 주택을 임대하는 경우도 과세입니다. 여기서 주택수를 계산할 때는 본인과 배우자가 소유한 주택을 합산합니다. 다가구주택은 1개의 주택으로 보지만 구분하여 등

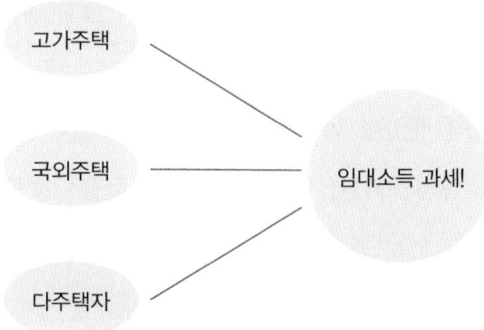

기가 된 경우에는 각각을 1개의 주택으로 봅니다. 반면, 1개의 주택만 있는 경우라도 그 1개의 주택이 고가주택(기준시가 9억 원 이상)인 경우에는 과세합니다.

  2018년 12월 31일까지는 연간 주택임대 수입금액이 2,000만 원 이하인 주택임대사업자의 경우에는 임대소득을 과세하지 않았습니다. 하지만 2019년부터는 연간 주택임대 수입금액이 2,000만 원 이하(고가주택이 아닌 1주택을 보유한 사람의 임대소득은 제외)라도 분리과세*(종합과세 선택 가능)라는 방식으로 주택임대 소득을 과세합니다. 2,000만 원이 넘는 사람은요? 주택임대소득이 2,000만 원 초과하는 사람은 무조건 타 소득과 합산해서 종합과세로 소득세를 부과합니다.

---

*여기서 말하는 분리과세란 다른 소득금액과 합산하지 않고 따로 과세(지방소득세 포함 15.4%)하는 방식을 말합니다.

3주택 이상 소유한 사람 중에서 보증금의 합계액이 3억 원을 초과하는 경우 보증금에 대해서도 과세를 합니다. 즉 3억 원이 초과하는 보증금에 대하여 60%와 이자율(현행 2.1%)을 곱한 금액을 임대료로 간주하여 과세합니다. 다만 소형주택은 보증금 과세대상에서 제외되는데요, 과세제외되는 소형주택의 기준이 2019년부터 2억 원 이하이면서 40㎡이하로 강화되었습니다.

　과세당국은 주택임대소득이 있다는 것을 어떻게 포착할까요? 이에 대한 답은 2018년 9월부터 정부가 가동하는 '주택임대차 정보시스템(RHMS)'에서 찾을 수 있습니다. 이는 기존 임대차시장 DB를 더욱 체계화시킨 것입니다. 우선 해당 소유자의 전체 보유 주택을 파악하고, 보유 주택 중에서 주택 소재지와 주민등록정보 등으로 자가 주택을 파악합니다. 자가 주택이 아닌 주택은 전기사용량이 없는 경우 공실로 판단하고, 나머지는 임대를 주고 있는 주택으로 판단합니다.

　월세 소득을 목적으로 주택에 투자하는 분들은 월세를 받아야겠지만, 주택의 시세차익을 목적으로 투자하는 분이라면 월세보다는 전세금 또는 보증금을 이용하는 방법이 절세에 유리합니다. 월세는 직접소득으로 과세가 되지만, 보증금은 3주택 이상이면서 보증금 합계액이 3억을 초과하는 경우에만 임대소득을 계산하며, 이것도 보증금의 간주임대료만큼만 과세가 되기 때문입니다.

5 부부 중에 임대업은 누가 하는 게 좋아요?

　　　　　젊었을 때는 열심히 직장생활을 하다가 노후 준비를 위해서 상가나 오피스텔 같은 수익형 부동산에 투자하는 분들이 있습니다. 물론 부동산을 구입한다는 것 자체가 먼 이야기인 분들도 많이 있지만, 일부 연봉이 많거나 맞벌이를 통해서 재산을 어느 정도 형성한 분들은 저금리 시대에 통장에 돈을 넣어두는 것보다는 안정적으로 임대료를 받을 수 있는 수익형 부동산 투자에 눈을 돌리게 됩니다. 이럴 때 '누구의 명의로 부동산을 구입하는 것이 소득세를 줄일 수 있는가?'라는 고민을 하게 됩니다.

　결론부터 말씀드리면 남편은 아직 일을 하고 있고, 부인이 전업주부로 소득이 없는 경우라면, 부인의 명의로 부동산을 구입하는 편이 좋습니다. 소득은 분산시킬수록 소득세가 줄어듭니다. 한 사람에게 소득이 집중되어 세금을 한 사람이 내는 것보다는 두 사람에게 소득을 분산시킨 후에 두 사람이 세금을 내는 것이 총계가 더 적습니다. 한 사람에게 소득이 집중된다면 소득세율 구간이 올라가서 상대적으로 높은 세율의 세금을 부담해야 합니다. 하지만 두 사람에게 나누어진다면, 상대적으로 낮은 세율의 세금을 두 사람이 각각 적용받을 수 있으므로 세금이 더 적어집니다.

세금만 보면 그런데 4대보험까지 엮이게 되면 달라질 수 있습니다. 위의 경우 부인이 전혀 소득이 없었던 경우라면 부인은 남편의 부양가족으로 등록되어 4대보험을 부담하지 않고 있었을 것입니다. 하지만 부인에게 부동산 임대소득이 생기면 부인도 별도로 4대보험을 부과받게 되므로 4대보험까지 계산하면 좀 복잡해집니다.

이런 경우 남편의 연봉이 높다면 부동산 임대소득으로 증가되는 소득세가 너무 클 수 있으므로 4대보험을 부담하더라도 배우자가

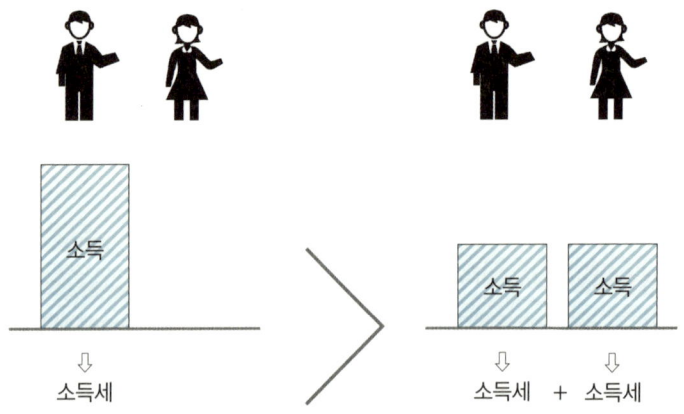

부동산의 명의자가 되는 편이 좋습니다. 남편의 연봉이 그리 높지 않다면 차라리 남편 명의로 부동산을 구입하는 편이 좋을 수도 있습니다. 부동산 임대소득에 따른 소득세 증가액이 4대보험 증가액보다 적을 수 있기 때문입니다. 남편과 부인 둘 다 근로소득이 있는 상태에서 남편의 연봉이 더 높다면 부인이 사는 편이 좋습니다. 부인은 직장가입자로 이미 4대보험을 내고 있을 테니까요.

그럼 남편의 연봉이 얼마여야 부인 명의로 부동산을 사는 것이 좋을까요? 정해진 답은 없습니다. 워낙 고려해야 할 요소가 많습니다. 남편의 연봉뿐만 아니라 종합소득공제 규모, 부동산 임대소득 규모, 부동산가액 등도 알아야 하고, 4대보험 요율(보험가입 금액에 대한 보험료의 비율)도 매년 바뀝니다. 그래서 그야말로 케이스 바이 케이스입니다

예전에 부동산 임대소득을 부부 단위로 합산하여 과세한 적이 있었습니다. 세법은 기본적으로 불로소득에 가까운 부동산 임대소득을 별로 안 좋아합니다. 그래서 부동산 임대소득을 부부가 서로 나누어 신고해서 소득세를 줄이는 것을 막고자 부동산 임대소득은 부부의 소득을 합산해서 과세했었습니다.

그런데 이에 대해서 문제를 제기한 사람이 있었습니다. 부동산을 꽤 많이 소유하여 부동산 임대소득이 상당히 많은 분이었습니다. 이분이 자신이 소위 '땅 부자'인 것을 속이고, 자기 일 열심히 하는 성실한 남자를 만나서 결혼을 했습니다. 자신의 재산을 좋아하는 사

람이 아닌 자신의 본모습을 좋아해주는 성실한 사람을 만난 것이지요. 그런데 결혼 후 자신이 부자인 것이 들통났습니다. 바로 부동산 임대소득 부부단위 합산과세 때문이었습니다. 남편은 자신의 소득이 뻔한데 갑자기 소득세가 엄청나게 나와서 놀랐고, 결국 아내가 엄청난 부동산 부자인 것을 알게된 것이었습니다. 이때부터 남편이 달라졌습니다. '내 아내가 이렇게 부자인데… 내가 왜 일해야 하나? 나는 그냥 빌딩 셔터나 올렸다 내리는 셔터맨이나 되어야겠다.' 이렇게 된 것이었습니다.

이분은 세법 때문에 성실한 남편을 잃어버렸다며 헌법 소원을 냈습니다. 아무리 세법이라도 부부간의 비밀은 지켜줘야 하고, 세법으로 인하여 결혼생활이 방해받으면 안 된다는 것이었습니다. 헌법재판소는 이분의 편을 들어주었고 부동산 임대소득 부부단위 합산과세는 역사 속으로 사라지게 되었습니다. 이제는 합산하지 않으므로 소득이 적은 사람이 부동산 임대업을 하면 됩니다.

그럼 소득이 없거나 있어도 적은 사람이 고가의 부동산을 사도 괜찮은 걸까요?

이건 문제의 소지가 있긴 있습니다. 증여세가 문제 될 수 있기 때문입니다. 다행히 증여세에서는 부부끼리는 6억(10년 이내의 증여 재산을 합한 금액)까지는 증여세를 부과하지 않도록 되어 있습니다. 그래서 6억 이내의 부동산은 소득이 없어도 돈 잘 버는 배우자로부터 증여받았다고 처리할 수 있습니다. 예를 들어 부동산 임대업을 하려고 10억짜리 상가를 매입하는데, 은행에서 대출을 5억 받고, 내 돈 5억이 들어갔다면 6억 이내이므로 증여세 걱정을 안 해도 됩니다. 그럼 7억을 증여하면요? 부부간에는 6억까지는 빼주는 것이므로 7억 중에 6억은 제외하고, 나머지 1억에 대해서 증여세가 나옵니다.

이와 같이 근로소득이나 사업소득 등 다른 소득이 있는 상태에서 임대용 상가를 취득할 경우에는 증여세가 과세되지 않는 범위 내에서 다른 소득이 없거나 적은 배우자의 명의로 분할하여 취득하면 소득세를 절감할 수 있습니다. 다만 4대보험이 추가될 수 있다는 점만 유의하면 되겠습니다.

6 중간에 퇴직해서 연말정산공제를 제대로 못 받았어요

　　　　　　직장생활을 하다가 청운의 꿈을 안고 직장을 그만두고 나온 분들이 자주 묻는 질문이 있습니다. "연말정산공제를 제대로 못 받고 나왔는데, 어떻게 하면 공제받을 수 있어요?"

　걱정하실 필요는 없습니다. 중도에 퇴직하여 연말정산을 제대로 하지 못했다 하더라도 방법은 있습니다.

　먼저 연말정산에 대해서 알아보겠습니다. 급여를 받는 근로소득자들은 매달 급여를 받을 때 간이세액표에 따라서 근로소득세를 납부하게 됩니다. 물론 근로자가 직접 세무서에 납부를 하는 것은 아니라 회사가 월급에서 근로소득세를 원천징수해서 회사가 대납해 줍니다. 연말정산은 근로소득자가 1년 동안 월급을 받으면서 납부한 세금을 정산하는 절차입니다. 매달 납부한 근로소득세는 매달 급여를 기준으로 계산한 것이고, 1년 치 급여를 가지고 소득세를 다시 정확하게 계산하게 됩니다. 그래서 매달 낸 세금이 더 많으면 돌려주고, 적게 낸 경우에는 추가 납부하게 됩니다.

연말정산을 할 때에는 각종 소득공제 및 세액공제 항목을 근로소득자가 회사에 제출해서 혜택을 받을 부분이 있다면 혜택을 받을 수 있는데, 문제는 각종 소득공제 및 세액공제 항목의 내용을 연초 연말정산기간에 조회할 수 있다는 것입니다. 물론 중도 퇴사하시는 분들도 회사가 중도 퇴사자 정산을 하기는 하지만, 이때는 회사가 정보를 가지고 있는 기초 인적공제만을 적용하게 됩니다. 따라서 연중에 퇴직하시는 분들은 신용카드사용액, 의료비, 교육비, 기부금 공제 같은 물적공제 항목들을 제대로 적용하지 못하고 퇴직을 하게 됩니다.

이러한 경우에는 어떻게 하면 될까요? 기존에 다니던 회사에 찾아가서 연말정산을 다시 해달라고 할까요? 굳이 그러실 필요 없습니다. 매년 5월에 있는 종합소득세 확정신고 기간(5월 1일부터 31일까지)에 관할세무서에 연말정산에서 빠진 소득공제 사항을 추가로 신고하면 됩니다.

원래 소득이 있는 개인은 5월에 종합소득세 신고 의무가 있습니다. 여기서 종합소득은 이자·배당·사업·근로·연금·기타소득을 말합니다. 종합소득 중에서 근로소득만 있는 개인은 회사에서 연말정산을 통해서 근로소득세를 정산하면 5월에 있는 종합소득세 신고의무를 면제해주는 것입니다. 따라서 근로소득이 있는 개인이 연말정산을 제대로 못했거나, 연말정산을 했으나 몇 가지 소득공제 항목을 누락한 경우에는 5월에 종합소득세 확정신고 기간에 추가적으로 관할세무서를 통해 공제 항목을 추가적으로 입력해서 공제받을 수 있습니다.

예를 들어 1월부터 6월까지 회사에 다니다가 7월에 개업해서 사업소득이 있으신 분은 어떻게 할까요? 이분은 사업소득이 있기 때문에 당연히 5월 달에 종합소득세 확정신고 기간에 종합소득세를 신고해야 합니다. 종합소득이기 때문에 근로소득 따로 신고하고, 사업소득 따로 신고하는 것이 아닙니다. 근로소득과 사업소득을 합산해서 종합소득으로 신고하게 됩니다. 근로소득에 대해서는 연말정산을 제대로 못했을 터이니, 5월 달에 종합소득세 신고할 때 연말정산 항목까지 입력해서 종합소득세를 신고하면 됩니다.

이때는 기존에 다니던 회사에는 '근로소득원천징수영수증' 하나만 달라고 하시면 됩니다. 받으신 '근로소득원천징수영수증'에는 각종 소득공제나 세액공제 항목이 입력이 안 되어 있을 것입니다. 각종 공제항목은 종합소득세 신고 시 홈텍스를 통해서 조회하면 됩니다. 조회한 항목은 종합소득세 신고하는 종합소득세 신고서를 만들어주는 세무대리인에게 제출해서 신고서에 입력하게 하면 됩니다. 그리고 7월부터 12월까지의 사업소득은 기장을 할지, 추계신고를 할지 고민하시면 됩니다.

연말정산이 끝났다고 그대로 방치해두면 각종 소득공제와 세액공제를 못 받게 되어 안 내도 될 세금을 내게 됩니다. 중도에 퇴사했다하더라도 기회는 남아 있습니다. 근로소득이 있었던 사업자분들은 5월 종합소득세 확정신고 때 놓치지 말고 각종 공제 항목을 챙겨서 절세에 도움을 받으시기 바랍니다.

> **7** 직원도 아니고, 그렇다고 사업자도 아닌데…

사업을 하다보면 여러 가지 이유로 일해준 사람에게 돈을 지불할 때가 있습니다. 그렇다고 그 사람이 나의 직원은 아닙니다. 그래서 월급으로 주는 돈은 아닙니다. 그 사람이 사업자등록이 되어 있는 것도 아닙니다. 그래서 세금계산서를 받을 수도 없습니다. 이럴 때 어떻게 해야 할까요?

사장님이 물건을 잘 만들었는데, 어디론가 납품을 하고 싶습니다. 이 계약만 잘 성사되면 앞으로 계속 주문이 이루어질 수 있습니다. 그런데 그 업체와 연줄이 없습니다. 들어가서 영업을 할 기회가 도저히 만들어지지 않습니다. 이때 한 사람이 나타나서 "내가 잘 엮어서 납품할 수 있도록 해줄 테니 나에게 납품가의 2%를 수수료로 주시죠."라고 말합니다. 이 사람은 우리 회사 직원이 아닙니다. 그렇다고 중개업으로 사업자등록이 되어 있는 사람도 아닙니다. 하지만 그렇다고 돈을 안 줄 수도 없습니다. 이럴 때는 비용처리를 못하는 것일까요?

이와 비슷한 사례는 상당히 많습니다. 직원 교육을 위해서 외부 강사를 초빙했습니다. 강사료를 주고 싶은데 이분이 사업자등록이 안 되어 있습니다. 사무실 인테리어를 했습니다. 업체를 쓰려고 하니까 너무 비쌉니다. 아는 사람이 인테리어를 좀 할 줄 알아서 그 사람에게 부탁했습니다. 인테리어를 싸게 하고 좋기는 한데, 사업자등록이 없어서 세금계산서를 받을 수가 없습니다. 건설사가 5층짜리 상가건물을 지어서 분양을 하려고 합니다. 분양을 대행하는 사람들을 몇 명 불러 모아서 분양이 잘 될 수 있도록 지시하고 수수료를 지급해주기로 했습니다. 이 사람들에게 물어보니 사업자가 없어서 세금계산서 발급을 못해준다고 합니다.

분명 돈이 나가긴 나갔습니다. 이런 경우에는 비용처리를 못하는 건가요? 돈이 나갔는데 비용처리할 수 있는 방법은 없는 것일까요?

이렇듯 고용관계가 없이 독립된 자격으로 인적용역을 제공하고 대가를 받는 것을 '인적용역소득'이라고 부릅니다. 일종의 프리랜서죠. 우리나라말로 '자유직업소득자'라고 합니다.

세법은 이런 경우에도 비용처리할 수 있도록 장치를 마련해두었습니다. 아니 오히려 이런 경우에 소득을 받아가는 사람에게 소득세를 부과할 수 있는 장치를 마련해두었다는 표현이 더 정확할 수 있습니다. 소득세를 부과한다는 의미는 소득을 지급하는 사람에게 비용을 인정해준다는 뜻입니다.

기본적으로 이렇게 생각하시면 됩니다. '내가 직원들에게 월급을 줄 때 소득세를 원천징수해서 차액을 주는 것과 마찬가지로 이런 분들에게 돈을 지급할 때도 소득세를 원천징수해서 준다. 다만 이분들은 나의 직원이 아니기 때문에 4대보험을 징수하지 않는다. 그리고 근로소득에 대한 원천징수가 아니기 때문에 일률적으로 소득금액의 3.3%(사업소득세 3%, 지방소득세 0.3%)를 원천징수하고 준다.'라고 생각하면 됩니다. 3.3%는 총 지급액의 3.3%를 말합니다. 즉 100만 원을 주기로 했다면 3만 3천원을 원천징수하고 96만7천원만 준다는 것을 의미합니다. 지급액이 커짐에 따라 원천징수세율이 달라지지 않습니다. 그냥 무조건 전체 금액의 3.3%라고 생각하시면 됩니다.

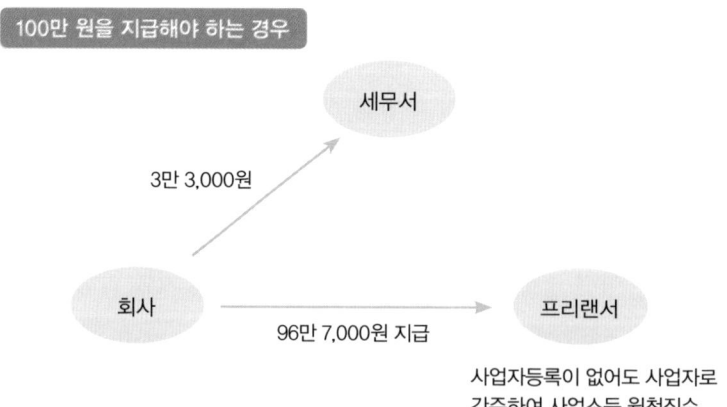

한 가지 실무적으로 주의할 점이 있습니다. 원천징수를 한다는 의미는 지급일의 다음달 10일까지 원천징수이행사항신고서를 만들어서 신고하고, 원천세를 은행에 납부하며, 다음 연도에 지급명세서까지 신고함을 의미합니다. 그러려면 어떻게 해야 할까요? 소득을 받아가는 사람의 이름과 주민번호를 알아두어야 합니다. 소득을 지급할 때에는 반드시 소득을 받아가는 사람의 신분증을 카피하거나 사진 찍어두는 습관을 가져야 합니다. 그리고 돈은 반드시 본인의 통장에 입금해야 합니다. 나중에 '나 여기서 돈 받은 적 없다!'라고 하면 곤란한 상황이 됩니다. 반드시 통장에 입금했다는 증거가 있어야 합니다.

소득금액의 3.3%가 아니라 8.8%(소득금액의 필요경비 60%를 적용하고 원천징수세율 22%인 경우)가 될 수도 있습니다. 이것은 일시적으로 소득을 지급하는 사람의 입장에서 좀 판단하기 곤란할 수도 있습니다. 3.3%의 원천징수는 받아가는 사람이 계속적 반복적으로 같은 일을 하는 사람인 경우입니다. 이 경우 사업성이 있다고 판단되어 사업소득으로 원천징수하는 것입니다. 8.8%의 경우에는 받아가는 사람이 이를 업으로 하지 아니하고 일시적·우발적으로 하는 경우입니다. 예를 들어 학원강사가 직업인 사람이 우리 회사에 와서 강의를 했다면 이 사람은 강의가 자신의 업이므로 사업소득으로 볼 수 있습니다. 반면 기술 장인이 한 번 우리 공장에 와서 기술자들에게 강의를 했다면 이분은 강의가 주업이 아니므로 일시적·

우발적 소득이라고 볼 수 있습니다.

  인적용역소득을 지급하고도 원천징수를 하지 아니하면 원천징수불이행가산세가 발생할 수 있습니다 인적용역소득을 지급하는 경우에는 반드시 신분증, 통장 사본을 받아서 원천징수하고 소득을 지급하여야 합니다. 그래야 비용처리도 가능하고 가산세 문제도 발생하지 않게 됩니다.

8 중소기업 세제혜택에는 뭐가 있죠?

　　　　　　세법은 중소기업에 대해서 여러 가지 우대 혜택을 주고 있습니다. 아무래도 중소기업이 성장해야 우리나라의 기반이 탄탄해지고, 또 이런 기업들이 대기업으로 커나갈 때 장기적으로 우리나라 경제에 미치는 순영향이 크기 때문일 것입니다. 참고로 여기서 말하는 중소기업은 개인사업자를 포함하는 개념입니다. 일반적으로 중소기업은 법인사업자를 생각하실 수 있는데, 개인사업을 하는 사장님도 매출 규모와 종업원 수 등이 중소기업의 조건에 맞는다면 중소기업입니다. 따라서 법인세뿐만 아니라 소득세 측면에서도 혜택을 받을 수 있습니다.

　첫째, 접대비 한도가 다릅니다. 접대비라고 하면 왠지 뉘앙스가 안 좋습니다. 그렇다고 접대비를 인정하지 않을 수도 없습니다. 접대비도 기본적으로 매출을 증대시키는데 기여하는 비용입니다. 따라서 비용처리가 가능합니다. 다만 세법은 너무 많은 접대비를 쓰지 말라는 의미에서 한도액을 두고 있습니다. 접대비는 기본한도액이 있고 추가한도액이 있는데, 중소기업은 이 기본한도액에 우대사항이 있습니다. 비중소기업은 기본 접대비 한도액이 연간 1,200만 원(월 100만 원)입니다. 하지만 중소기업은 연간 기본 접대비 한도액이 3,600만 원(월 300만 원)입니다. 중소기업은 영업을 열심히 해야 하므로 접대비 한도액도 좀 늘려주었습니다.

둘째, 원천징수이행사항신고서를 1년에 2번 몰아서 처리할 수 있습니다. 원래 원천징수이행사항신고서는 매달 처리해야 합니다. 하지만 중소기업 중에서 상시고용인원이 20인 이하인 사업자가 관할세무서장의 승인을 받은 경우에는 반기(6개월)별로 반기의 마지막 달의 다음 달 10일(7월 10일, 1월 10일)까지 신고하고 납부할 수 있습니다. 반기 납부 신청은 반기별로 납부하고자 하는 반기의 직전(6월, 12월)월 1일부터 말일까지 관할세무서장에게 '원천징수세액 반기별 납부승인신청서'를 제출하면 됩니다.

셋째, 최저한세 적용 기준도 우대하고 있습니다. 최저한세는 이런 겁니다. 사업자가 세법상 각종 세금감면을 받게 되면 소득은 많은데 세금이 너무 적어질 수 있습니다. 따라서 최저한세라는 것을 만들어서 '감면을 받더라도 최소한 이 정도는 내야 해!'라는 기준을 마련한 것입니다. 일반 기업은 최저한세가 각종 감면을 적용받기 전 과세표준의 10%~17%인 반면, 중소기업은 각종 감면을 적용받기 전 과세표준의 7%가 최저한세입니다. 최저한세가 낮은 만큼 감면을 더 적용받을 수 있겠죠?

넷째, **창업중소·창업벤처중소기업에 대하여 50~100%의 세액감면이 있습니다.** 이는 2021년 12월 31일 이전 수도권 과밀억제권역 내·외의 지역에서 창업한 중소기업을 대상으로 합니다. 창업 후 3년 이내, 2021년 12월 31일 이전에 벤처기업으로 확인받은 창업벤처중소기업은 이 혜택을 받을 수 있습니다. 업종 요건이 있습니다. 도소매업은 혜택을 받을 수 없지만 제조업, 건설업, 음식점업, 과학기술서비스업 등의 여러 업종이 혜택을 받을 수 있습니다. 5년간 세금의 50~100% 감면이라는 엄청난 혜택이 있습니다.

다섯째, **중소기업특별세액감면이 있습니다.** 이는 거의 모든 중소기업이 혜택을 받을 수 있습니다만, 음식점은 안 됩니다. 수도권에 소재하고 있느냐 수도권 외의 지역에 소재하고 있느냐, 업종이 무엇이냐, 소기업이냐, 중기업이냐에 따라서 감면률이 다릅니다.

여섯째, **지방 이전 시에도 세제혜택이 있습니다.** 수도권과밀억제권역 안에서 2년 이상 계속하여 공장시설을 갖추고 사업을 영위한 중소기업이 수도권과밀억제권역 외의 지역으로 본점 및 그 공장시설을 전부 이전하여 2022년 12월 31일까지 사업을 개시하는 경우에는 납부하여야 할 법인세와 소득세를 감면해줍니다. 이전한 공장에서 발생하는 소득에 대하여 최초 소득 발생일이 속하는 과세

■ 중소기업특별세액감면율

구분		수도권	수도권 외
소기업	도매, 소매, 의료업	10%	10%
	그 외	20%	30%
중기업	도소매업 및 의료업	–	5%
	지식기반산업	10%	15%
	그 외	–	15%

※ 의원, 치과의원 및 한의원은 「국민건강보험법」 제47조에 따라 지급받는 요양급여비용이 차지하는 비율이 80% 이상으로서 해당 과세연도의 종합소득금액이 1억원 이하인 경우에 한정

연도와 6년, 즉 총 7년(성장관리권역, 자연보존권역, 수도권 외 지역에 소재하는 광역시, 수도권 인접지역 및 인구 30만 이상 도시 등은 4년, 즉 총 5년)간 납부하여야 할 법인세와 소득세를 100%를 감면해줍니다. 여기서 끝나는 것이 아니라 그 후 3년, 즉 앞의 감면과 합산해서 총 10년(성장관리권역, 자연보존권역, 수도권 외 지역에 소재하는 광역시, 수도권 인접지역 및 인구 30만 이상 도시 등은 2년, 즉 앞의 감면과 합산해서 총 7년)간 또 50%를 감면해줍니다.

사실 중소기업에 대한 혜택은 이것 외에도 많이 있습니다. 여기서는 주로 사용되는 혜택을 위주로 설명 드렸습니다. 혜택은 받으라고 있는 것입니다. 유명한 법률 격언이 있습니다.

"법은 권리 위에 잠자는 자를 보호해주시 않는다."입니다. 현행 법률의 아주 기본적인 개념이며, 이는 세법도 마찬가지입니다. 세

무서가 알아서 감면해주지는 않습니다. 공부를 많이 한 만큼 절세를 할 수 있습니다. 처음에는 어렵지만 하나씩 하나씩 알아가는 만큼 더 많이 보이게 되어 있습니다.

쉬어가는 페이지

망하지 않고 사업을 이어가는 법 Ⅱ

 **언제 쉬어야 할까요?**

 사장님들 중에는 일중독이 많습니다. '명색이 사장인데 내가 더 열심히 하는 모습을 보여야지.'라고 생각하시는 분들이 많다는 것입니다. 직원들의 사기 문제도 있고, 사장이 노는 모습을 보이고 싶지 않기도 합니다. 하늘은 스스로 돕는 자를 돕는다고, 내가 열심히 하는 모습을 보여야 하늘도 감동할 것 같고, 열심히 하지 않으면 사업이 잘 안될 것 같습니다. 게다가 인터넷에 보면 성공한 사장님들이 새벽같이 출근하고, 새우잠을 자며 온몸이 부서져라 일만 해서 사업을 번창시켰다는 미담이 왕왕 올라옵니다. 왠지 조금이라도 느슨한 마음이 들면 초심을 잃어버린듯하여 죄책감까지 들기도 합니다.

  가끔 이런 마음 때문에 삶마저 파괴되는 경우가 있습니다. 실제로 사업에 파묻혀 개인의 삶이 전혀 없으신 분들도 있습니다. 그런 분들에게는 퇴근이 없습니다. 집에 가서도 회사 생각, 주말에도 회사 생각뿐입니다. 일주일 내내 긴장을 해서인지 주말에 약간 긴장이 풀어지면 어김없이 두통이 찾아옵니다. 휴가를 가기는 가는데 그리 편안하지 않습니다. 출근을 하지 않으니

불안한 마음만 가득합니다.

저는 사장님들이 그런 죄책감에서 벗어났으면 좋겠습니다. 물론 열심히 하는 것은 좋습니다. 하지만 일과 균형을 맞출 때 효과가 명백하게 드러나는 휴식은 사업을 하는 모든 분들에게 꼭 필요한 필수 영양소입니다. 실제로 휴식은 무의미한 시간이 아닙니다. 쉬는 동안 뇌와 육체는 새로운 에너지를 흡수하고 쌓여 있는 독소를 제거하고 있습니다. 이를 통해 질병을 예방하고 또 다시 일을 할 수 있는 에너지를 만들어낼 수 있는 것입니다.

레오나르도 다빈치는 이런 말을 했다고 합니다.

"때때로 일을 떠나서 잠깐씩 휴식을 가져라. 일로 다시 복귀할 때 너의 판단력은 더욱 확실해질 것이다. 일에서 약간 거리를 두어라. 그러면 일이 더욱 작아 보여 일의 많은 부분이 단번에 파악되고, 조화와 균형의 부족이 더 쉽게 보일 것이다."

실제로 어떤 일에 집중하다가 잘 풀리지 않을 때 화장실에 가면 아이디어가 떠오를 때가 있습니다. 일에서 약간 거리를 두었을 때 여러 가지 문제가 한눈에 들어오고 해결책이 떠오르는 것입니다.

사업이 더 높은 단계로 올라서려면 이제부터라도 휴식하는 연습을 해야 합니다. 쉬는 것도 습관입니다. 업무는 업무 시간에만 하십시오. 업무 시간에 열심히 일을 했다면 본인이 하고 싶은 것에 시간을 좀 써도 됩니다. 수면 시간도 늘리십시오. 카톡은 잠깐 끄고, 머리를 비우는 연습을 하십시오. 업무 시간의 양이 생산성을 결정하는 시대가 끝나가고 있습니다. 휴식이 늘수록 사람들은 더 행복해집니다. 사장님의 몸은 한 번 쓰고 버려지는 건전지가 아닙니다. 주기적으로 에너지를 공급해주어야 합니다. 사장님, 좀 쉬셔도 됩니다.

나가면서

여러분의 그 다음을 응원합니다

2010년 7월. 사무실을 처음 오픈하던 그때를 잊을 수 없습니다. 간판을 달 수도 없는 오피스텔 13층의 10평 남짓한 사무실을 구하느라 일주일을 둘러보고 다녔습니다. 사무실 임대차계약을 체결하고 계약금을 주는 순간까지도 과연 잘하는 짓인지에 대한 의문이 들었습니다. 가구를 들여놓고, 컴퓨터 대리점을 하는 작은아버님의 후원으로 중고컴퓨터와 복합기를 들여놨습니다. 한창 더운 여름날, 둘째를 임신 중인 안사람과 세 살 된 첫째를 데리고 사무실에서 사용할 냉장고 모델을 보려고 용산전자상가를 헤매고 다니다가 대판 싸우기도 했습니다.

회계법인을 다니긴 했지만, 워낙 큰 대기업만을 돌아다닌 터라 그 업체들이 제 거래처라고 할 수는 없었습니다. 사업자등록증을 만들고 사무실에 입주는 했지만 정말 거래처가 한 군데도 없었습니다. 갈 데가 없어서 무작정 돌아다니면서 영업을 했습니다. 눈앞에서 명함이 버려지고 문전박대를 당하는 사이에 집에 돈을 가져다주기는커녕 모아둔 돈을 야금야금 허물고 있었습니다. 임대료를 제때 내지 못해서 상가 주인에게 전화해서 며칠만 기다려주시면 안되겠냐고 사정하기도 하고, 임대료가 아깝다는 생각에 할 일도 없는데 '내 임대료, 내 임대료.' 하면서 퇴근을 안 하고 사무실에서 버티기도 했었습니다.

  저도 어렵게 사업을 시작하고 꾸려왔기에 사업이 어려워서 힘들어하시는 사장님들의 하소연을 들으면 가슴이 시릴 때가 종종 있습니다. 그럴 때마다 제가 사업이 잘되게 도와드릴 수는 없지만 최소한 세금에 대해서는 큰 문제 안 생기게 해드리고 싶다는 다짐을 하곤 합니다.

  '운둔근'이라는 말이 있지요. 사람이 성공하는 데 필요한 3가지 요소로 '운이 좋고 고지식하며 끈기 있는 것'을 이르는 말입니다. 지금은 고인이 된 스티브잡스의 'Stay hungry, Stay foolish.'와도 일맥상통하는 말일 것입니다. 흔들리지 말고 우직하게 자신의 길을 한 걸음 한 걸음 나아갈 때 성공은 차근차근 여러분의 곁에 다가올 것입니다.

  여러분의 길을 응원합니다.

개인사업자로 할까요? 법인사업자로 할까요? ... 027

*개인사업자	법인을 설립하지 않고 개인(個人)의 명의로 사업을 하는 자
*법인사업자	주식회사 등의 법인을 설립하여 법인(法人)의 명의로 사업을 하는 자
*주주	주식회사의 자본금을 출자한 실질적인 기업의 소유주
*자본금	주주가 법인의 사업을 위해 밑천으로 제공한 금액
*대표이사	대외적으로 회사를 대표하고, 대내적으로 업무를 집행하는 주식회사의 필요적 상설기관
*가지급금	자금의 유출이 있으나 거래의 내용이 불분명하거나, 거래가 종결되지 않았을때 일시적으로 표시하는 계정과목으로서, 세무상으로는 법인의 업무와 관련이 없거나, 거래의 증빙이 없이 자금이 유출되었을때 사용하는 계정
*성실신고확인대상자	개인사업자 중에서 수입금액이 일정금액 이상이 되는 경우, 종합소득세를 신고하기 전에 세무대리인으로부터 신고내용을 확인받고 신고하여야 하는 사업자

간이과세자가 좋아요? 일반과세자가 좋아요? ... 033

*간이과세자	직전연도의 재화와 용역의 공급대가(부가가치세 포함)가 4,800만 원 미만인 소규모 개인사업자
*일반과세자	부가가치세 과세사업을 영위하는 법인사업자 및 직전연도 공급대가가 4,800만 원 이상인 개인사업자. 직전연도 공급대가가 4,800만 원 미만이어도 일반과세자를 할 수 있음
*부가가치세	제품이나 용역의 생산 또는 유통과정에서 발생되는 부가가치에 대해 부과하는 세금(Value Added Tax, VAT)

면세사업자가 뭐예요? ... 039

*면세사업자	부가가치세가 면제되는 재화나 용역을 공급하는 사업자
*미가공식료품	가공되지 아니하거나 탈곡 · 정미 · 정맥 · 제분 · 정육 · 건조 · 냉동 · 염장 · 포장이나 그 밖에 원생산물 본래의 성질이 변하지 아니하는 정도의 1차 가공을 거쳐 식용으로 제공하는 것

사업장현황신고서	소득세법 제78조에 따라 면세사업자가 1년간의 업종별 수입금액 명세, 시설현황 등에 관한 사항을 집계하여 관할세무서에 제출하는 서류

저도 기장을 해야 할까요?... 045

복식부기	사업의 재산상태와 그 손익거래내용의 변동을 빠짐없이 이중으로 기록하여 계산하는 부기형식의 장부
간편장부	복식부기의무자가 아닌 자를 '간편장부대상자'라고 함. 국세청장이 정한 일정한 양식에 따라 매출액 등 수입에 관한 사항과, 경비지출에 관한 사항, 고정자산의 증감에 관한 사항 등의 내용을 기재하여 작성
추계	장부를 작성하지 않아서 소득금액(=매출-비용)을 계산할 수 없는 경우에, 수입금액(=매출)에서 업종별 소득률을 곱하여 소득금액을 계산하는 방법

기장하면 뭐가 좋아요?... 051

사업자등록증명원	세무서에 사업자 등록 후 현재 계속 사업을 하고 있음을 증명하는 민원서류
소득금액증명원	사업자나 근로자가 소득세를 신고한 경우 소득금액이 있음을 증명하는 민원서류
부가가치세 과세표준증명원	사업자가 신고한 부가가치세 매출과세표준과 납부세액을 증명하는 민원서류
납세증명원	국세체납이 없음을 증명하는 민원서류(국세완납증명)

증빙, 증빙하는데… 증빙이 뭐예요?... 056

적격증빙	세법에서 증빙으로서의 자격이 있다고 인정하는 증빙
비영리법인	영리를 목적으로 하지 않는 법인. 학술, 종교, 자선, 예술 기타의 영리 아닌 사업을 목적으로 하며, 사단법인과 재단법인이 있음
금융보험용역	은행이나 보험회사 등의 금융회사로부터 제공받는 용역. 이로서 발생하는 비용은 이자비용, 보험료 등이 있음

다른 사람이 하던 사업을 인수하는데, 권리금도 비용처리 되나요?... 062

양도소득세	부동산 및 부동산에 관한 권리 등을 팔았을때 매입가액과 양도가액의 차액에 대해서 양도인이 부담하는 세금
기타소득	이자, 배당, 사업, 근로, 연금소득 이외에 일시적, 우발적으로 발생하는 소득. 예) 권리금, 사례금, 복권당첨금
원천징수	소득 또는 수입을 지급하는 자가 그 금액을 지급할 때, 상대방이 내야 할 세금을 징수하고 납부하는 조세 징수방법 중의 하나

세금 종류가 이렇게 많은데… 언제 내요? … 079

°연말정산	급여소득에서 원천징수한 세액의 과부족을 연말에 정산하는 일
°원천징수이행사항신고서	원천징수의무자가 원천징수에 대한 이행 사항에 대하여 신고하기 위해 작성하는 양식
°회계연도	회사 및 기타 단체들의 경영성적을 파악하기 위하여 구분한 기간. 일반적으로 1년을 사용함

세금이 대략 얼마나 나올까요? … 085

°결산	일정한 기간 안에 일어났던 수입과 지출을 계산하여 재산상태를 알 수 있도록 서류로 작성하는 일
°인건비	피고용자의 노무에 대한 대가 또는 노무와 관련하여 지급되는 일체의 경비
°종합소득공제	소득세법에 따라 종합소득이 있는 거주자의 종합소득금액에서 일정 조건에 해당하는 금액을 차감하는 것

세금계산서를 꼭 받아야 해요? … 092

°세금계산서	재화 또는 용역을 공급하고, 이에 대해 부가가치세를 포함하여 거래하였다는 사실을 확인하는 문서
°환급	납세의무자가 납부해야 할 금액을 초과하여 납부했거나 착오에 의해 납부의무 없는 금액을 납부한 경우, 그리고 세법에 의해 환급해야 할 세액이 있는 경우(부가가치세에서 매출세액보다 매입세액이 큰 경우 등)에 조세채권자(국가·지방자치단체)가 이를 납세자에게 반환하는 행위
°마진율	판매가격과 매출원가와의 차액을 판매가격에 대한 비율로 나타낸 것

부가세를 냈는데 소득세를 왜 또 내요? … 099

°매출세액	부가가치세의 과세대상이 되는 재화의 공급 또는 용역의 공급에 대하여 거래상대방으로부터 거래징수하였거나 거래징수해야 할 부가가치세액
°매입세액	자기의 사업을 위하여 사용되었거나 사용될 재화 또는 용역의 공급과 재화의 수입에 대한 부가가치세액

사업초기에 인테리어 비용이 많이 들어갔는데, 부가세를 조기환급 받을 수 있다고요? … 104

°확정신고	납세의무자가 각 과세기간에 대한 과세표준과 납부세액 등을 그 과세기간 종료 후 일정기간 내에 일정한 방식에 의하여 관할 세무서장 등에게 신고하는 것
°조기환급	부가가치세법상 환급세액이 확정되기 전에 확정신고 등의 절차에 의하여 환급세액이 확정될 때 정산할 것을 전제로 미리 환급하는 제도
°관할세무서	국세에 관한 사무를 처리할 수 있는 권한을 가지고 있는 세무서. 관할세무서는 '지방세무행정기관의 명칭·위치 및 관할구역에 관한 규정'에 의해 정해짐

승용차를 구입한 경우 매입세액 공제가 되나요? ... 109

- **자동차관리법** : 자동차의 등록, 안전기준, 자기인증, 제작결함 시정, 점검, 정비, 검사 및 자동차관리사업 등에 관한 사항을 규정한 법률
- **개별소비세** : 특정한 물품·특정한 장소에의 입장행위, 특정한 장소에서의 유흥음식행위 및 특정한 장소에서의 영업행위에 대하여 부과되는 소비세

4대보험에 꼭 가입해야 해요? ... 123

- **임의가입제도** : 가입자 본인의 희망에 따라 가입여부를 선택할 수 있는 제도
- **강제가입제도** : 가입자의 의지와 상관없이 법률적으로 가입을 강제로 하도록 규정한 제도
- **준조세** : 조세 이외에 법정부담금과 기부금·성금 등을 포함하는 일체의 금전급부의무

4대보험은 뭐고, 얼마나 내야 하는데요? ... 128

- **국민연금** : 노령·장애·사망 등으로 인하여 소득획득 능력이 없는 당사자 및 유족의 생활보장을 위하여 매년 정기적으로 일정액의 금전을 지급하는 제도
- **국민건강보험** : 국민에게 보험사고가 생겼을 때 의료서비스를 제공받을 수 있도록 하기 위해 법의 의해 강제성을 띠고 있는 사회보험의 일종
- **고용보험** : 감원 등으로 직장을 잃은 실업자에게 실업보험금을 주고, 직업훈련 등을 위한 장려금을 기업에 지원하는 제도
- **산업재해보상보험** : 근로자의 업무상의 재해를 보상하기 위해 강제가입방식으로 운영되는 사회보험

4대보험 줄일 순 없을까요? ... 133

- **두루누리사회보험 지원사업** : 10명 미만 소규모 사업장에 "고용보험"과 "국민연금"의 보험료 일부를 지원하는 사업
- **요양급여** : 근로자가 업무상 부상 또는 질병으로 인한 요양기간중에 공단이 설치한 보험시설 또는 공단이 지정한 의료기관에서 요양을 하게 하거나 요양에 소요되는 비용을 근로자에게 지급하는 급여
- **휴업급여** : 요양으로 인하여 취업하지 못한 기간 중 1일에 대하여 평균임금의 100분의 70에 해당하는 금액을 지급
- **장해급여** : 공무원이나 근로자가 업무로 인하여 신체에 장해를 입었을 때에 그 장해의 정도에 따라 지급하는 장기적인 급여

법인 대표자인데, 월급을 내 맘대로 올려도 돼요? ... 137

- **손금불산입** : 기업회계에서는 비용으로 인정되어도 세법에 따른 세무회계에서는 손금으로 처리하지 않는 회계 방법

지배주주	법인의 발행주식총수 또는 출자총액의 100분의 1 이상의 주식 또는 출자지분을 소유한 주주등으로서 그와 특수관계에 있는 자와의 소유 주식 또는 출자지분의 합계가 해당 법인의 주주등 중 가장 많은 경우의 해당 주주
요식행위	법률행위를 조성하는 의사표시가 서면이나 그 밖의 일정한 방식에 따른 것을 요하는 행위

사장인데, 나도 퇴직금을 받을 수 있나요? ... 143

중소기업중앙회	업종별로 조직화된 각급 협동조합을 중심으로 전체 중소기업의 이익을 대변하기 위하여 설립한 경제단체
노란우산공제	소기업과 소상공인이 생활안정과 사업재기의 기회를 얻을 수 있도록 지원하는 사회안전망 제도
근로자퇴직급여보장법	근로자 퇴직급여제도의 설정 및 운영에 필요한 사항을 정함으로써 근로자의 안정적인 노후생활 보장에 이바지함을 목적으로 하는 법률

애들 학원비는 경비처리 안 되나요? ... 157

가사관련경비	거주자가 개인적인 생계비 및 가사비용과 관련하여 지출한 비용. 이는 사업과 관련이 없는 것으로서 필요경비로 보지 않음
입증책임	재판 또는 소송 과정에서 자신의 주장이 사실임을 증명해야 할 책임

물건을 사고 개인카드로 결재하면 어떻게 되나요? ... 162

지출결의서	기업운영의 목적으로 지출이 발생한 분야와 항목을 기재하여 자금사용을 허락받도록 하는 양식
신용카드사용액공제	근로자가 1년동안 신용카드, 현금영수증 등을 통해 쓴 돈이 총 급여액의 일정비율을 초과하면, 그 초과액의 일정비율을 소득에서 공제해주는 제도
사업용계좌	소득세법상 복식부기의부자가 사업과 관련하여 재화 또는 용역을 공급받거나 공급하는 거래를 하는 경우 사용하여야 하는 계좌

증빙없이 회계장부에 넣은 비용을 세무서가 알까요? ... 167

세무조정계산서	세법의 규정에 의거하여 세무회계 상의 과세소득을 계산하여 기록한 문서
감가상각비	수익과 비용의 적절한 대응을 위하여 고정자산의 원가를 내용기간에 체계적이고 합리적인 방법으로 배분하는 소멸된 원가

배우자 명의의 차를 쓰는데, 비용처리 되나요? ... 172

유권해석	국가기관에 의해 행하여지는 구속력 있는 법의 해석

기본통칙	세법령의 해석기준을 제시, 세무공무원의 재량권을 규제하고 사업자와의 불필요한 마찰 요인을 제거하여 객관적 기준과 절차에 따른 합리세정과 신뢰세제를 실현하고자 예규·통첩·국세심판례를 법령체계에 맞추어 정리해 놓은 것
예규	상급행정관청이 하급행정관청에 대하여 그 지휘권 내지 감독권으로서 발하는 명령 내지 지시로서 행정규칙(行政規則)의 한 형식

리스하면 비용처리 된다던데, 리스가 좋아요? 렌트가 좋아요? … 183

유형자산	기업의 영업목적을 달성하기 위하여 장기간에 걸쳐 계속 사용할 목적으로 보유하고 있는 자산

CEO플랜이 뭐예요? … 197

정관	기업의 설립절차 가운데 핵심 사항 중 하나로 회사의 설립, 조직, 업무 활동 등에 관한 기본규칙을 정한 문서

자료상이 뭐예요? … 204

매입자료	매입세금계산서 등으로, 부가가치세신고시 매입세액공제 및 소득세시 필요경비로 사용할 수 있는 자료
가공경비	실제로 경비의 지출이 없었으나 지출이 있는 것처럼 장부에 계상되어 있는 경비

사업용 신용카드는 어떻게 등록하나요? … 209

홈텍스	국세청에서 운영하는 납세자동화시스템으로, 전자신고, 민원서류발급, 과세자료 제출, 각종 조회 등의 납세업무를 세무서를 가지 않고 인터넷을 이용하여 처리할 수 있음.

연구 활동으로 세금을 줄일 수 있다는대요? … 214

한국산업기술진흥협회	기업의 신기술 개발을 지원하고 정보를 효율적으로 공급하기 위해 설립한 사단법인

세무조사 나오면 어떻게 하나요? … 218

세무조사	세법에 따라 세무당국이 납세의무자가 신고한 내용에 오류 또는 탈루가 있는지 여부를 확인하는 조사
회계감사	독립의 제3자가 타인이 작성한 회계기록을 검토하고 회계기록의 적부 또는 정부에 대하여 비판적인 의견을 제시하는 일

저희는 현금거래만 해요, 문제 있을까요? ... 223

▶조세불복　　　과세관청의 위법부당한 처분으로 권리 또는 이익을 침해 받은 자가 구제를 받을
　　　　　　　　수 있기 위하여 신청하는 절차

음식점을 경영하는 경우 면세물품 구입도 부가가치세 공제받을 수 있나요? ... 246

▶의제매입세액공제　음식업자가 구입하는 농산물 구입가액 중 일정비율을 매입세액으로 인정해 부가
　　　　　　　　　　가치세를 돌려주는 제도

아는 사람하고 거래하는 데 꼭 시가대로 해야 하나요? ... 261

▶액면가　　　　　주권이나 공채·회사채의 권면에 기재된 금액

소득공제와 세액공제는 어떻게 활용하나요? ... 267

▶소득공제　　　소득을 대상으로 하는 조세의 과세표준을 계산하기 위하여 소득액에서 법정 금
　　　　　　　　액을 공제하는 것
▶세액공제　　　과세소득금액에 세율을 적용하여 산출된 세액에서 일정금액을 공제하는 것

대금지급은 왜 금융회사를 통해서 해야 하죠? ... 272

▶거래명세서　　공급한 자와 공급받은 자의 인적사항·거래일자·거래내용·공급가액·세액·
　　　　　　　　비고 등이 기재된 서류

M&A도 부가가치세가 과세되나요? ... 281

▶M&A　　　　 Mergers & Acquisitions의 약자로서 외부경영자원 활용의 한 방법으로 기업의
　　　　　　　　인수와 합병을 의미

부동산을 임대하는 경우, 기장을 할까요? 추계신고를 할까요? ... 288

▶간주임대료　　부동산임대용역을 제공하고 월정임대료와는 별도로 전세금 또는 임대보증금을
　　　　　　　　받는 경우에 전세금 등에 일정한 이율을 곱하여 계산한 금액을 간주임대료

중간에 퇴직해서 연말정산공제를 제대로 못받았어요 ... 302

▶간이세액표　　매월 지급되는 근로소득과 연금소득에 대한 소득세를 원천징수할 때 적용하는
　　　　　　　　세액표

중소기업 세제혜택에는 뭐가 있죠? … 311

›**과밀억제권역**   인구와 산업이 지나치게 집중되었거나 집중될 우려가 있어 이전하거나 정비할 필요가 있는 지역

›**성장관리권역**   과밀억제권역으로부터 이전하는 인구와 산업을 계획적으로 유치하고 산업의 입지와 도시의 개발을 적정하게 관리할 필요가 있는 지역

›**자연보존권역**   한강 수계의 수질과 녹지 등 자연환경을 보전할 필요가 있는 지역

인덱스

ㄱ

가공경비	168
가공세금계산서	286
가사관련경비	159
가지급금	031
간이과세자	033
간주임대료	290
간편장부	046
감가상각	066
개별소비세법	110
개인사업자	027
거래명세표	058
건강보험	129
계산서	043
계속사업자	048
고가주택	294
고용보험	070
과세·면세 겸영사업자	042
과세사업자	043
과소신고가산세	168
국민연금	129
국세	010
국외주택	294
권리금	032
근로소득원천징수영수증	304
근로소득자	049
기업부설연구소	215
기장	045
기타소득	012

ㄴ

납부불성실가산세	158
노란우산공제	144

ㄷ

두루누리사회보험	134

ㄹ

렌트	185
리스	111

ㅁ

매입세액	034
매출세액	035
면세사업자	039

ㅂ

법인사업자	027
복식부기	046
복식부기의무자	053
부가가치세	033
부가율	035
부당행위계산부인	263
부동산 임대업	045
비영업용 소형승용차	255

ㅅ

사업소득자	079
사업용계좌	144
사업자등록	032
사업자등록 전 매입세액	240
사업자용 신용카드	164
사업장현황신고	043
사업포괄양수도	282
산재보험	129
상여금	137
세금계산서	034
세금계산서 합계표	043
세무공무원	169
세무조사	139
세무조정계산서	167
세액공제	268

소득공제	267	주주총회	139
소득세	027	주택임대소득	293
시가	261	중도 퇴사	303
신고불성실가산세	158	중소기업특별세액감면	313
신규사업자	048	증빙불비가산세	027
신용카드 매출전표	057	증여세	301
신용카드 매출전표 등 발행세액공제	088	지방세	011
신용카드사용액공제	164	지배주주	140
실질과세의 원칙	173	지연수취	255

ㅇ

양도소득세	012	초단시간 근로자	131
연구개발전담부서	215	최저한세	313
연구인력개발비 세액공제	215	추계신고	047

ㅊ

ㅌ

연말정산	050		
영업권	065		
운행일지	175	통장거래내역	273
원천세	055	퇴직금	055
원천징수불이행가산세	312	퇴직금 지급규정	146
의제매입세액공제	247	퇴직소득세	145
이사회	139	특수관계자	262
이월결손금	257		
인건비	028		

ㅍ

인적용역소득	307	필요경비	059
일반과세자	033		
일용직	130		
임직원 전용 자동차보험	181		

ㅎ

		현금영수증	060
		현금영수증의무발행업종	226

ㅈ

		홈텍스	209
자료상	205	확정신고	081
재무제표	054	환급	036
적격증빙	057	환급세액	036
접대비	058	회계감사	219
정관	139	회계장부	047
정규직	131		

기타

조기환급	107		
종합소득공제	089	4대보험	123
종합소득세	082	CEO플랜	197

사장님의 절세법

초판 1쇄 발행 2017년 12월 15일
3판 1쇄 발행 2021년 4월 25일

지 은 이 김성은
발 행 인 강선영 · 조민정
펴 낸 곳 ㈜앵글북스
표지&본문 이든디자인 오성희
일러스트 ⓒmark_soon2
　　　　　https://www.instagram.com/mark_soon2/

주　　소 서울시 종로구 사직로8길 34 경희궁의 아침 3단지 오피스텔 407호
문의전화 02-6261-2015 **팩스** 02-6367-2020
메　　일 contact.anglebooks@gmail.com

ISBN 979-11-87512-22-6 13320

이 책은 저작권법에 의해 보호를 받는 저작물이므로 무단 전재와 복제를 금하며
책 내용의 전부 또는 일부를 사용하려면 반드시 저작권자와 ㈜앵글북스의 서면 동의를 받아야 합니다.
잘못된 책은 구입처에서 바꿔드립니다.